知っておきたい暮らしのお金

24-25年版

いちばん親切な 図解 税金の本

オールカラー

税理士
髙橋 創 著

ナツメ社

2024年度 税制改正のキーワードはコレ！

巻頭特集

今年度の改正では、賃金上昇が物価高に追いついていない国民の負担を緩和するという観点から、所得税・住民税の定額減税をはじめ、新NISAの運用や相続時精算制度の拡充など個人の資産運用にかかわる制度変更がおもに実施されています。子育て世帯への優遇措置にも要注目です。

税制改正① 所得税・住民税の定額減税が実施されます！

国民の経済的負担を緩和するため、さらにはデフレ脱却のための一時的な措置として、**2024（令和6）年分の所得税および2024（令和6）年度分の住民税から一定額の控除**が行われることとなりました。

適用を受けられる人

合計所得金額が 1,805万円以下　※給与収入のみの場合は年収2,000万円以下

減税による控除額

1人につき 計40,000円

・①本人＋②配偶者および扶養親族×人数分が控除される。
・ただし、①と②の合計額が、納税義務者の所得税額を超える場合には、その所得税額が上限となる。

	所得税	住民税
①本人	30,000円	10,000円
②配偶者および扶養親族	1人につき※1 30,000円	1人につき※2 10,000円

※1 居住者と生計を一にする配偶者・親族等のうち、合計所得金額が48万円以下である者。
※2 前年の合計所得金額が1,000万円以下である納税義務者と生計を一にする配偶者・扶養親族のうち、前年の合計所得金額が48万円以下である者。

定額減税の実施方法

❶ 給与所得者の場合

所得税　給与の支払者のもとで、❶もしくは❷の方法で控除される。

○○会社
給料

❶ 月次減税　2024（令和6）年6月1日以後、最初の給与（もしくは賞与）にかかる源泉徴収税額から控除される。控除しきれなかった分は、翌月（7月）以降の源泉徴収税額から順次控除される。

❷ 年調減税　年末調整の必要がある場合には、年調所得税額（年末調整により算出された所得税額）から控除される。

月次減税の実施例

・月次減税額が120,000円の場合［本人（30,000円）＋扶養親族３人（30,000円×３人）］
・給与の控除前税額11,750円　賞与の控除前税額93,000円の場合

給与支払明細書には、実際に控除した金額が
「定額減税額（所得税）11,750円」
または **「定額減税11,750円」** など
と表示されるので、要チェック！

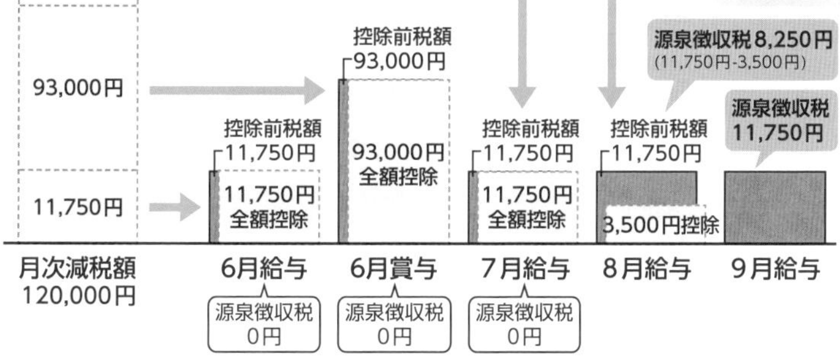

3,500円
11,750円
93,000円
11,750円
月次減税額
120,000円
控除前税額
11,750円
11,750円
全額控除
6月給与
源泉徴収税
0円
控除前税額
93,000円
93,000円
全額控除
6月賞与
源泉徴収税
0円
控除前税額
11,750円
11,750円
全額控除
7月給与
源泉徴収税
0円
源泉徴収税8,250円
(11,750円-3,500円)
控除前税額
11,750円
3,500円控除
8月給与
源泉徴収税
11,750円
9月給与

住民税

2024（令和6）年6月の給与での特別徴収はなく、定額減税後の税額を2024（令和6）年7月から翌年5月までの11か月で均等割にして徴収される。

❷ 公的年金等の受給者の場合

所得税

- 公的年金等の受給者の扶養親族等申告書に基づいて、定額減税額（仮）が計算される。
- 2024（令和6）年6月1日以後、最初に支給される公的年金等にかかる源泉徴収税額から控除される。控除しきれなかった分は、翌々月（8月）以降の源泉徴収税額から順次控除される。
- 最終的には、確定申告をすることで精算される。

年金手帳

住民税　2024（令和6）年10月1日以後、最初に支給される公的年金等からの特別徴収金から控除される。控除しきれなかった分は、翌々月（12月）以降の特別徴収金から順次控除される。

❸ 事業所得者や不動産所得者の場合

所得税

❶ 2024（令和６）年分の予定納税額から控除

- 第1期分予定納税額（7月）から、まず本人分（30,000円）が控除される。控除しきれなかった分は、第2期分（11月）から控除される。
- **予定納税額の減額申請手続き**をすることにより、同一生計配偶者等にかかる控除の適用を受けることができる。
- 扶養親族等がいる場合は、最終的に確定申告をすることで精算される。

❷ 確定申告における年税額からの控除

年末調整の必要がある場合には、年調所得税額（年末調整により算出された所得税額）から控除される。

住民税　2024（令和6）年度分として算出された第１期分（6月）納付額から控除されて通知される。控除しきれなかった分は、第２期分（8月）以降から順次控除される。

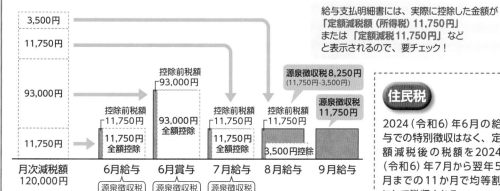

税制改正 ② バージョンアップされた「新NISA」が始まりました！

関連 P.126

2024（令和6）年1月からスタートした「新NISA」は、投資枠の拡大、非課税保有期間の無期限化など、**まとまった資金を一度に投資することによるメリットを受けやすい制度へと変更**されています。昨年までのNISAから変更された点について確認しておきましょう。

おもな変更点

つみたて投資で比較すると、今までの3倍も投資できるんだ！

POINT 1 非課税運用期間が無期限化された！

▶今までのNISAは「つみたてNISA：最大20年間」「一般NISA：最大5年間」と期限があった。

運用益から生涯税金が引かれないってことね

POINT 2 年間投資額の上限が引き上げられた！

「つみたて投資枠120万円」「成長投資枠240万円」を併用することで、最大360万円まで投資できる！

▶今までのNISAは「つみたてNISA：40万円」「一般NISA：120万円」どちらかの選択制で、併用できなかった。

POINT 3 生涯の非課税投資限度額も合計1,800万円まで（うち成長投資枠は1,200万円まで）引き上げられた！

▶今までのNISAは、つみたてNISAでも最大800万円までだった。

つみたて投資枠だけで1,800万円投資してもOKなのね

POINT 4 売却して手放した非課税投資枠を再利用できる！

ライフプランに応じて一度現金化しても、翌年以降、その空いた非課税投資枠を再利用できる！

▶今までのNISAでは、つみたてNISA・一般NISAとも手放した利用枠を復活させられなかった。

結婚、子育て、マイホーム購入とライフプランもいろいろ変わるからね

新しいNISAがスタート！

	つみたて投資枠（併用可能）	成長投資枠
年間投資額の上限	120万円	240万円
非課税運用期間	制限なし（無期限化）	
生涯投資枠の非課税の上限	1,800万円（うち成長投資枠は1,200万円まで） ※口座内で売却した場合、枠の再利用が可能	
口座開設可能期間	制限なし（恒久化）	
投資対象商品	積立・分散投資に適した一定の公募株式投資信託	上場株式・公募株式投資信託等
対象年齢	18歳以上	

新NISAと旧NISA（一般NISA）との比較

＼月額5万円ずつ（年額60万円）10年間積み立てた場合／

新NISA

年間投資上限額 最大360万円・非課税保有期間制限なし！

非課税口座

50,000円/月（600,000円/年）×10年間
6,000,000円

旧NISA（一般NISA）

年間投資上限額120万円・非課税保有期間5年

非課税口座

50,000円/月（600,000円/年）×5年間
3,000,000円

特定口座（課税）

50,000円/月（600,000円/年）×5年間
3,000,000円

仮に、利回り3%とすると10年経過後は…　税率20%として計算

新NISA：課税される運用益0円
↓
税額0円!!

旧NISA（一般NISA）：課税される運用益240,001円
↓
税額48,000円が徴収される

新NISAを続ける限り、このメリットはずっと続くので、
うまく使えば資産形成に大いに役立つ制度です

税制改正 ③

生前贈与にかかる制度が見直されました！

関連 P.200 P.204

2024（令和6）年1月1日以後に行われる**生前贈与にかかる暦年課税制度**※**・相続時精算課税制度ともに改正**が行われました。これにより、相続時精算課税制度の使い勝手がよくなり、活用しやすいものとなっています。

暦年課税において「生前贈与の加算対象期間を延長」

実質的な増税!?

贈与税　暦年ごとの贈与に対して基礎控除額110万円を引いた残額に、一般税率または特例税率の累進税率を適用して計算する。

相続税　相続時、その**相続開始前7年以内**に贈与により取得した財産がある場合は、その分を相続財産に加算して計算する。ただし、**延長された4年間（相続開始前3年超から7年未満）に受けた贈与については、総額100万円までは加算しない。**

暦年課税

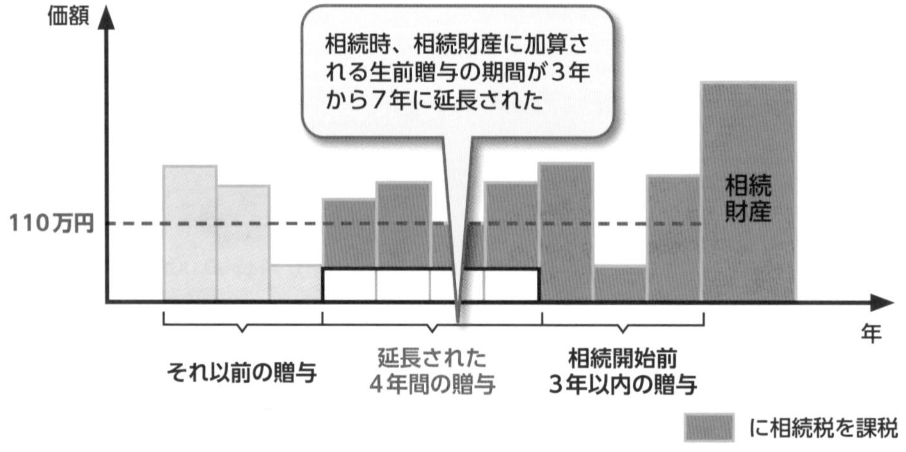

価額
相続時、相続財産に加算される生前贈与の期間が3年から7年に延長された
110万円
相続財産
年
それ以前の贈与
延長された4年間の贈与
相続開始前3年以内の贈与
に相続税を課税

相続開始日	加算期間
2026（令和8）年12月31日まで	相続開始前3年
2027（令和9）年1月1日から 2030（令和12）年12月31日まで	相続開始前3年超から7年未満 2024（令和6）年1月1日から相続開始日まで
2031（令和13）年1月1日から	相続開始前7年

※1月1日から12月31日にかけて贈与された財産の合計額に対して課税する制度。

相続時精算課税において「年110万円の基礎控除」を創設

実質的な減税!?

贈与税

相続時精算課税を選択した場合、その年分の贈与について、**基礎控除額110万円が控除**される（110万円以下の贈与については申告も不要）。さらに、この基礎控除を除く贈与財産2,500万円までは非課税（特別控除）となる（相続税はかかる）。これを超えた場合、超えた部分に一律20%をかけて計算する。

相続税

相続財産に、贈与時に基礎控除額を控除した残額を加算して再計算する。

相続時精算課税

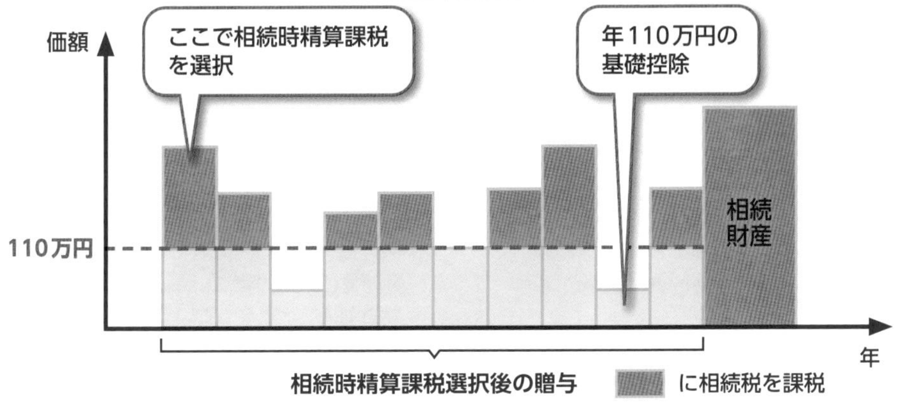
価額
ここで相続時精算課税を選択
年110万円の基礎控除
110万円
相続財産
年
相続時精算課税選択後の贈与
に相続税を課税

教育資金や結婚・子育て資金として一括贈与された場合、一定の要件に当てはまる分については非課税となる期間も延長されています。
詳しくはP.203で!

教育資金の場合	3年間延長	2026（令和8）年3月31日まで
結婚・子育て資金の場合	2年間延長	2025（令和7）年3月31日まで

改正後の計算例

●法定相続人が3人（配偶者と子2人）
相続時精算課税を選択したときの贈与財産3,000万円　相続時財産1,500万円

贈与時

贈与額 3,000万円－ 基礎控除 110万円
基礎控除後の課税価額 2,890万円－ 特別控除 2,500万円

→ 一律20%課税 **78万円**

贈与税として納付!

相続時

相続財産 1,500万円
基礎控除後の課税価額 2,890万円
合計4,390万円＜4,800万円
（相続税の基礎控除：3,000万円＋（600万円×3人））

→ 納付税額 **0円!**

贈与税として納付した78万円は還付される!

税制改正 ④

「省エネ基準」が住宅ローン控除の適用要件に！

関連 P.159

2024（令和6）年以降に入居の新築住宅にかかる住宅ローン控除については、**借入限度額の引き下げや省エネ基準の適合**など適用要件が厳しくなっている一方で、子育て世帯などへの支援を踏まえた緩和措置も含まれています。改正点を確認しておきましょう。

おもな改正点【2024（令和6）年以降、新築住宅に入居する場合】

POINT 1 省エネ基準を満たさない「その他の住宅」は控除の適用外に！

2025（令和7）年4月以降、すべての新築住宅に省エネ基準の適合が義務化されることに伴い、住宅ローン控除の適用要件においても、原則として**省エネ基準適合住宅以上の性能が必須**とされている。

POINT 2 子育て世帯については2023（令和5）年の水準を維持

若者夫婦や子育て世帯※が新居等に入居する場合の借入限度額については、一定の上乗せ措置を講ずることで、2022（令和4）年・**2023（令和5）年に入居した場合の水準を維持**されることとなっている。

※19歳未満の扶養親族を有する世帯、または夫婦のいずれかが40歳未満の世帯。

	住宅の環境性能等	借入限度額		控除期間
		2022（令和4）年・2023（令和5）年入居	2024（令和6）年・2025（令和7）年入居	
新築住宅 買取再販	認定住宅※1	5,000万円	4,500万円	×13年
	ZEH水準省エネ住宅	4,500万円	3,500万円	
	省エネ基準適合住宅	4,000万円	3,000万円	
	その他の住宅	3,000万円	0円（2,000万円）※2	
既存（中古）住宅	認定住宅※1など	3,000万円		×10年
	その他の住宅	2,000万円		

住宅ローンの控除率は、全期間一律0.7%

※1　長期優良認定住宅、認定低炭素住宅などのこと。
※2　2023（令和5）年12月31日までに新築の建築確認を受けているか、2024（令和6）年6月30日までに建築された新築住宅（50㎡以上に限る）については2,000万円で控除期間は10年。

住宅ローン控除のその他の適用要件については、P.159で詳しく解説しています！

その他の税制改正TOPICS！

森林環境税（国税）が創設されました！

温室効果ガス排出削減目標の達成や、災害防止を図るための森林整備等に必要な地方財源を安定的に確保する観点から、森林環境税（国税）が創設されました。2024（令和6）年度から、個人住民税に上乗せするかたちで**1人年額1,000円**が徴収されます。

税の無申告についての罰則が強化されました！

社会通念に照らして、申告義務を認識していなかったとは言い難い規模の高額無申告や、くり返し行われる悪質な無申告行為を未然に抑止し、自主的に申告を促すため、罰則が強化されました。

¥

① 悪質な高額無申告の場合

納税額が300万円を超える部分の無申告加算税の割合が30％に引き上げられた。

	納税額		
	50万円以下	50万円〜300万円以下	300万円超
改正前	15%	20%	
改正後	15%	20%	**30%**

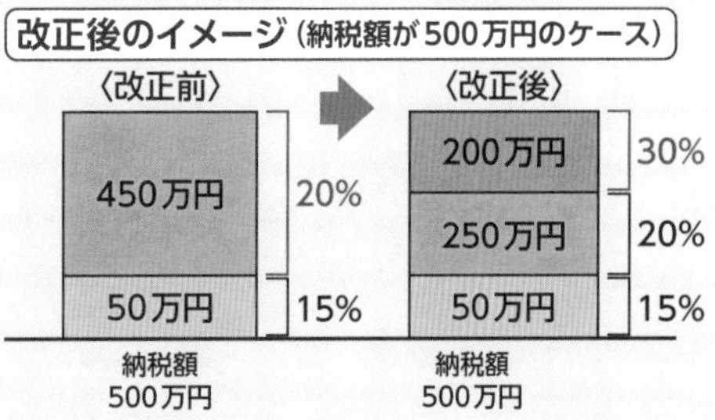

改正後のイメージ（納税額が500万円のケース）
〈改正前〉
450万円
20%
50万円
15%
納税額
500万円
〈改正後〉
200万円
30%
250万円
20%
50万円
15%
納税額
500万円

② くり返し無申告行為を行った場合

前年度および前々年度に無申告加算税などを課された人が、さらなる無申告行為を行った場合に課される無申告加算税などが10％加重されることになった。

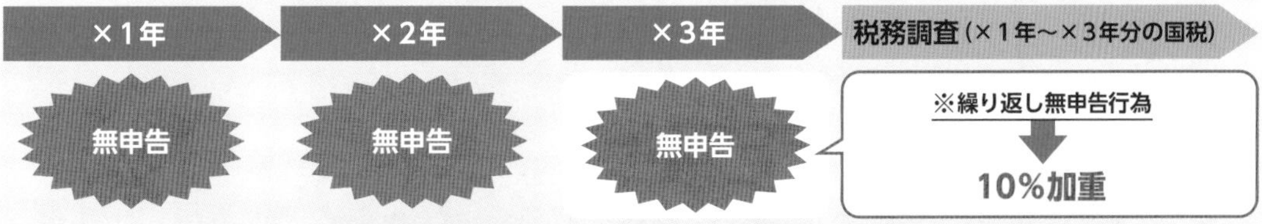

×1年
×2年
×3年
税務調査（×1年〜×3年分の国税）
無申告
無申告
無申告
※繰り返し無申告行為
10%加重

	無申告の場合：無申告加算税	仮装・隠蔽の場合：重加算税（無申告）
改正前	20%（納税額50万円以下は15%）	40%
改正後	30% 納税額300万円超の部分は40% （納税額50万円以下は25%）	50%

カラララ・・
は〜！
いそがし〜！
次はお召の掃除〜
ブロロロ・・・
キッ
ただいまぁ！
ガチャ
おかえり〜
…って
何それっ？
えっ・・・？
もーっ またそんな 無駄遣い してきて〜！
だ…だって お掃除したいから 大輝を連れて 出掛けてきてって いったの お前だろ〜？
だからって 余計なものを 買わなくて いいの〜！
もー！
んくんく

優城くん
これが我が家の現状です！
ばん！
これからは大輝ちゃんの教育資金もかかるのに夢のマイホームも本当に夢で終わっちゃうよ!?
は…はい…
今月は自動車税を納めなきゃいけないし所得税やら住民税やら差し引かれて優城くんの手取りはスズメの涙だし…
ヒドイ!!
安月給
ぐさっ
会社の付き合いとかいってるゴルフもやめてもらおうかなぁ…
本当に付き合いかわからないし…
ばっ
そっそれだけは！
それと…ビールも本数減らしてもらわなきゃね
しかも発泡酒に第3のビール
ええ～!?
でも…いろいろとられる税金は本当に悩みの種よね
なんとかならないかしら
赤字…
仕方ないだろ？国で決められてるんだから

すぐそうやって面倒くさがる～！少しは考えなさいよ～！
むにぃ～～
ごめんなさぃ…
だって税金って難しそうだし僕が考えてもどうにもならないんじゃないかなって…
そうだ！明日ウチの事務所の布施さんに相談してみよう！
ぱっ
布施さんって…あの？
イケメ――ン
そっ！すごく優秀な税理士で税金のエキスパートだからいろいろ教えてくれるかも！
うっならば僕も聞きに行く
会社帰りに…
なんで…？
い…いいじゃん！僕も税金について知りたいの！
なるほど…
我が家のファイナンシャルプランを考える中で税金について興味を持った…と
はい！
それで何か税金を減らす方法はないものかと…
は――…
かっこいぃ
あはは

残念ながら個人がすぐに節税できるような方法はなかなかないけど
税金について理解を深めるというのは賛成だな
こういう仕事をしていると「知らなくて損した！」というケースを見ることがけっこうあるんだ
10000
10000
損・・・？してるの・・・？
はぁ・・・
あとよくウチの所長が
税金アレルギーの人って本当に多いけどもったいないと思うんだよなぁ
ってよくいってますよね？
所長室
くしゅん！
でも税金とられてうれしい人なんていないじゃないですか？アレルギーにもなりますよ
だからこそしっかり理解して向き合ったほうがまだ納得できると思うんだよね
ですよね！これから私に税金について1から教えてくれませんか？
がたっ
俺でよかったらよろこんで
ぼっ僕も一緒に学びます！

はじめに 税金は嫌い？ 好き？

「税金」という言葉を見て、ポジティブな気持ちになる方は少ないのではないでしょうか。国にお金を持っていかれるようなイメージがありますし……。その気持ちは私も同じです。税理士という仕事をしてはいますが、「税金を払う」ときには「あんなに一生懸命働いたのになぁ」などとつい考えてしまいます。そもそも税金をとられてうれしい人などいないのではないでしょうか。

では、そんな私が税理士という「税金」にかかわる仕事をしていてストレスにならないかといえば、そこにはまったくストレスはありません。むしろ「税金」は面白いですし、好きです。えっ、「税金が好き」だなんて気持ち悪い？　……わかりやすくいえば、私は「喜んで税金を払っているわけではないけれども、税金について考えたり知ったりするのは好きだ」ということになります。

税金というとどうしても「支払うもの」というイメージが強いうえに、何となく難しくて複雑なものと思ってしまいアレルギー反応を起こしがちですが、税金にまつわる制度や考え方は面白いものです。もちろん法律をベースにしているので用語や言い回しが難しい部分はあります。ですが、もともと税金はいろいろな意味で私たちの生活に密着したものですから、案外親しみやすいものだと思います。

皆さんは今、税金に対して好意的ではないと思いますが、試しに「税金を払うこと」と「税

金という制度を知ること」を切り離して考えてみてください。すると「なるほど！」と感じてもらえるようになるのではないかと思います。そして、いざ税金の問題に直面したときに抵抗感なく前向きに取り組めるようになるはず。そうなれば、この試みは成功です。

税金に関しては「知らなかった」ことが原因で払いすぎていたり、還付を受けられなかったりと損をしてしまう場合も多くありますので、知ることによってそういう事態も避けられるようになるのではないかと思います。

私は税金のことについて考える仕事をはじめて20年以上になります。もともとだいぶ飽きっぽい性格なのですが、そんな私が飽きないくらい、税金の世界は知れば知るほど楽しい世界です。

税金の奥深い世界への第一歩を、私と一緒に踏み出していきましょう！

税理士　髙橋　創

登場人物紹介

目指すは夢のマイホーム。けれども、購入資金はいっこうに貯まらない。「所得税に住民税、各種社会保険……なんでこんなにアレコレ引かれるんだろう」と、頭を悩ませていた久米真里奈は、大好きな夫・優城とともに、勤務先の税理士・布施庸一のもとへ相談しに行くことに──。

久米家の人びと

久米優城《くめゆうき》

会社員。ビールとゴルフと家族が大好き。優しく、素直な性格。育児や家事を積極的に行うイクメンなのに、しょっちゅう妻に安月給をなじられている不憫な男。妻が布施をほめるたびに、ちょっとヤキモチを妬いている。

久米真里奈《くめまりな》

兼業主婦。絹川会計事務所の事務員。元気で明るいしっかり者。久米家の家計を担うものとして、夫を尻に敷いている。でも、心の中では仕事も家庭も両立してくれる夫にいつも感謝している。仕事ができる布施のことを尊敬している。

久米大輝《くめだいき》

幼稚園児。優城と真里奈の一人息子。さわがしい夫婦のもとで育っているためか、少し大人びた性格をしている。両親のことが大好きで、パパの優しさとママの明るさを受け継いでいる。

絹川会計事務所の人びと

布施庸一《ふせよういち》

税理士。絹川会計事務所のエース。さわやかなイケメン。豊富な知識と切れる頭脳を持ち、多くの企業・店舗の顧問税理士を務める。所長の考えに賛同し、業務とは別に、税金に対する意識変革と知識の普及にも尽力している。

絹川正次《きぬがわしょうじ》

税理士。絹川会計事務所の所長。誰に対してもやわらかい物腰で接する紳士。「一般の人たちから税金アレルギーをなくしたい」「税金をもっと身近に感じられるようにしたい」という真摯な思いを抱えている。

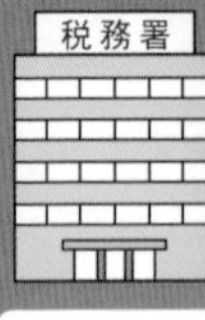

図解

いちばん親切な税金の本 24-25年版

目次

第2章 サラリーマンにかかる税金

第3章 自営業者にかかる税金

第4章 利子や配当にかかる税金

第5章 年金にかかる税金

第6章 土地・建物にかかる税金

第7章 離婚や海外出国時、災害時にかかる税金

第8章 相続・贈与でかかる税金

コラム❶

税理士という お仕事

突然ですが、質問です。

「税理士、税務署員、公認会計士、この3つの仕事の違いは何でしょう？」

パッと答えられる人は少ないのではないでしょうか。実際、私も「税理士と会計士の違いって何ですか？」とか「税理士って何をする仕事なの？」といった質問は、今までどれだけされてきたかわかりません。

税理士の仕事は、ひと言でいえば「納税者のお手伝い」です。納税者に代わって税金の額を計算したり、税務署に申告をしたりするのが主な仕事になります。私の事務所のような零細事務所ですと、便利屋的にもっとさまざまな業務が舞い込みますが、基本的には「税金の計算」と「申告」が本来の業務です。

これに対して税務署員は税務署の職員、つまり公務員です。税金を徴収したり、税務調査をしたりするのが仕事です。立場的には、税金を取る側になります。

そして公認会計士。こちらは主に監査法人に所属し、上場企業などの決算書のチェックなどを行う仕事です。何か書類を作成したり、代わって申告をしたりするというよりも、できあがっているものが適正かどうかをチェックするといった感じです。さらにいえば、直接的には税金とはあまり関係ありません。

こうした違いを簡単に説明する際に、私は「税理士は書類を作成して提出する人、税務署は書類を受け取る人」ですとか、「税理士は書類をつくる人、公認会計士は書類をチェックする人」などといっているのですが、伝わりますでしょうか。

税理士もドラマの主人公になったり、小説やマンガで取り上げられたりするようなことがあれば、もう少し認知度が高まるのかもしれませんが、今のところは残念ながらちょっと地味な感じですね。せめてワイドショーで消費税の話題が出たときなどは、専門家として税理士がコメントするくらいの存在感になりたいものですが（今のところ、そういうお仕事は経済評論家の方たちがやっていることが多いですね）。

そんな税理士ではありますが、名前に「税」の文字が入っていることからもわかるように税金の問題に関してはスペシャリストです。そこはもう地味とか派手とか関係ありません。税金の計算、申告書の作成といった仕事は、まさに私たちのテリトリー。そして、税金について皆さんにわかりやすくお話をするのも、税理士のもっとも得意とするところです！

……と、ちょっと盛り気味の自己紹介も終わったところで、この本を通して、いよいよ税金の世界をわかりやすくご紹介していきましょう！

税金基本のき

所得の種類

所得とは「利益」のこと10種類に分けて計算されます！

所得は収入の種類によって算出方法がそれぞれ違う！

所得税は、その年の1月1日から12月31日までの1年間を計算期間として、その間に獲得した所得をベースとして課税されます。**所得とは、獲得した収入から、そのためにかかった費用などを差し引いたもの、すなわち「利益」**をイメージしていただければいいと思います。

ですが、所得の種類にはいろいろあります。同じサラリーマンでも、毎月もらって日々の生活費にあてる給与と、退職時にもらって老後の生活にあてていく退職金とでは性格がだいぶ違います。

そこで、所得税では所得をその性格に応じて10種類に分類し、それぞれに所得の金額を計算することとしています。

まずは、10種類の所得とその計算方法について確認しておきましょう。

1 利子所得

収入の種類

預貯金や国債の利子、公社債投資信託の収益の分配。

所得の算式

利子所得＝収入金額

課税の流れ

源泉分離課税制度

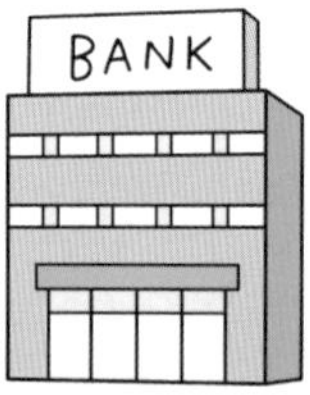

2 配当所得

収入の種類

株式の配当金、証券投資信託や不動産投資信託の収益の分配。

所得の算式

収入金額－元本取得に要した負債の利子

課税の流れ

総合課税、申告分離課税、申告不要を選択できる

3 不動産所得

収入の種類

土地やアパートなどを貸付けたことによる地代、家賃。

所得の算式

収入金額－必要経費

課税の流れ

総合課税

4 事業所得

収入の種類

小売業、サービス業などの商売による収入。

所得の算式

収入金額－必要経費

課税の流れ

総合課税

5 給与所得

収入の種類

サラリーマンの給与やボーナス。

所得の算式

収入金額－給与所得控除額

課税の流れ

総合課税

6 退職所得

収入の種類

退職金。

所得の算式

（収入金額－退職所得控除額）× 1/2

課税の流れ

分離課税

7 山林所得

収入の種類

立木の売却による収入。

所得の算式

収入金額－必要経費－特別控除額（50万円）

課税の流れ

分離課税

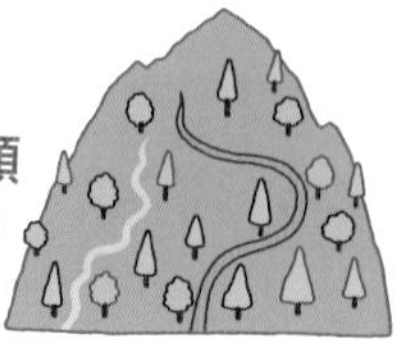

8 譲渡所得

収入の種類

資産の譲渡による収入。所有期間５年超の長期譲渡所得と５年以内の短期譲渡所得がある。

所得の算式

収入金額－（取得費＋譲渡費用）－特別控除額（50万円）

課税の流れ

総合課税または分離課税

9 一時所得

収入の種類

馬券の払戻金、保険の解約返戻金など。

所得の算式

収入金額－その収入を得るために支出した金額－特別控除額（50万円）

課税の流れ

総合課税

10 雑所得

収入の種類

❶～❾以外のすべての所得。

所得の算式

●公的年金等

収入金額－公的年金等控除額

●公的年金等以外

収入金額－必要経費

課税の流れ

総合課税

キーワード解説

所得税の課税は、「総合課税」か「分離課税」

所得税では、その性質に応じた利益の計算をするため、10種類の所得区分に分類することとしています。ですが、所得税の税率はトータルの利益の額に応じて設定されているため、いったん10種類に分類したものを改めて合計し、それに対して税率をかけることとしています。さまざまな性質のものを最終的には**総合して税金を課す方式を「総合課税」**といい、所得税の原則的な課税方法です。これに対して、退職所得と山林所得については、とくに税金を軽くしたいという方針から**独自の計算方法**を採用しています。この方法を**「分離課税」**と呼びます。なお現在では、株式投資の促進や不動産売買をしやすくするためなどの理由から、配当所得や譲渡所得にも分離課税が設けられています。

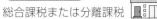

税金基本のき

所得税の計算法

まとめて計算するものと個別に計算するものがあります！

所得を減らし税負担を軽減するしくみがある!?

所得税は、個人を対象とした税金ですが、私たち個人は、利益を稼ぐためだけに活動しているわけではありません。さまざまな事情を抱えながら稼いだり、消費したりして日々の生活を送っています。ですから、所得税の計算においても利益の全部に対し課税するのではなく、それぞれの事情や状況を考慮して、所得から差し引くことのできる「控除」が用意されています。**この控除額を所得金額から差し引くことで、税負担を軽減することができるしくみ**です。

ここでは、所得税の計算の流れを紹介しておきましょう。

〇〇会社
給料

① 総合課税の所得を合計し税額を出す

総所得金額

利子所得＋配当所得＋不動産所得＋事業所得＋給与所得＋短期譲渡所得＋雑所得＋（長期譲渡所得＋一時所得）×1/2

所得控除を差し引く

課税総所得金額

×

税率をかけて税額を算出

所得控除については、この後（P.30～）で詳しく解説しています！

所得税の税率は、所得が多いほど高くなる「超過累進税率《ちょうかるいしんぜいりつ》」となっている。

課税される所得金額	税率	控除額
1,000円以上　195万円未満	5%	0円
195万円以上　330万円未満	10%	97,500円
330万円以上　695万円未満	20%	427,500円
695万円以上　900万円未満	23%	636,000円
900万円以上　1,800万円未満	33%	1,536,000円
1,800万円以上　4,000万円未満	40%	2,796,000円
4,000万円以上	45%	4,796,000円

② 分離課税の所得について個別に税額を出す

退職所得金額

山林所得金額

①の計算で引ききれなかった所得控除を差し引く

課税退職所得金額

課税山林所得金額

山林所得税額の計算では、所得を1/5にして計算した税額を5倍にして求める「五分五乗方式」という計算方法により負担軽減の措置がとられている。

×

税率をかけて税額を算出

×

税率をかけて税額を算出

③ ①②を踏まえて所得税額を出す

①、②でそれぞれ算出した税額を合計する

税額控除を差し引く

所得税額

キーワード解説

赤字をほかの所得の黒字で相殺できる「損益通算」

所得税では収入を10種類に区分してそれぞれの利益を計算しますが、それぞれの所得区分が必ずしもプラスになるとは限りません。では、計算の結果、マイナスになる所得区分がある場合にはどう計算することになるのでしょうか。想定できるのは**①ほかの所得区分の黒字と相殺する、②赤字はなかったものとして切り捨てる**、の2つあたりでしょうか。

現在の制度では①②の両方を使い分けることとしています。**不動産所得、事業所得、山林所得、譲渡所得の赤字**は一定の手順でほかの所得区分の黒字から差し引くことができ、これを**「損益通算」**といいます。一方、それ以外の所得区分での赤字は切り捨てられます。「赤字なのに救いがない！」という気もしますが、そもそもそれ以外の所得区分で赤字となることは少ないですから、あまり気にする必要はないのかもしれません。

所得の種類にかかわらず、同じ「申告書」を使います

以下のような損失がある場合に使用する

・事業所得などの赤字により、すべての所得の合計額が赤字になる場合
・雑損控除の額がすべての所得の合計額を超える場合
・前期以前から繰り越された損失がすべての所得の合計額を超える場合

第四表

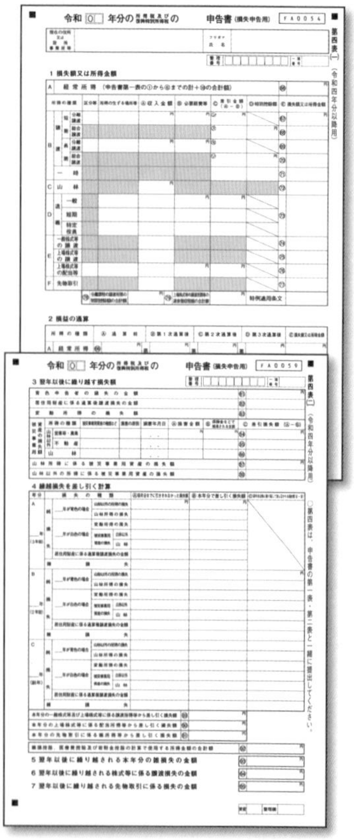

第一表・第二表のほかに書類が必要な場合もあります！

以下の所得にかかる分離課税がある場合

・山林所得や退職所得
・土地、建物、株式などの譲渡による譲渡所得など

第三表

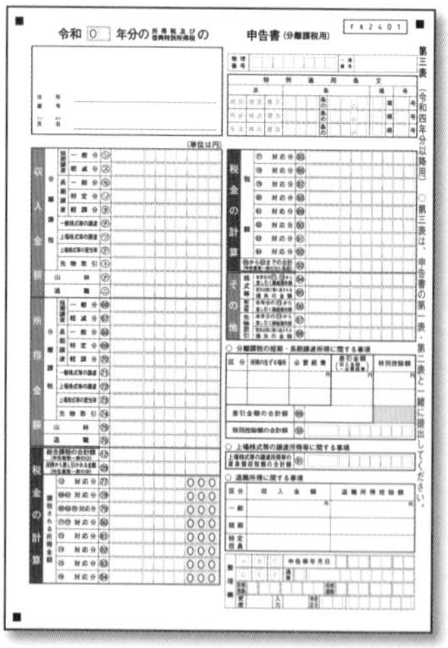

すべての所得の申告に使う

第一表
第二表

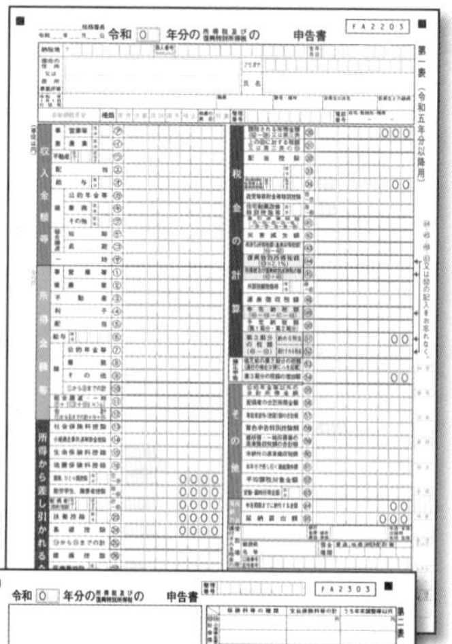

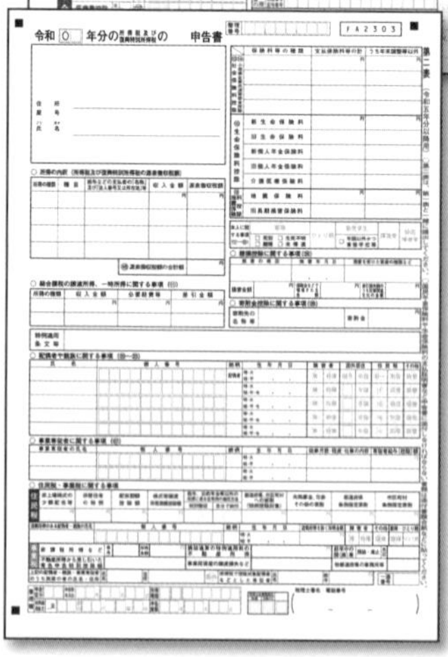

申告書（第一表・第二表）・記載例

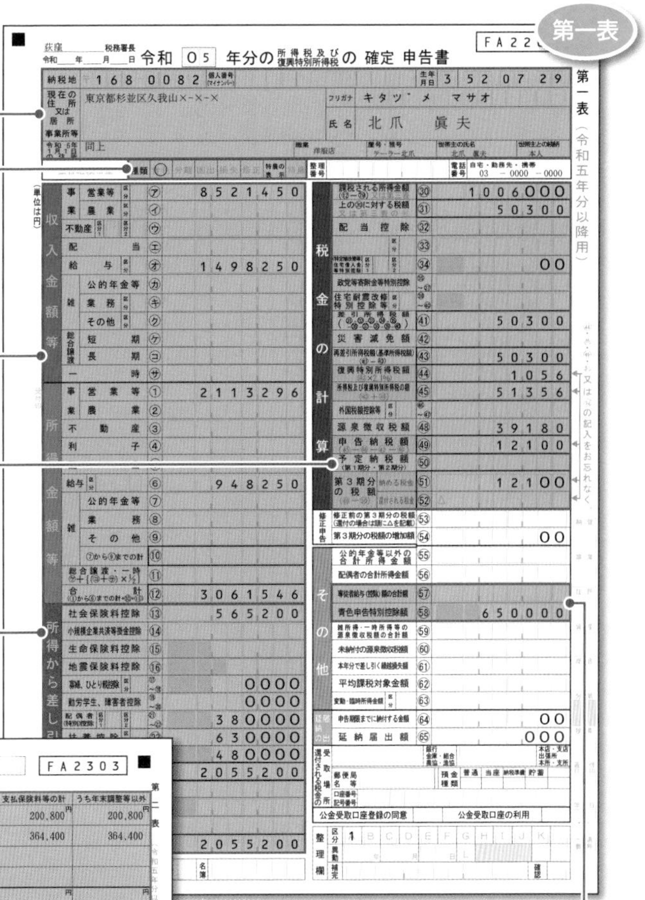

住所・氏名など

住所や氏名、生年月日などの本人に関する情報を記入する。

種類

青色申告者であれば「青色」、第三表を使用する場合には「分離」、第四表を使用する場合には「損失」に○を付ける。

収入金額等・所得金額

所得ごとの収入金額と必要経費等を差し引いた後の所得金額を記入する。

税金の計算

課税される所得金額に対する税額を計算する。

所得から差し引かれる金額（所得控除）

基礎控除、社会保険料控除などの控除がある場合は、該当する欄に記入する。

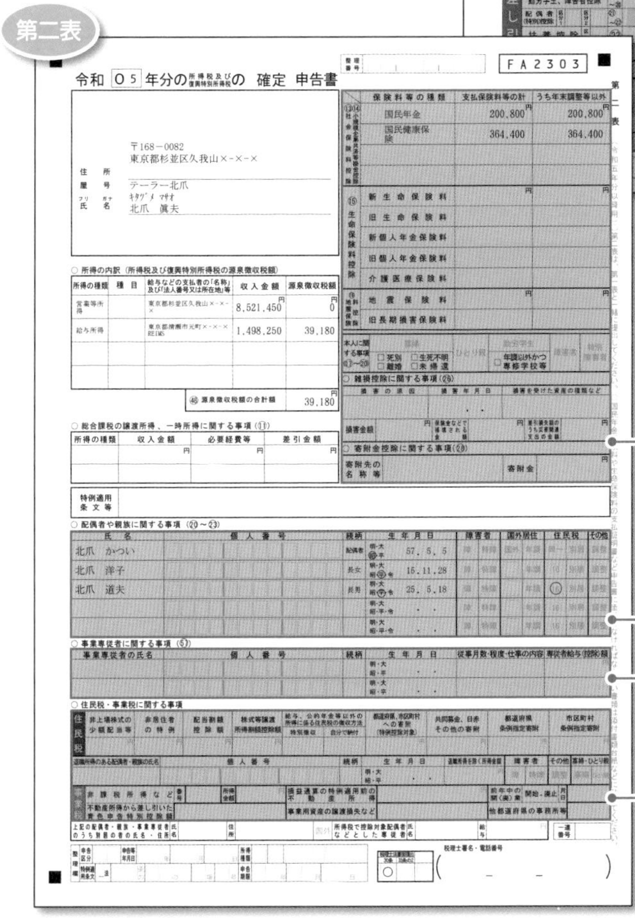

青色申告特別控除額など

㊼欄「専従者給与（控除）額の合計額」、㊽欄「青色申告特別控除額」は「青色申告決算書」（P.96）などから転記する。

所得から差し引かれる金額に関する事項

社会保険料控除や生命保険料控除、寄附金控除などに関する事項を記入し、「第一表」に反映させる。

配偶者や親族、事業専従者の状況

親族や事業専従者の有無などによって所得税や住民税の取扱いが異なるため、その状況などを記入する。

住民税・事業税に関する事項

住民税や事業税の計算に影響する事項を記入する。

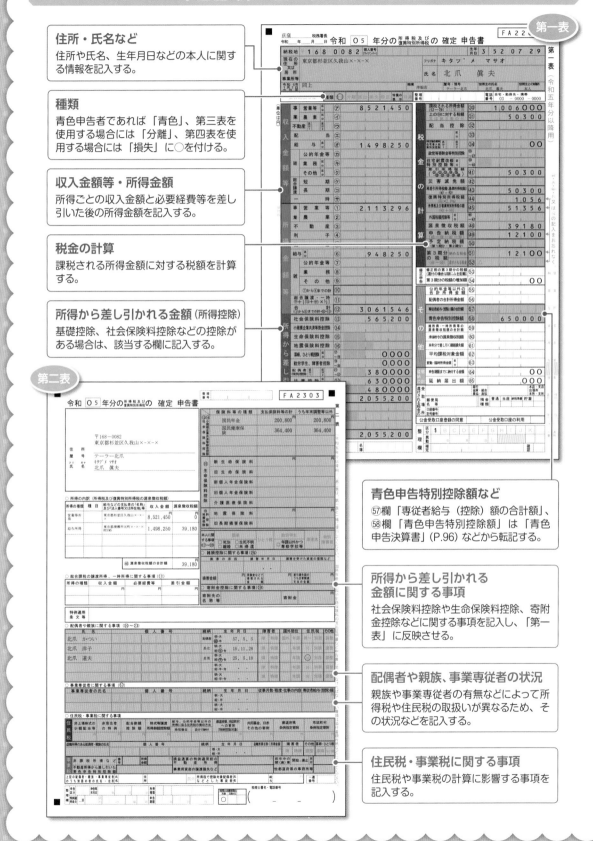

税金基本のき

控除の種類

個人の事情や状況に応じた多様な控除が用意されています！

税率をかける前に引く控除 税率をかけた後に引く控除

所得税には「所得控除」と「税額控除」という2つの控除が用意されています。どちらも税金を減らすという意味では同じような役割なのですが、計算の効果が異なります。

「所得控除」は税率をかける前に控除が行われます。つまり税率が高い人（高所得者）のほうが大きい控除を受けられることになります。

これに対して**「税額控除」は税率をかけた後の税額から差し引きます**ので、どんな税率の人でも効果は変わりません。今までは所得控除が主流でしたが、最近では税額控除のほうが公平なのではないかという意見もあり、今後どう変わっていくか気になるところです。ここでは、所得控除について詳しく見ていきましょう。

所得控除の効果

所得 － 所得控除 ＝ 課税所得

たとえば…10万円の控除の場合

税率10％の人 ➡ 1万円税金が減る！

税率40％の人 ➡ 4万円税金が減る！

税率が高い人のほうが減税効果が高い！

所得控除の種類

本人や家族の状況に応じて、最低限の生活費を考慮するものと、特別な現金支出や損害などに対するものがある。

最低限の生活費を考慮するもの

配偶者控除、配偶者特別控除、基礎控除、扶養控除、障害者控除、寡婦《かふ》控除・ひとり親控除、勤労学生控除

特別な現金支出を考慮するもの

雑損《ざっそん》控除、医療費控除、寄附金控除、社会保険料控除、小規模企業共済等掛金控除、生命保険料控除、地震保険料控除

最低限の生活費を考慮するもの

現在の所得税法では、所得金額に税率をかける前に**本人や親族の最低限の生活費相当額をマイナスする**こととされています。その金額は**原則として年間38万円**（本人に関しては48万円）です。「それで本当に生活できるの??」という金額ではありますが。

本人の最低限の生活費を年間48万円とするのであれば、年間の所得が48万円以下の方は「自分の収入では生活費をまかなえない人」ということになります。その場合には誰かに扶養してもらう必要がありますので、**配偶者控除や扶養控除の対象となる親族かどうかは、所得が48万円以下かどうかが判断基準**となります。

なお、学生や老人など生活費が多めにかかりそうな人については、割り増しがあります。

配偶者、親族の所得金額

- 48万円超 → 配偶者控除、扶養控除の対象とならない！
- 48万円以下 → 配偶者控除、扶養控除の対象となる！

基礎控除

何の要件もなく、全員に適用されるものであった基礎控除が、令和2年より本人の合計所得金額に応じて次のとおりとなりました。

所得2,500万円を超えると控除額は0円に！

納税者本人の合計所得金額	控除額
2,400万円以下	48万円
2,400万円超2,450万円以下	32万円
2,450万円超2,500万円以下	16万円
2,500万円超	0円

勤労学生控除

その年の12月31日の現況で、次の3つの要件のすべてに当てはまる場合には勤労学生控除があります。

働きながら学校に通っています

❶ 給与所得などの**勤労による所得**があること。
❷ 合計所得金額が**75万円以下**で、❶以外の所得が**10万円以下**であること。
❸ 学校教育法に規定する**中学校、高等学校、大学などの学生、生徒**であること。

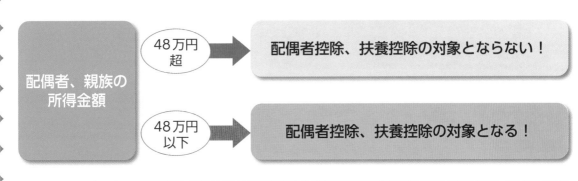

配偶者控除

納税者に配偶者がいる場合には、**その納税者の所得に応じて**配偶者控除が受けられます。原則として**配偶者のその年の所得が48万円以下であることが条件**となります。

妻（45歳）は専業主婦。夫の所得は900万円➡配偶者控除額は38万円

配偶者の年齢		納税者の合計所得金額		
		900万円以下	900万円超 950万円以下	950万円超 1,000万円以下
控除額	70歳未満	38万円	26万円	13万円
	70歳以上（老人控除対象）	48万円	32万円	16万円

※納税者の合計所得金額が1,000万円を超える場合には、配偶者控除は受けられない。

配偶者特別控除

その年の所得が48万円以下であれば配偶者控除を受けられますが、48万円を超える場合であっても急に控除がゼロになるわけではなく、**所得が133万円を超えるまでは配偶者特別控除**を受けることができます。

配偶者特別控除の要件

①控除を受ける人の**所得が1,000万円以下**であること
②控除を受ける人と**生計を一にしている**こと
③ほかの人の**扶養親族となっていない**こと
④その配偶者の所得が**48万円超133万円以下**であること

夫の所得700万円、妻のパートの所得100万円➡控除額は36万円

配偶者の合計所得金額	納税者本人の合計所得金額		
	900万円以下	900万円超 950万円以下	950万円超 1,000万円以下
48万円超95万円以下	38万円	26万円	13万円
95万円超100万円以下	36万円	24万円	12万円
100万円超105万円以下	31万円	21万円	11万円
105万円超110万円以下	26万円	18万円	9万円
110万円超115万円以下	21万円	14万円	7万円
115万円超120万円以下	16万円	11万円	6万円
120万円超125万円以下	11万円	8万円	4万円
125万円超130万円以下	6万円	4万円	2万円
130万円超133万円以下	3万円	2万円	1万円
133万円超	0円	0円	0円

寡婦《かふ》控除・ひとり親控除

配偶者と死別、もしくは離婚した後再婚していないような場合や未婚のひとり親については、控除を受けることができる可能性があります。2020年度から適用されている改正でこれまであった男女差も多少薄まりました。

		控除額	
離婚	子以外の扶養親族がおり、所得が500万円以下	27万円	寡婦控除
死別	所得が500万円以下	27万円	寡婦控除
ひとり親	生計を一にする子がおり、所得が500万円以下	35万円	ひとり親控除

扶養控除

配偶者以外の親族については扶養控除が用意されています。控除額は、親族の年齢に応じて異なります。なお、**16歳未満の親族については控除なし**となっていますので注意が必要です。

		控除額
16歳未満	年少扶養親族	控除なし
16歳以上 18歳以下	一般扶養親族	38万円
19歳以上 22歳以下	特定扶養親族	63万円
23歳以上 69歳以下	成年扶養親族	38万円
70歳以上	老人扶養親族	48万円

小学生の娘と高校生の息子➡控除対象は息子のほうだけ

※老人扶養親族のうち、納税者または配偶者の父母などで普段同居している人は「同居老親等」として58万円の控除とされる。

障害者控除

本人、配偶者控除の対象となる配偶者、扶養控除の対象となる親族が障害者の場合には障害者控除が適用されます。なお、障害の程度によって控除額が異なります。

障害のある母を扶養➡障害者控除の対象

		控除額
障害者	身体障害者手帳3級～6級の人など	27万円
特別障害者	身体障害者手帳1級または2級の人など	40万円
同居特別障害者	特別障害者である控除対象配偶者や扶養親族のうち、納税者本人やその配偶者、または生計を一にする親族のいずれかと常に同居している人	75万円

特別な現金支出を考慮するもの

私たちが生活をしていくうえで必要とする通常の生活費は基礎控除や配偶者控除、扶養控除などで手当てされますが、そのほかにも**災害やけが・病気といった特別な事情による現金支出があった場合**、それを補てんすることを目的とした控除や、**寄附や保険への加入を推進するもの**として用意された所得控除があります。これらはすべて支払った金額をベースに計算するという特徴があります。

医療費控除

その年に多額の医療費を支払った場合に受けられるのが**医療費控除**です。多額の医療費の支出は通常の生活費でまかなえるものではありませんので、別枠での控除が設けられています。なお、**平成29年より医療費控除の特例としてセルフメディケーション税制が創設**されました。この特例を適用する場合、通常の医療費控除を受けることができなくなる点に注意が必要です。

医療費控除 ⇔（選択適用）⇔ 医療費控除の特例（セルフメディケーション税制）

控除額

1年間に支払った医療費の合計額 － 保険金などの補てん金 － 10万円 or 所得金額200万円未満なら、所得金額×5％

対象者

対象となる医療費を支払った人

医療費控除の具体例…入院して45万円を支払った場合

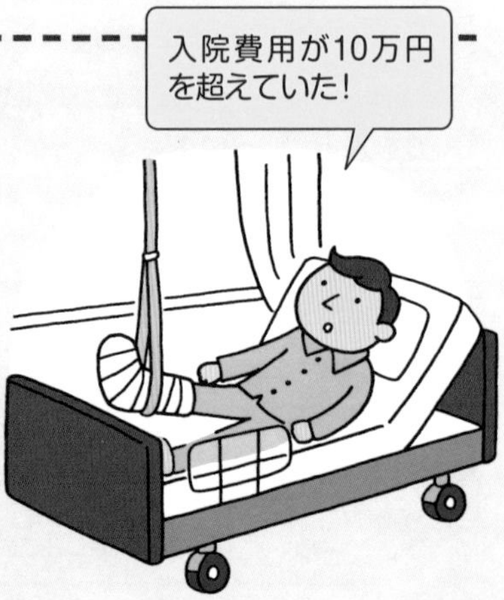

所得金額	500万円
支払った医療費	45万円
保険料で補てんされた金額	15万円

45万円－15万円－10万円※＝20万円（控除額）

※10万円＜500万円×5％＝25万円
所得金額の5％が10万円より大きいので、10万円を差し引く。

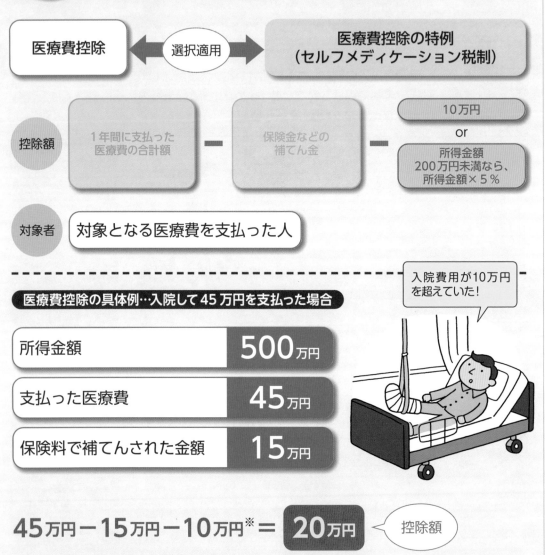

対象となる医療費、ならない医療費

医療費控除の対象となる医療費には、本人の医療費だけではなく生計を一にする親族の医療費も含まれます。個別の医療費が医療費控除の対象となるかならないかの線引きは難しいのですが、代表的なものとして以下のものをご紹介しておきます。

	対象となる医療費	対象とならない医療費
診療費用等	●治療費、入院費 ●入院中の食事代 ●医師の処方に基づく治療のためのマッサージ、鍼灸費用	●美容整形や人間ドックの費用 ●医師の指示によらない差額ベッド代 ●予防接種の費用 ●診断書の作成料 ●病室で見る有料テレビの料金
医薬品購入費用	●治療のための薬代（薬局で購入したものも可）	――
医療器具購入費用	●治療のために必要な医療器具購入費	●めがねや補聴器の購入費用（左欄以外）
通院費	●通常必要な通院のための交通費 ●往診のための医師の送迎費用	●マイカー通院のガソリン代、駐車料
その他	――	●前年に支出した医療費（前年分の所得からの控除は可能） ●医師や看護師への心づけ

医療費控除の特例（セルフメディケーション税制）

控除額　スイッチOTC医薬品の購入費用－12,000円（最高88,000円）

対象者　健康の維持・増進および疾病の予防への取り組みとして**予防接種、定期健康診断などの取り組みを行う個人**で、自己または自己と生計を一にする配偶者そのほかの親族にかかる一定のスイッチOTC医薬品を購入した人

対象となるスイッチOTC医薬品は厚生労働省のホームページで定期的に更新されますが、パッと見てもどの商品が該当するかの判断は難しいため、店頭の薬剤師に確認をとることをお勧めします！

医療の世界では日々新しい治療法などが生まれますが、その治療などにかかった金額が医療費控除の対象となるかについては、私たち税理士も頭を悩ませるところです。ここではその中で気になるものをいくつかご紹介します。これらは比較的高額になることが多いので、知っておいたほうがいいかもしれません。

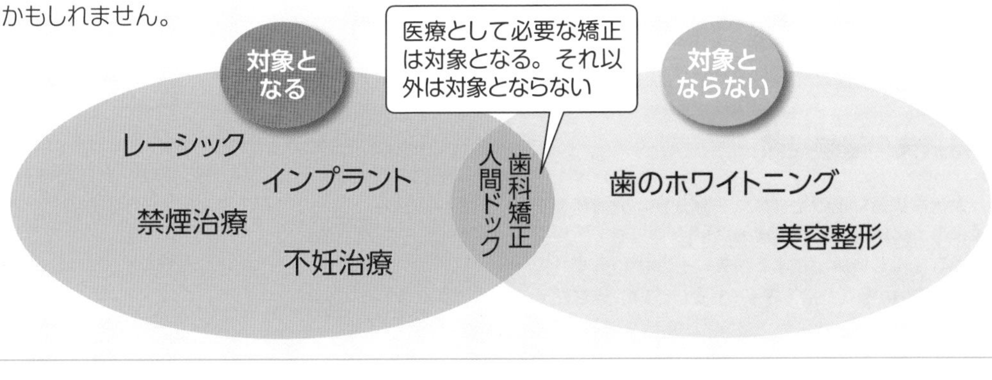
対象となる
レーシック
インプラント
禁煙治療
不妊治療
医療として必要な矯正は対象となる。それ以外は対象とならない
歯科矯正
人間ドック
対象とならない
歯のホワイトニング
美容整形

雑損《ざっそん》控除

地震や火災などの災害や盗難・横領によって住宅や家財に損害を受けた場合に受けられるのが**雑損控除**です。住宅や家財などは生活に必要なものなので買い直す必要があります。そこで想定される現金支出を考慮して設けられた制度です。買い直すことを想定しているので、損害が発生したときの時価をベースに計算をします。

控除額　Ⓐ Ⓑ いずれか多いほう

Ⓐ 損失額－保険金などによる補てん金額－その年の所得の10%

（損失額＝損害金額+災害関連支出）

Ⓑ 災害関連支出－5万円

火災で家も、家財道具もダメになった!

- 損害金額とは、住宅、家財、衣服など、生活に必要な資産のうち、災害などで損害を受けたものを原則として災害時の時価で計算したもの。
- 災害関連支出とは、現状回復費用、住宅・家財の取り壊しや除去費用のこと。

損失発生事由　災害、盗難、横領　※詐欺や恐喝は含まれない。

対象となる資産・対象とならない資産

対象となる資産	対象とならない資産
住宅、家財など、生活に必要な資産 ※本人または本人と生計を一にする配偶者やそのほかの親族のうち、その年の所得が48万円以下の者の有する資産も含む。	●店舗など商売で使用する資産 ●別荘や30万円を超える貴金属などのぜいたく品

キーワード解説

雑損失の繰《くり》越《こし》控《こう》除《じょ》

大きな災害などの場合には、**損失額が大きすぎてその年の所得から控除しきれない場合**があります。災害などやむを得ない原因による損失にもかかわらず「控除しきれないから切り捨てます!」というのは酷な話ですよね。災害などがあった場合には、所得そのものが少なくなってしまっている可能性も高いですし。

そこで、そういった場合には**翌年以後3年間の所得から控除**することができる、**「雑損失の繰越控除」**という制度が設けられています。

この「雑損失の繰越控除」は確定申告をしないと受けられないので注意しましょう。

寄附金控除

公益性の高い寄附をした場合には、その寄附金は**寄附金控除**の対象となります。最近では、大規模災害の復興支援にふるさと納税を活用した寄附などもあり、すっかり身近な控除となっています。

控除額

1年間の特定寄附金の合計額
いずれか少ないほう
所得金額の40%
－ 2,000円

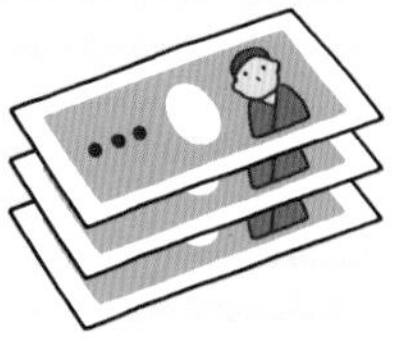

対象者

寄附金控除の対象となる寄附金を支払った人

対象となる寄附金

- **国や地方公共団体**
- 公益社団法人、公益財団法人などで**財務大臣が指定**したもの
- 特定公益増進法人（自動車安全運転センター、日本赤十字社、社会福祉法人など）
- 一定の特定公益信託の信託財産とするためのもの
- 政治活動に関する一定の政治献金
- 認定NPO法人など

寄附金控除の具体例…地方公共団体に5万円のふるさと納税をした場合

所得金額	500万円
支払った寄附金	5万円

5万円※－2,000円＝48,000円 ＜ 控除額

50,000円のふるさと納税をした！

※5万円＜500万円×40％＝200万円
「寄附金額」と「所得金額×40％」の金額を比べて、少ないほうが5万円

キーワード解説

寄附金特別控除（税額控除）

政党・政治資金団体、認定NPO法人等、公益社団法人等に対する寄附をした場合には、所得控除に代えて**寄附金特別控除（税額控除）**を受けることもできます。両方を計算して有利なほうを選びましょう。

❶ **政党・政治資金団体に対する寄附金の特別控除額**
（政党等に対する寄附金の額の合計額－2,000円）×30％

❷ **認定NPO法人等に対する寄附金の特別控除額**
（認定NPO法人等に対する寄附金の額の合計額－2,000円）×40％

❸ **公益社団法人等に対する寄附金の特別控除額**
（公益社団法人等に対する寄附金（一定の要件を満たすもの）の額の合計額－2,000円）×40％

各種の保険料を支払った場合には所得控除の対象となります。控除額は制度ごとに異なりますが、サラリーマンの方は年末調整で適用されるため、自分で計算することはあまりありません。

社会保険料控除

社会保険料を支払った場合には、その全額が支払った年において**社会保険料控除**として控除されます。なお、生計を一にする配偶者やそのほかの親族の社会保険料を支払った場合にも控除の対象となります。

自分の分だけでなく、
家族の社会保険料も
支払っています
保険証

控除額　その年に支払った社会保険料の全額

対象となる保険料

健康保険、国民健康保険、介護保険、後期高齢者医療制度の保険料、雇用保険の保険料、国民年金、厚生年金、国家公務員共済など

小規模企業共済等掛金控除

小規模企業共済や個人型確定拠出年金（iDeCoなど）の掛金を支払った場合には、その全額が支払った年において**小規模企業共済等掛金控除**として控除されます。私的年金なので加入は任意ですが、節税策として利用されることも多い制度です。

レストランを経営しています。リタイア後の生活への備えとして小規模企業共済に加入しています
RESTAURANT

控除額　その年に支払った掛金の全額

対象となる掛金

- 小規模企業共済法の規定によって中小企業基盤整備機構と結んだ共済契約の掛金
- 確定拠出年金法に規定する企業型年金加入者掛金または個人型年金加入者掛金（iDeCoなど）
- 地方公共団体が実施する、いわゆる心身障害者扶養共済制度の掛金

※「iDeCo（イデコ）」とは、確定拠出年金法に基づいて平成14年1月より運用が開始されている私的年金のこと。

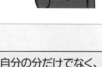

生命保険料控除

生命保険契約の保険料を支払った場合には、一定の金額が**生命保険料控除**として控除されます。なお、契約日が平成24年より前（旧契約）か後（新契約）かによって計算式が異なります（どちらに該当するかは生命保険会社が発行する控除証明書にて確認できる）。**旧契約の場合には保険料ごとに5万円（合計10万円）、新契約の場合には保険料ごとに4万円（合計12万円）が上限**となっています。

妻の保険料も支払っています

控除額　支払った保険料の性質・金額に応じて次の計算式により算出した金額

支払った保険料の区分	支払った保険料	控除額
新契約の生命保険料 ・一般生命保険料 ・個人年金保険料 ・介護医療保険料	20,000円以下	支払った保険料の全額
	20,000円超　40,000円以下	支払った保険料×1/2＋10,000円
	40,000円超　80,000円以下	支払った保険料×1/4＋20,000円
	80,000円超	40,000円
旧契約の生命保険料 ・一般生命保険料 ・個人年金保険料	25,000円以下	支払った保険料の全額
	25,000円超　50,000円以下	支払った保険料×1/2＋12,500円
	50,000円超　100,000円以下	支払った保険料×1/4＋25,000円
	100,000円超	50,000円

地震保険料控除

損害保険契約のうち**地震保険料を支払った場合**には、**地震保険料控除**として控除されます。この控除は平成19年に創設されたのですが、平成18年以前に存在した損害保険料控除を一部引き継ぎ、一定の長期損害保険にかかる保険料（旧長期損害保険料）については地震保険料控除の枠内で以前のまま控除が計算されます。

控除額　支払った保険料の性質・金額に応じて次の計算式により算出した金額

地震保険料控除・速算表

区分	年間の支払保険料の合計	控除額
①地震保険料	50,000円以下	支払った保険料の全額
	50,000円超	50,000円
②旧長期損害保険料	10,000円以下	支払った保険料の全額
	10,000円超　20,000円以下	（支払った保険料×1/2）＋5,000円
①②両方がある場合	――	①②それぞれの方法で計算した金額の合計額（最高50,000円）

税金
基本のき

暮らしの
中の税金

楽しい、楽しい家族旅行！こんなときにも税金はかかっています！

支払った金額の中に税金が含まれている

「確定申告」「年末調整」といった特別な作業とは関係なく、もっと私たちの身近に存在している税金がたくさんあります。ところが、特別な作業がない分、払っていることさえ忘れてしまいがちです。

たとえば、家族で**「温泉&ゴルフ旅行に行く」**というときにも、場面を追って見ていくと、こんなにも**いろいろな税金がかかっている**のです。ご存じでしたか。ここでは、それぞれの場面で、どんな税金がかかっているのか見てみましょう。

さあ、温泉&ゴルフ旅行に出かけよう！

持っている車にかかる税金

自家用車は新規取得時だけでなく、所有しているだけでかかる税金があります。

自動車税・軽自動車税、環境性能割、自動車重量税

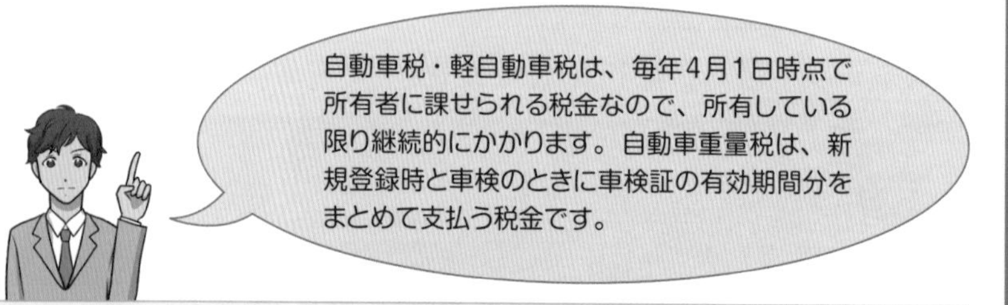
自動車税・軽自動車税は、毎年4月1日時点で所有者に課せられる税金なので、所有している限り継続的にかかります。自動車重量税は、新規登録時と車検のときに車検証の有効期間分をまとめて支払う税金です。

エコカー減税・グリーン化特例

環境に配慮し、排出ガス性能および燃費性能に優れた自動車に対して設けられた税金を減らす特例措置。減税率は自動車の性能に応じて**25%～全額**までとなっています。

適用期間

〈エコカー減税〉 ●**自動車重量税**：令和元年5年1日～令和8年4月30日

〈グリーン化特例〉 ●**自動車税・軽自動車税**：平成31年4月1日～令和8年3月31日

温泉宿に到着！
はあ～、いい湯だなあ♪

入湯税

温泉に入る場合には入湯税がかかります。

標準税額

1人1日当たり150円

ガソリン税

ガソリン代には、ガソリン税（揮発油税＋地方揮発油税）が含まれています。

1ℓ当たり53.8円

ガソリン満タンで、
目的地まで一気にGO！
GS

自動車税

自動車の排気量	税額
1,000cc以下	25,000円
1,000cc超　1,500cc以下	30,500円
1,500cc超　2,000cc以下	36,000円
2,000cc超　2,500cc以下	43,500円
2,500cc超　3,000cc以下	50,000円

軽自動車税は自家用乗用の場合、一律10,800円！

環境性能割　※自家用車の場合

自動車の種類		税率
電気自動車・燃料電池自動車・プラグインハイブリッド自動車等		非課税
ガソリン車・LPG車（ハイブリッドカーを含む） ※平成17年排ガス規制75%低減、または平成30年排ガス規制50%低減、かつ令和2年度燃費基準達成、かつ右の基準達成で税率が異なる。	令和12年度燃費基準85%達成	非課税
	令和12年度燃費基準80%達成	1%
	令和12年度燃費基準70%達成	2%
上記以外の自動車		3%

酒税

お酒には酒税がかかり、私たちが買うときの値段にはその金額が加えられています。酒税は**お酒の種類によって税額が異なります。**ビール系飲料は麦芽の使用率や使用原料によって酒税が異なるため、「ビール」「発泡酒」「第三のビール」と紛らわしいものが混在し、その税率もばらばらです。そこで、この差を是正するため、平成29年の税制改正で令和2年、5年、8年の3段階で税率を改正し、一律化されることが決まっています。日本酒やワインについても同様に一律化されます。

この宿は料理も最高！美味しいねえ。お酒もすすむよ

酒類別の酒税の金額		350ml当たり（消費税は別）	
		現在	令和8年10月
ウイスキー	アルコール37度	129円	
焼酎	アルコール20度	70円	
日本酒	アルコール15度	35円	
ワイン	アルコール12度		
ビール		63.35円	54.25円
発泡酒		46.99円	
第3のビール		46.99円	

※アルコール度数は一般的数値。ウイスキーと焼酎は度数に応じ税額加算。

ビール、日本酒 → **減税**

発泡酒、第3のビール、ワイン、酎ハイ → **増税**

この旅、最後のお楽しみ。今日こそ100切るぞ～！

ゴルフ場利用税

ゴルフ場でのプレー代にはゴルフ場利用税が含まれています。利用料金、ゴルフ場の規模などの等級に応じて税額は異なります。なお、ゴルフ練習場は対象となっていません。

標準税額

1日当たり800円(全国平均)**、上限は1,200円**

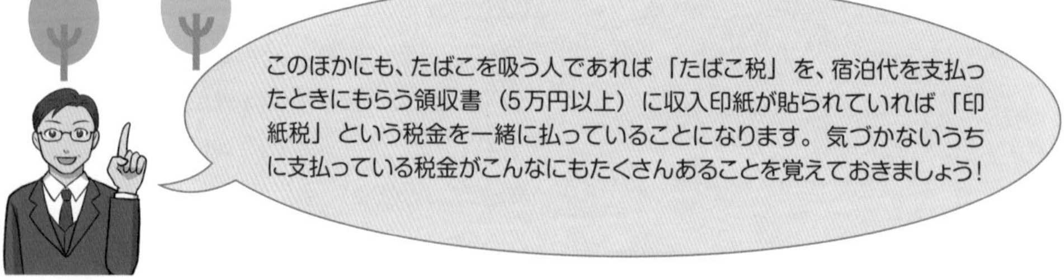
このほかにも、たばこを吸う人であれば「たばこ税」を、宿泊代を支払ったときにもらう領収書（5万円以上）に収入印紙が貼られていれば「印紙税」という税金を一緒に払っていることになります。気づかないうちに支払っている税金がこんなにもたくさんあることを覚えておきましょう！

第1章

税金のしくみを知る

■そもそも税金って何？
■税金にはどんなものがあるの？
■税金はどんなときにどうやって払うの？
■ルールを守らないとペナルティがある？

○○議員の領収書偽造問題について……
こんなニュース見ると税金を納めるのバカバカしくなるよなぁ…
そうだねでも私たちってどんな税金を納めてるんだろ？
ん…それは所得税に住民税自動車税…あと消費税も！
そんだけ？
そんなもんじゃない？
よし！次の休みの日布施さんに聞きにいこう！
…やっぱり
布施さんって私服もオシャレなんですね～♪
ははありがと
たしかに議員の汚職事件とか税金の無駄遣いみたいなニュースを聞くと税金を納めるのが嫌になるよね
ただそれでも税金は世の中にとって必要なものだからね

税金はみんなで社会を支えるための「会費」ってよくいわれるね
会費？
警察や消防といった公共サービスは俺らの生活に必要不可欠なものだよね？
市民の安全守ります！
その費用をみんなで負担しようというのが税金の役割なんですね！
そう！ほかにも税金にはいろいろな役割があるんだ
??
具体的には次のとおりだよ
収入や財産の格差をなくすために、収入や財産の多い人に割高な税金を課し、それを財源として社会保障制度を充実させる。
国
所得
税率 高
所
税率 低
不況時には税率を下げて国民の可処分所得※を増やすことで、消費や投資を促し、経済を刺激する。
不況時
税率下げるよ～
国
買い物しよう
投資しよう

※可処分所得……収入から税金や社会保険料などを差し引いた手取り収入のこと。

へえお金持ちに多く税金を納めてもらって社会保障を充実させるしくみもあるのね！
それに税金が経済に影響を与えるものだったとは知らなかったなぁ！
ふふ税金ってなかなか面白いだろ？
そうですね！

それに実際には数えきれないほどたくさんの種類の税金があって実をいうと俺だってその全部を把握しているわけじゃないんだよ
税金のプロでも把握しきれないくらいたくさんあるのか…
代表的なものだけをあげるとざっと次のとおりかな

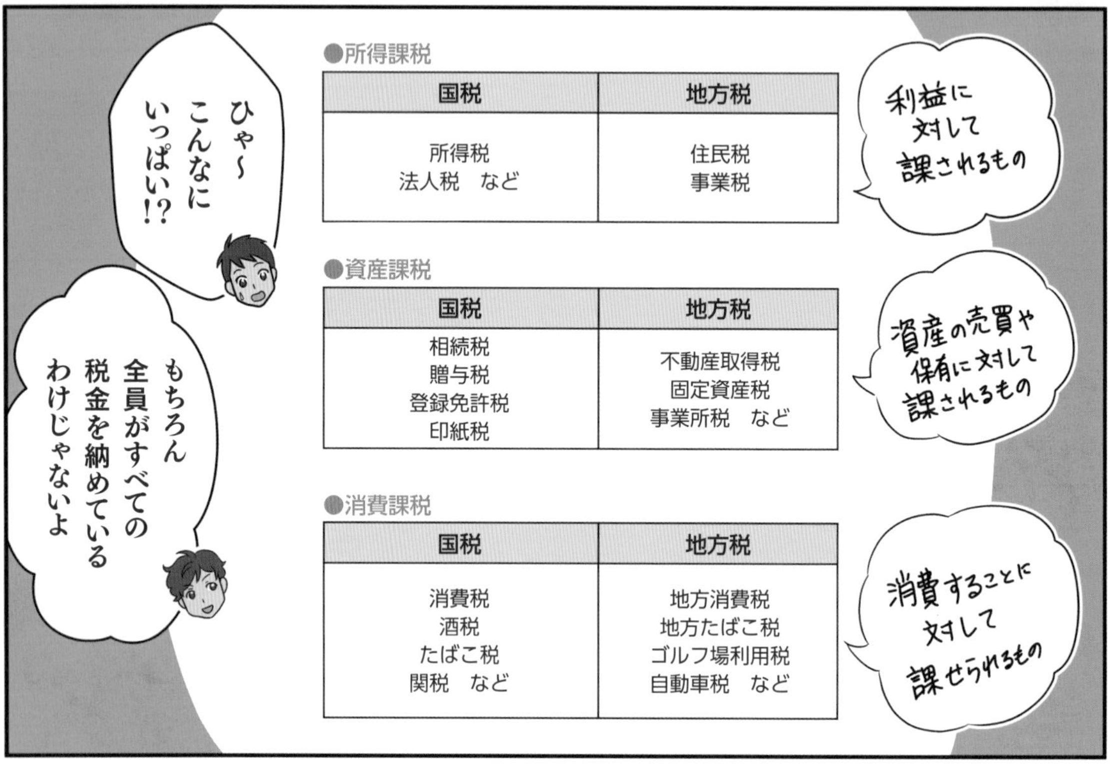
利益に対して課されるもの
資産の売買や保有に対して課されるもの
消費することに対して課せられるもの
ひゃ～こんなにいっぱい!?
もちろん全員がすべての税金を納めているわけじゃないよ

●所得課税

国税	地方税
所得税 法人税　など	住民税 事業税

●資産課税

国税	地方税
相続税 贈与税 登録免許税 印紙税	不動産取得税 固定資産税 事業所税　など

●消費課税

国税	地方税
消費税 酒税 たばこ税 関税　など	地方消費税 地方たばこ税 ゴルフ場利用税 自動車税　など

たとえば所得課税は企業や個人が得た利益に対して課せられるし
資産課税は不動産や自動車などの資産を売ったり買ったり持っている場合だけ課せられる
所得
・給与や売上
資産
・土地など
消費
・普段の買い物など
あと消費課税はモノを買ったりサービスを利用したりしたときに課せられるんだよ

ちょっと優城くん！お酒を買ったりゴルフしたりしても税金をとられるよ！
本当だ！
・たばこ税
・ゴルフ場利用税
これからどっちも禁止ね！
ええー
はは……
税金を納めること自体は悪いことじゃないんだけどね
知らないうちにこんなにたくさんの税金がつくられていたなんて……
ゴルフは意外だった……
知らなかったかもしれないけど国民に内緒でつくっているわけじゃないよ
？
日本は租税法律主義《そぜいほうりつしゅぎ》っていってね「税金にはちゃんとした法律の裏付けがないといけませんよ」と日本国憲法で定められているんだ
日本国憲法
税金は法律によって定められているんですね！
当たり前といえば当たり前か……

その法律はどこでつくられるか知ってるだろ？
国会…ですね！
そう国民が選んだ代表者（国会議員）が集まる国会で決められている
つまり国民の合意なしで新たに税金をつくったり今の税制を変えたりすることはできないことになってるのか…
そういうこと！税金を負担する俺たちにしたら適当に決められては困るものだからね！
だけど税金っていつの間にか取られているイメージが…
いや税金の申告・納付には次の2つの方法があるよ
自分の税金を自分で計算し
申告・納付する方式
例 所得税、法人税、消費税など
国や地方公共団体が計算し
その税額を通知してくれる方式
例 固定資産税、自動車税など

でも所得税は
会社が勝手に
天引きして
いきますよね…？
給与明細
この人の手取りがさみしいんです…
オイ!!
うん
会社員の場合はね
それも会社が個人に代わって
やっているだけで
国や地方公共団体が
通知してくるわけじゃ
ないだろ？
給与
税
天引き！
手取り
なるほど…！
はわぁ〜
なんか税金って
いろんな意味が
あるんですね
ちょっと見方が変わったかも
そういって
くれると
嬉しいよ♪
あっ
そろそろ大輝を
迎えにいかないと！
保育園に…
あらやだ！
寂しがってない
かしら
その頃
保育園
もー！
パパもママも
遅いよ〜！
子ども
待たせすぎ税で
ジュース買って
もらおうかな

そもそも税金って何？

POINT

私たちにとって「税金を支払う」というのは負担ではありますが、国民の生活を支えるために必要不可欠なものでもあります。**税金には大きく４つの役割**がありますので確認しておきましょう。

1 税金は社会を支える「会費」のようなもの

「税金」というと「義務だから、払わなければいけないとわかってはいるけど、何となくイヤなもの」というイメージをお持ちの方は多いのではないでしょうか。

自分の稼いだお金や財産の一部を国に持っていかれるようなものですから、なかなかポジティブなイメージは持ちにくいかもしれませんね。

そもそもこの「税金」というものは何なのでしょう。国税庁のホームページでは、**「税金は、みんなで社会を支えるための『会費』といえるでしょう」**と説明されていますが、いったい何の「会費」なのでしょうか。

2 税金には大きく４つの役割がある

警察や消防といった、私たちの生活に不可欠な公共サービスにはたくさんの費用がかかります。**「みんなに必要なものはみんなで負担しよう」というのが税金の1つ目の役割**です。これが「会費」といわれるゆえんです。

また、税金はさまざまな調整に活用されます。資本主義の社会では、どうしても収入や財産の格差が生まれてしまいます。そこで、その格差を是正するために収入や財産の多い人に割高な税金を課し、それを財源として社会保障制度を充実させ、収入や財産の少ない人が困らないようにする――いわば**「富《とみ》の再分配」という調整が行われている**のです。

ほかにも、**税率の上げ下げによる「景気の調整」**や、株式市場への投資を促進するために**株式投資による利益への税率を下げるといった「政策の手段」**として使われることもあります。

3 税金だけでは国の歳出をまかなえないのが実情

こういった目的のために私たちが「会費」として支払っている税金は使われているのですが、現在では国の歳出の¼ほどは国債費として国の借金返済のために充てられており、そもそも**歳入のうち税金の占める割合は60％程度**しかない（残りは国債発行等の借金）といった問題を抱えています。

税金の主な役割

税金は、私たちの安全で快適な社会生活を実現するために使われます。その代表的な役割がこの4つです。

警察・消防、道路・上下水道の整備、教育・福祉といったサービスを充実させる役割。

公共サービスの資金調達

所得の高い人たちから徴収した税を低い人たちのために使うことで、格差を是正する役割。

富の再分配

税率UP

税率の上げ下げによって、景気をコントロールする役割。

景気の調整

税率を下げます!

株式投資の促進など、特定の目的を実現するための役割。

政策の手段

国の収入と支出の内訳

国の支出は税金でまかなえるのが理想ですが、実際には国債の発行による収入や国債の利息などの割合が多くなってしまっているという問題があります。

●国の1年間の収入・内訳（一般会計歳入額・令和5年度予算）※臨時・特別の措置を含む

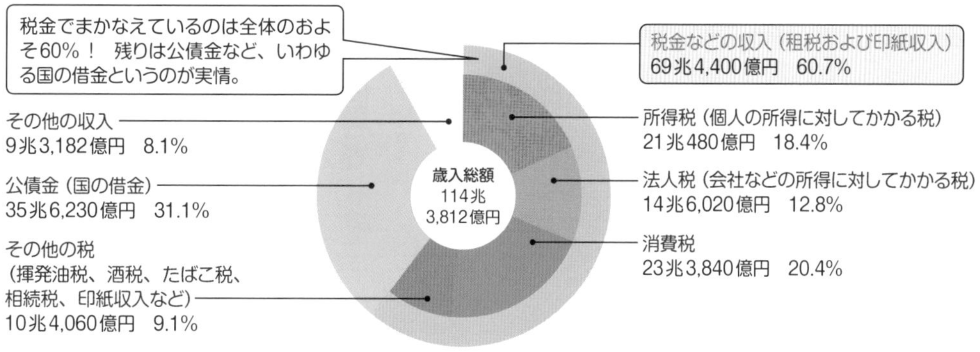
税金でまかなえているのは全体のおよそ60%！ 残りは公債金など、いわゆる国の借金というのが実情。
税金などの収入（租税および印紙収入）
69兆4,400億円 60.7%
所得税（個人の所得に対してかかる税）
21兆480億円 18.4%
法人税（会社などの所得に対してかかる税）
14兆6,020億円 12.8%
消費税
23兆3,840億円 20.4%
その他の収入
9兆3,182億円 8.1%
公債金（国の借金）
35兆6,230億円 31.1%
その他の税
（揮発油税、酒税、たばこ税、相続税、印紙収入など）
10兆4,060億円 9.1%
歳入総額
114兆
3,812億円

●国の1年間の支出・内訳（一般会計歳出額・令和5年度予算）

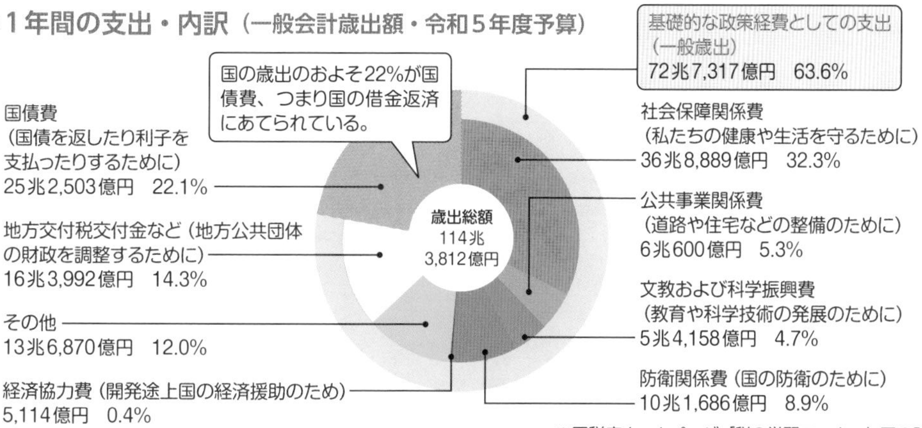
基礎的な政策経費としての支出（一般歳出）
72兆7,317億円 63.6%
国の歳出のおよそ22%が国債費、つまり国の借金返済にあてられている。
国債費
（国債を返したり利子を支払ったりするために）
25兆2,503億円 22.1%
地方交付税交付金など（地方公共団体の財政を調整するために）
16兆3,992億円 14.3%
その他
13兆6,870億円 12.0%
経済協力費（開発途上国の経済援助のため）
5,114億円 0.4%
社会保障関係費
（私たちの健康や生活を守るために）
36兆8,889億円 32.3%
公共事業関係費
（道路や住宅などの整備のために）
6兆600億円 5.3%
文教および科学振興費
（教育や科学技術の発展のために）
5兆4,158億円 4.7%
防衛関係費（国の防衛のために）
10兆1,686億円 8.9%
歳出総額
114兆
3,812億円

※国税庁ホームページ「税の学習コーナー」国の財政より作成。

税金にはどんなものがあるの？

POINT

日本には、専門家でも把握しきれないほどたくさんの種類の税金がありますが、**すべて法律の裏付けに基づいて課税**されています。どのような税金があるか、知っておくことが大切です。

1 日本には数えきれないほど多くの種類の税金がある

ひと口に「税金」といっても、実際には数えきれないほどの「〇〇税」というものが存在します。その数は膨大で、税の専門家である税理士でも全部を把握しているとはいえないものです（少なくとも私はしていません）。

普通に生活していて触れることがあるものは**所得税、消費税、住民税、固定資産税、自動車税**あたりでしょうか。そのほかにも無意識に負担しているものとして**酒税、たばこ税、ゴルフ場利用税**などもありますが、このあたりの税金は知ったから何が変わるということでもないものがほとんどです。本書では、これらのうち「生活していくうえで知っておいたほうがよい税金」を取り上げています。

2 税金に関するルールは法律に基づいて決められる

そもそも、税金は誰がどこで決めているのでしょう。負担する私たちとしては適当に決められてしまっているようでは困りますよね。そこは非常に気になるポイントです。

そのため日本国憲法では**「新たに租税を課し、または現行の租税を変更するには、法律または法律の定める条件によることを必要とする」**として、「税金にはちゃんとした法律の裏付けがないといけませんよ」ということを定めています（「租税法律主義《そぜいほうりつしゅぎ》」といいます）。

法律で決めきれない細かい部分については各役所で定めてはいますが、税金に関する重要な決めごとは国会で審議された法律で定められることになります。そこで決められた**税金に関する法律全般を「税法」**といい、これが税金についての絶対的なルールです。

3 税金に関する手続きは主に税務署が行う

法律を決めるのは国会であり、管轄は財務省主税局ですが、**税金に関する実際の手続きをする役所は税務署**になります。その税務署の上には国税局、国税庁といった役所も存在していますが、私たちにとっては税務署が一番身近な窓口になります。

税金の種類

税金は、まず納める先が国なのか地方公共団体なのかによって分けられ、さらに、どういったものを対象に課税されるのかによっても分けられます。

国に納める

●税務署

国税

どこに
納めるのか？

地方公共団体に納める

●都道府県税事務所
●市区町村役場の
税務課
など

地方税

	国税	地方税
収入や利益に対して課される税	所得税 法人税 復興特別所得税	住民税 事業税
資産の保有や流通に対して課される税	相続税・贈与税 登録免許税 印紙税	不動産取得税 固定資産税 事業所税 都市計画税 水利地益税 共同施設税 宅地開発税 特別土地保有税 法定外普通税 法定外目的税 国民健康保険税

	国税	地方税
財やサービスを消費することに対して課される税	消費税 酒税 たばこ税 たばこ特別税 揮発油税 石油ガス税 自動車重量税 航空機燃料税 石油石炭税 電源開発促進税 関税	地方消費税 地方たばこ税 ゴルフ場利用税 軽油引取税 自動車税 軽自動車税 鉱区税 狩猟税 鉱産税 入湯税

税金に関する行政機関

国の税金に関する一番身近な窓口は税務署ですが、行政機関は国税庁を頂点とするピラミッド型となっています。ただし、税法の立案を担当する機関は財務省にあります。

財務省主税局
税法をつくるところ。

国税庁
税務行政を執行し、国税局を指導・監督する。

国税局
全国に11局（札幌、仙台、関東信越、東京、名古屋、金沢、大阪、高松、広島、福岡、熊本）1事務所（沖縄）あり、管轄区域の税務署を指導・監督する。

税務署
全国に524か所あり、管轄内の課税、徴収事務を行う。個人課税部門、資産課税部門、法人課税部門などに分かれている。

インターネットを使って税金に関することを調べる場合には、国税庁のホームページ（https://www.nta.go.jp/）が一番充実しています。詳しくは付録(P.216)でも紹介しています。参考にしてみてください。

税金はどんなときにどうやって払うの？

POINT

税金は「所得・資産・消費」について一定の条件を満たしたときに課せられます。計算方法や納付のタイミングなどについては、さまざまなルールがありますので押さえておきましょう。

1 税金が課せられる条件は法律で定められている

私たちは、**法律で定められている一定の条件に該当する場合には税金を納めること**となります。たとえば、会社勤めや商売をしていて利益が出た場合には「所得税」や「住民税」、相続によって財産を得た場合には「相続税」、土地や建物を所有している場合には「固定資産税」を支払うこととなります。

税金について知ろうとする場合には、まずその条件を把握することがスタートラインとなります。

2 申告納税方式と賦課課税方式がある

では、そのような条件に該当する場合に納めることとなる税金は、どのように計算されるのでしょうか。

税金の計算方法は大まかに分けて2つあります。**自分の税金を自分で計算する方法（「申告納税《しんこくのうぜい》方式」**といいます）と**国や地方公共団体が計算し、その税額を通知してくれる方法（「賦課課税《ふかかぜい》方式」**といいます）です。

前者の代表格は毎年2月16日から3月15日までの間に自分で確定申告をする「所得税」、後者の代表格は1月1日に保有している固定資産に対し地方公共団体が課税する「固定資産税」です。なお、固定資産税をはじめとする賦課課税方式の税金は、私たちが計算方法を知っておく必要はほぼありません。

3 税金の支払い方法は現金一括払いが原則

そのようにして計算された税金は、それぞれに設定された期限までに銀行や郵便局といった金融機関で払います。税務署での支払いも可能ですが、金融機関のほうがお手軽ということもあり、こちらが主流です。支払い方法は**現金による一括払いが原則**でしたが、最近では**インターネットバンキングやクレジットカード、スマホアプリによる納付も可能**となるなど利便性が高まっています。

一部の例外として納期限を延期したり、金銭ではなく物による納付が認められたりすることもありますが、**基本的には「期限までに現金で」がルール**です。

税金の納め方

誰が税金を計算するのかという点に着目すると、税金を納める方法は「申告納税方式」と「賦課課税方式」の2つに分けられます。

法律で定める一定の要件に該当

申告納税方式

自分で計算する → 申告して納付

所得税、法人税、消費税、相続税など。

賦課課税方式

国や自治体が計算して通知される → 通知された金額を納付

固定資産税、自動車税、不動産取得税など。

納付の方法

現在では「現金一括払い」のほかにもさまざまな納付方法が認められていますので、自分に合った方法を選ぶことができます。

現金一括払い

1. 現金に納付書を添えて、**金融機関または住所地等の所轄の税務署の納税窓口**で納付。
2. 自宅等で作成したQRコードを使用して納付書を出力し、**コンビニエンスストア**で納付。

これが原則

※2の方法は、30万円以下の場合に限ります。

振替納税

BANK
預金通帳

指定した金融機関の預貯金口座から振替。

電子納税

納付
完了

ダイレクト納付またはインターネットバンキングなどを利用する。

クレジットカード払い

CREDIT CARD

インターネットを利用してクレジットカードにより納付する。

スマホアプリ納付

PAY
税金

Pay払い（○○ペイ）を利用する。

MEMO

相続税・贈与税では納付期限を延長できる「**延納**《えんのう》」、相続税では金銭の代わりに物で納める「**物納**《ぶつのう》」という制度を利用することもできる。ただし、適用には一定の条件を満たしていることが必要となる。

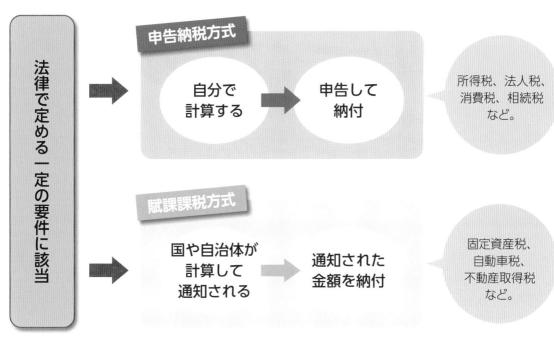

ルールを守らないとペナルティがある？

POINT

納税は国民の義務ですから、その義務を果たさなかったり、ルールを破ったりしたときには**罰則としての税**が課せられます。さらに、悪質なものには**懲役や罰金などのペナルティ**も科せられます。

1 納税ルールを破ると罰金が科せられる

定められたルールに従った納税は国民の義務ですから、ルールを守らなかった場合にはペナルティが用意されています。

たとえば、**期限までに申告をしなかった場合には「無申告加算税」**という罰としての税が、**計算された税金を期限までに支払わなかった場合には「延滞税」**という利息が課されます。

また、計算方法を間違えていたなどの理由で**納付する金額が不当に少なくなっている場合には「過少申告加算税」**というものが課せられます。こういった罰金を科すことによって適正な納税を推進しているわけです。

2 通常の税務調査は健康診断のようなもの

ところで、私たち自身が計算をして納付する所得税のような税金の場合、その金額が適正でないことや申告をしていないことはどのようにして発覚するのでしょうか。

発覚するきっかけになりやすいのが税務調査です。税務調査というと何やら怖いもののような気がしますが、**通常の税務調査は事前に日程の調整がされたうえで行われる任意の調査**ですから、それほど恐れることはありません。

計算ミスなどがなければ、とくに追徴の税金を取られることも罰せられることもありませんので、何年かに一度の健康診断のようなものだと考えてもいいかもしれませんね。

3 税金逃れの行為には重いペナルティがある

単なる計算ミスであれば、気がついた時点ですぐに修正すれば問題ありません（修正するための申告を「修正申告」といいます）。

ですが、**税金を逃れる目的**で売上をごまかすなどの行為を行っている場合には**高率の罰金である「重加算税」**が課せられたり、10年以下の懲役や１０００万円以下の罰金といった重いペナルティが科されたりします。ニュースなどで「脱税」といわれているものは、一般的にはこういった場合です。

ペナルティとしての加算税

ペナルティとして課せられる加算税には以下のようなものがあります。どのようなときにどんな加算税が発生するのかを押さえておきましょう。

期限までに申告しなかった！	無申告加算税	新たに納付することになる税額	×	15～30%
申告した税額が少なかった！	過少申告加算税	新たに納付することになる税額	×	10～15%
悪質な税金逃れをした！	重加算税	新たに納付することになる税額	×	35～40%

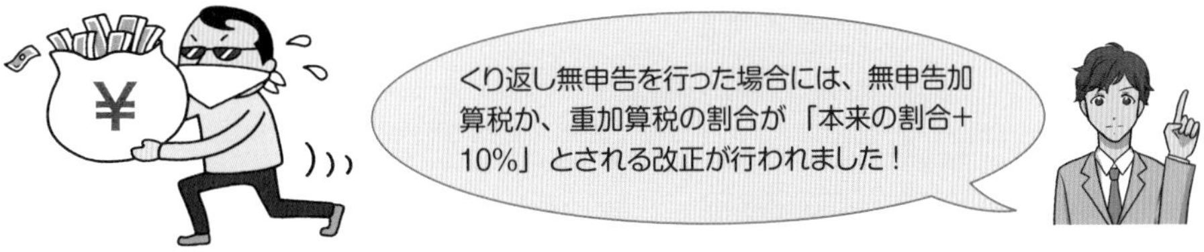
¥
くり返し無申告を行った場合には、無申告加算税か、重加算税の割合が「本来の割合+10%」とされる改正が行われました！

税務調査

税務調査には、抜き打ちで強制的に執行される調査と、同意のもとに任意で執行される調査の2パターンあります。

指摘！
あ、間違えました！

強制調査

脱税などの嫌疑がかかっている場合に限られる。

法的な強制力によって実施する

マルサ（査察）が代表的で、脱税の嫌疑が濃厚な場合などに限られ、一般の納税者にとっては縁遠いものである。

任意調査

通常は任意なので、決して怖いものではない。

各税法に規定される質問検査権に基づく

国税局や税務署の調査部門が行う。現況調査、帳簿調査などが行われ、業種によっては事前通知のない抜き打ち調査もある。

知っとく！ プラスワン

税務調査の流れ

通常の税務調査は、**税務署からの日程調整の電話からはじまります**。飲食店など現金を扱う商売の場合には無予告で調査に来ることもありますが、基本的には事前予告があります。

調査の期間は、規模が小さい会社や個人事業であれば1日か2日というのが普通です。当日は商売の概要の聞き取りや帳簿の確認などを行いますが、その場で処分が行われることはありません。ひと段落した後で結果の報告がきます。

たまに「何か『お土産』を持たせないといけないんですよね?」という質問をされますが、税務調査の目的はあくまで処理が適正にされているかのチェックです。**間違いなどがなければ追加の税金は発生しません**のでご心配なく。

コラム❷

毎年行われる「税制改正」の流れ

税金に関して、とても厄介だなと思うことの１つに税制改正があります。税制改正自体は仕方のないものではありますが、毎年「何もそこまで……」と思うような量の改正が行われます。私たち税理士は税法でご飯を食べているわけですから勉強しないわけにもいきませんので、税制改正の時期は本当に大変です。

税制改正は、毎年このような手順を踏んで行われます。

①11月頃まで　税制調査会での審議

税制改正はまず、税制調査会という機関で、各省庁や業界団体から上がってきたさまざまな要望のどれを今回の税制改正に取り込むのかを審議するところからスタートします。各省庁や業界団体それぞれに要望があるわけで、その要望をくみ上げるとなれば改正のタネは尽きないわけです。ちなみに、2023年度は5月15日から6月30日までの短期間に全部で5回行われました。

②12月　税制改正大綱の発表

税制調査会での審議に基づき作成される税制改正の骨子を「税制改正大綱」といいます。この発表により改正の内容が一気に具体化します。新聞などで一番大きく取り上げられるのもこの時期です。税制改正大綱は時の与党が主導して作成することが多いのですが、民主党政権時代には政府主導を目指していたり、最近では官邸主導色が強かったりと、その時々の政治状況によってイニシアチブをとるところが違うのは面白いところです。

③1月〜3月　税制改正法案の提出、成立・公布

税制改正大綱をベースに法案が国会に提出され、通常は3月末に成立し、4月1日から施行されます。

税制改正に関しては、年の途中でニュースとして出ることもありますが、たいていは「〜の見通し」や「〜が検討される」というレベルの話ですので、税制改正大綱が出るまではあまり気にしなくていいと思います。逆に、税制改正大綱に載ったものはほぼ確定事項です。

また、その年の税制改正で決まったものが、その年から適用されるわけではない点にも注意が必要です。たとえば、令和2年から適用になった「基礎控除の改正」は平成30年の税制改正によって定められたものになります。毎年コロコロ変わるうえにタイミングも気にしないといけない。改正事項がやけに多い。たいていは負担が増える方向の改正――前向きになれる要素はあまりありませんが、毎年12月の税制改正大綱にはぜひ注目していただきたいと思います。

第2章

サラリーマンにかかる税金

だから給与所得では税計算をシンプルにするために国が定めた給与所得控除額を必要経費として計算しているんだ
国
最大控除額
195万円
それもあるけど源泉徴収と年末調整が行われているからなんだ

- サラリーマンの所得って何？
- 源泉徴収があるから年末調整が必要？
- 給与から何が引かれているの？
- 確定申告をすると得をすることも！？
- 副業による収入があったら？
- 退職金にも税金がかかるの？

すとん
はぁ〜〜
ちょっ…見えないよ？
す…
あっ…
今月も非常に厳しいのです…
ひょい
給与明細
Beer
没収!!
あのっ今月はあまり残業できなくてねっ…
聞いてない
なんでこんなに…あれこれ引かれるんだろう？
たしかに…所得税に住民税それに健康保険や厚生年金雇用保険…
このしくみを理解しておくべきだと思わない？
給与明
健康保険
厚生年金
優城くんが思う存分ビールをのむためにも
それってつまり…
うん布施さんのところへ行きましょ♪
ですよねぇ…

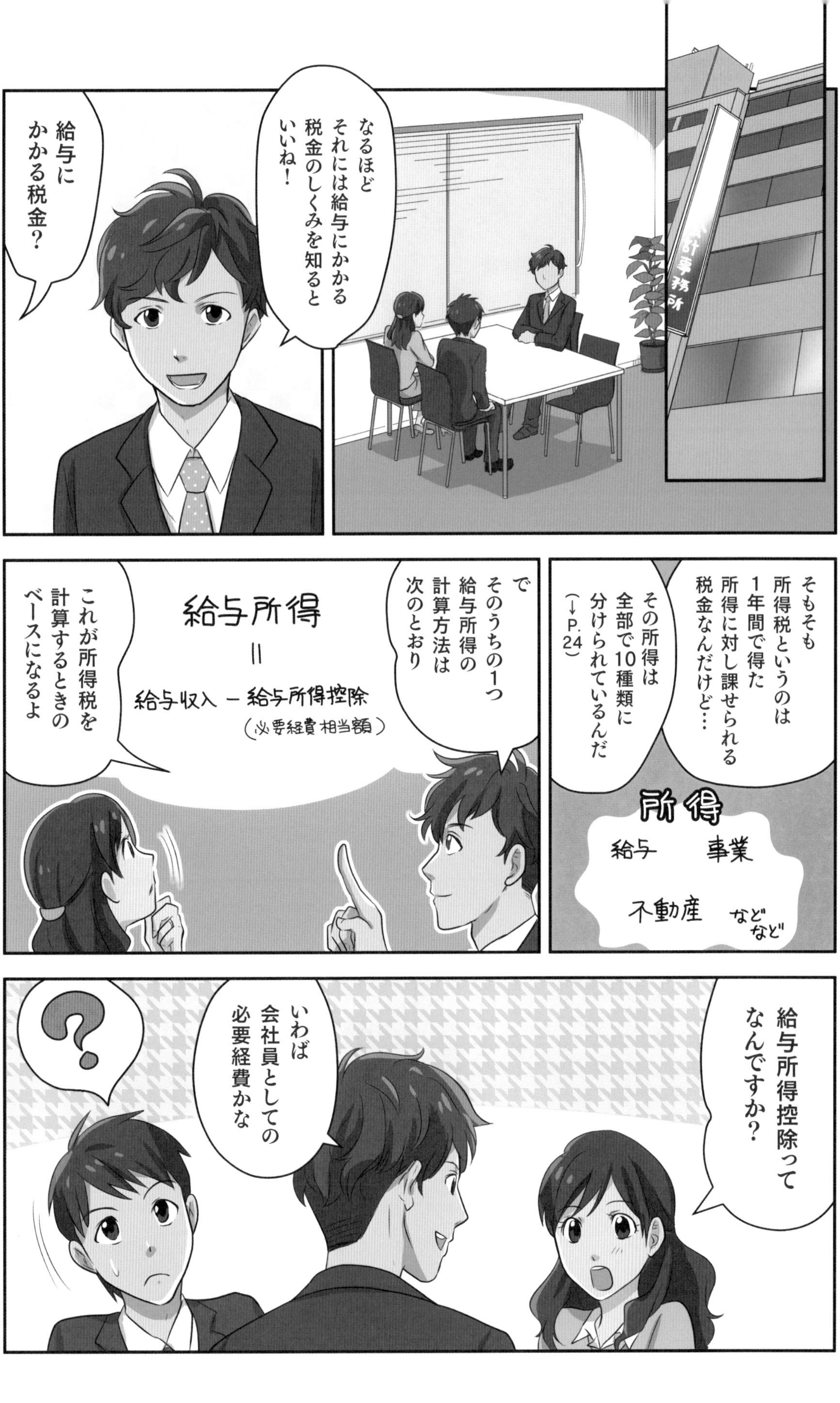
なるほど それには給与にかかる 税金のしくみを知ると いいね！
給与に かかる税金？
そもそも 所得税というのは 1年間で得た 所得に対し課せられる 税金なんだけど…
その所得は 全部で10種類に 分けられているんだ （→P.24）
所得
給与 事業 不動産 などなど
で そのうちの1つ 給与所得の 計算方法は 次のとおり
給与所得 ＝ 給与収入 − 給与所得控除 （必要経費相当額）
これが所得税を 計算するときの ベースになるよ
給与所得控除って なんですか？
いわば 会社員としての 必要経費かな
？

そもそも所得税というのは収入からそれを得るためにかかった必要経費を差し引いて計算するんだ
●所得のしくみ
所得 = 収入金額 − 必要経費
「収入金額（額面金額）」ではなくこの「所得」に対して課税される！
ただし会社員の場合個々に必要経費を計上されてもとてもそれを国がチェックすることはできない
たしかに〜
国民全員の領収証なんて見てられなーい
だから給与所得では税計算をシンプルにするために国が定めた給与所得控除額を必要経費として計算しているんだ
最大控除額
195万円
こっちで差し引くね〜〜
知らない間に必要経費分を控除されていたのか…
国もけっこう気が利くな
なぜ多くの会社員がそのルールを知らないと思いますか？
すっ

所長！
わざわざすみません！
お茶出していただいて…
いえいえ…
会社員が知らないワケ…ですね
え〜っと…単に税金に興味がないから？
それもあるけど源泉徴収と年末調整が行われているからなんだ
それは聞いたことあります！
源泉徴収とは会社が従業員の給与にかかる見込み税額（源泉徴収税額）を計算して毎月の給与から天引きし
その残額を従業員に支払うしくみのことだね
天引きされて残った金額が手取りの給与ですね
今月もがんばったぞー！
支給
源泉徴収税額
支給額
会社
（源泉徴収義務者）
国
源泉徴収税額

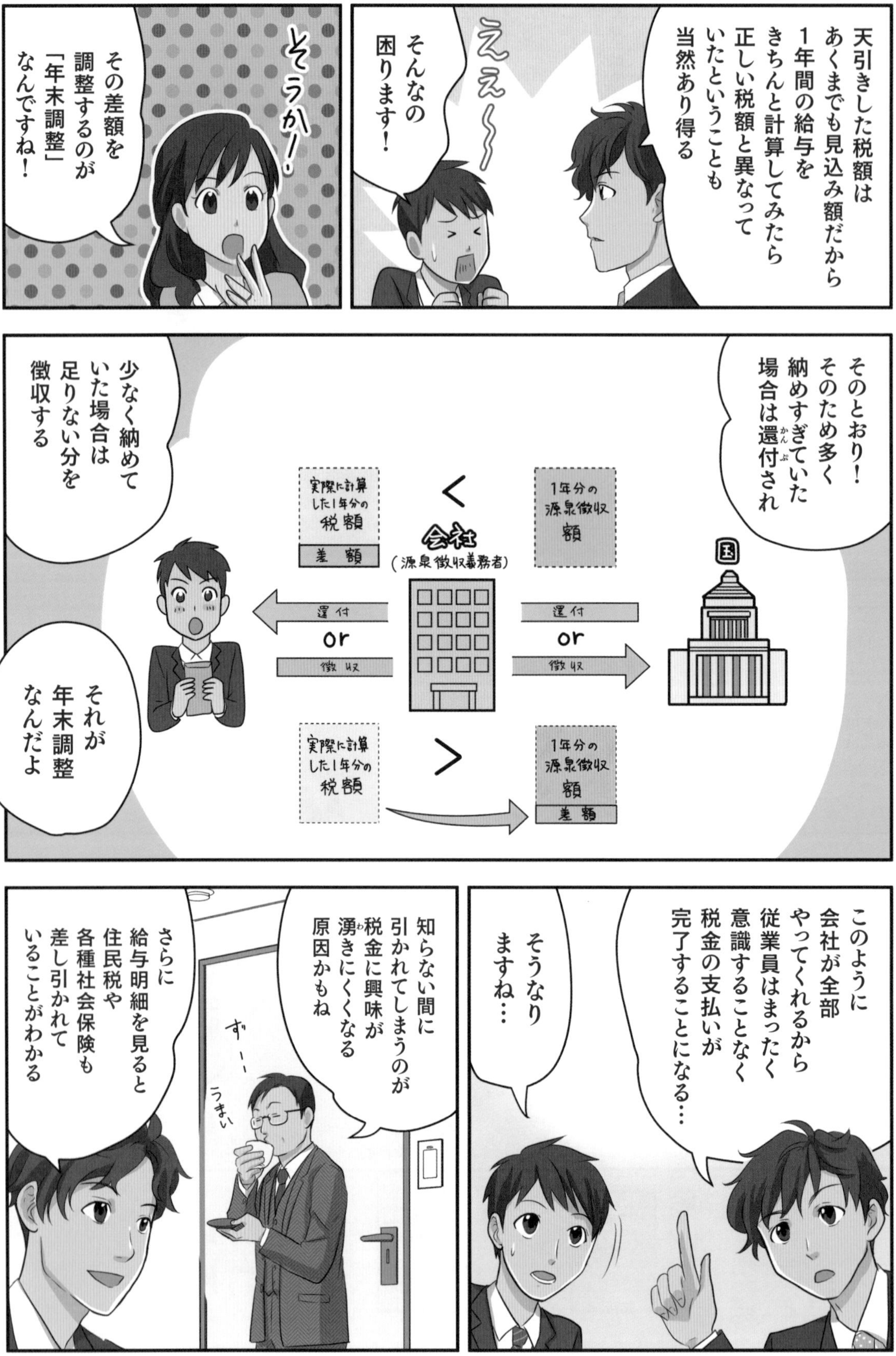
天引きした税額はあくまでも見込み額だから1年間の給与をきちんと計算してみたら正しい税額と異なっていたということも当然あり得る
ええ〜〜
そんなの困ります!
そうか!
その差額を調整するのが「年末調整」なんですね!
そのとおり!そのため多く納めすぎていた場合は還付《かんぷ》され
少なく納めていた場合は足りない分を徴収する
国
1年分の源泉徴収額
<
実際に計算した1年分の税額
差額
会社
(源泉徴収義務者)
還付
or
徴収
還付
or
徴収
実際に計算した1年分の税額
>
1年分の源泉徴収額
差額
それが年末調整なんだよ
このように会社が全部やってくれるから従業員はまったく意識することなく税金の支払いが完了することになる…
そうなりますね…
知らない間に引かれてしまうのが税金に興味が湧《わ》きにくくなる原因かもね
さらに給与明細を見ると住民税や各種社会保険も差し引かれていることがわかる
ずー
うまい

やっぱり差し引かないでもらうことなんてできませんよね？
そんなこと考えてたのか…
うーん無理だね
住民税も各社会保険料も負担は法律上の義務となっているからね
法律で決められているんじゃ仕方ないかぁ…
そうそうけっきょく給与所得は会社が計算するんだし僕が知っててもあまり意味ない気が…
がたっ
そんなことないよ優城くん！
給与明細などを見れば毎年いくら自分が税金や社会保険料を納めているかがわかる
しくみはどうあれ優城くんの稼いだお金を納めているんだその金額は把握しておくべきだと思わないかい？
決してバカにならない金額だよ!?
うっ…
そうですね！給与明細の各項目が何を意味しているか…
どういう根拠で天引きされているのか覚えておくようにします！
アツくなる布施さんもステキ!!
べ…勉強になりました
また布施さんにいいカオして〜

サラリーマンの所得って何？

POINT

サラリーマンの所得は「給与所得」といい、会社から受け取る給与やボーナスといった収入から、収入額に応じて定められた控除額を必要経費に置き換えて差し引くことで計算されます。

1 給与所得控除額はサラリーマンの必要経費

サラリーマンが会社から受け取る給与やボーナスは、所得税の計算においては**「給与所得」**に区分されます。これは平社員でも役員でもアルバイトでも一緒です。給与所得にかかる所得税は本来、この給与やボーナスから「必要経費」を差し引いて利益を計算し、その利益をベースに算出することになるのですが、現在の制度では一人ひとりが個別に計算するのではなく、**国が定めた「給与所得控除額」を必要経費に置き換えて利益を計算する**こととしています。

全国で5千万人以上いるサラリーマンが個別に計算をしたとしても国がチェックをするのは困難ですから、簡便的で現実的な方法を採っているわけです。

2 課税される給与と課税されない給与がある

会社から受け取るものであっても月額15万円以下の通勤手当などは、通勤のために使ってしまい手元に残らないわけですから税金はかかりません。逆に現金で支給されないものであっても、何らかの利益を会社から与えられた場合には給与所得とされる場合もあります。

そのあたりは給与を払う会社のほうで適正に処理されるはずのものですが、ご自身の給与についてのお話ですので、知識としては知っておきたいところです。

3 払った経費が特例として控除されることもある

サラリーマンの必要経費は通常「給与所得控除額」で計算されますが、**特例的に実際にかかった経費を使って利益を計算する方法**もあります。これは**「特《とく》定《てい》支《し》出《しゅつ》控《こう》除《じょ》」という制度**で、もともと転勤に伴う転居費用や職務に直接必要な知識を得るための研修費などが対象だったのですが、要件がとても厳しかったため年間で数人しか使わないようなものでした。あまりの使い勝手の悪さからか徐々に要件が緩和され、現在では多少は使いやすい制度となっています。まだまだ一般的ではありませんが、本の購入や職務上の交際費が多い方は検討の余地があるかもしれません。

給与所得の計算方法

給与所得は、いわばサラリーマンの利益です。給与やボーナスとして受け取った金額から収入額に応じた控除額を差し引くことによって計算されます。

給与所得 ＝ 給与収入 － 給与所得控除額（必要経費相当額）

給与収入には、給与やボーナス以外のものも含まれる。

給与所得控除額は、給与の収入金額によって変わる。上限は195万円！

給与収入	給与所得控除額
180万円以下	収入金額×40％－10万円（最低55万円）
180万円超　360万円以下	収入金額×30％＋8万円
360万円超　660万円以下	収入金額×20％＋44万円
660万円超　850万円以下	収入金額×10％＋110万円
850万円超	195万円（上限）

●たとえば…

年収500万円のサラリーマンの場合

給与所得控除額＝500万円×20％＋44万円＝144万円

給与所得＝500万円－144万円＝356万円

課税される給与と課税されない給与

会社から従業員に与えられる利益は、金銭、現物、サービスといった形態を問わず「給与所得」として課税されますが、例外的に非課税とされるものがあります。

課税される

給与、ボーナスのほか、商品券や有価証券、宿日直手当などの支給を受けた場合も、条件によっては課税対象となる。

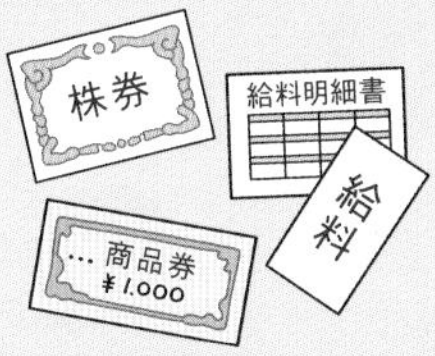

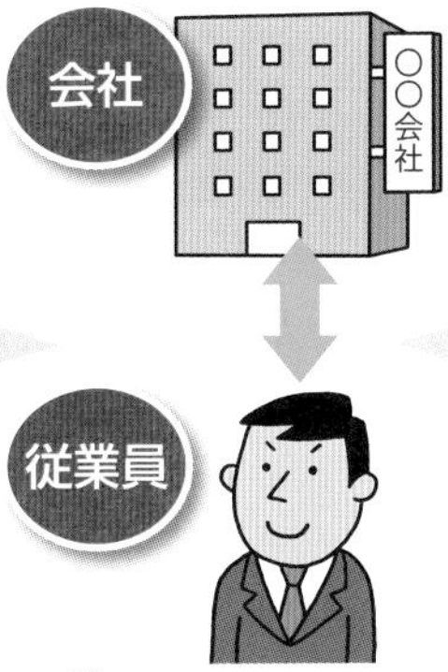

課税されない

❶実費負担的なもの…**通勤手当・旅費**
❷少額なもの…**残業時の食事代**
❸儀礼的なもの…**祝い金・記念品**
❹職務上必要なもの…**制服**

知っとく！ **プラスワン**

「所得金額調整控除」とは？

2020（令和2）年分から、給与所得者については特定支出控除額の他に「所得金額調整控除」という控除項目が設けられています。対象となるのは給与所得の収入金額が**850万円を超える者**で、**①本人が特別障害者である、②23歳未満の扶養親族を有する、③特別障害者である同一生計配偶者もしくは扶養親族を有する**、のいずれかに該当する場合で、**控除額は最大15万円**です。

収入金額850万円と高めのハードルではありますが、夫婦ともに超える場合にはそれぞれが受けられるといった特徴もあります。また、給与所得の収入金額と公的年金等の収入金額の両方がある場合にも適用されますので、要件に該当する場合には忘れずに控除を受けられるようにしましょう。

源泉徴収があるから年末調整が必要？

POINT

サラリーマンが「確定申告をしなくてもよい」のは、源泉徴収と年末調整という2つの制度のおかげです。これらの制度のしくみについて、詳しく見ていきましょう。

1 サラリーマンには源泉徴収と年末調整がある

先の項目で、サラリーマンの所得について説明しましたが、サラリーマンが所得税について意識することはほとんどないのではないでしょうか。

通常であれば行うべき確定申告や、そこで計算された税金を納付するという作業もほとんどの方が行っていないと思います。それには、**源泉徴収と年末調整という2つの制度**が関係します。

2 源泉徴収とは給与から見込み税額を天引きすること

源泉徴収とは、給与などの支払者側でその収入にかかる**見込み税額が天引きされたうえで支払われるしくみ**のことをいいます。これは給与だけではなく退職金や、預金の利子や株式の配当金などにも幅広く適用されています。

天引きされた税金は支払者側が国に納めることとなっています。会社が税金を算出したうえで給与から天引きし、会社から国に納めるわけですから、サラリーマンの皆さんにとってはまったく意識することなく税金の支払いが完了することになります。面倒な作業をしなくてすむのはありがたいことですが、ちょっと怖くもありますよね。

3 年末調整で正しい税額との差額が還付されることも

会社が給与から天引きをする税額はあくまでも見込みの金額です。しっかり計算をしてみたら天引きされた税額が本当の税額と異なっていることも当然あり得ます。そこで、**1年間の給与が出揃った年末の段階で差額を調整する**作業が行われるわけです。これが**年末調整**です。

年末調整ではその年に支払った保険料の金額なども考慮し、各種の所得控除を織り込んだうえで正しい税金の額を計算することとなります。

多くの場合、ここで計算した金額が天引きされていた見込み税額よりも小さくなるため、天引きされすぎた差額を本人に戻すこととなります。12月や1月の給与の手取額がそのほかの月よりも多くなっていることがありますが、このような事情からだったのです。

源泉徴収と年末調整のしくみ

源泉徴収と年末調整はサラリーマン、会社、国という3つの登場人物によって成り立っています。そのシステムを押さえておきましょう。

●源泉徴収（毎月の給与支払い時）

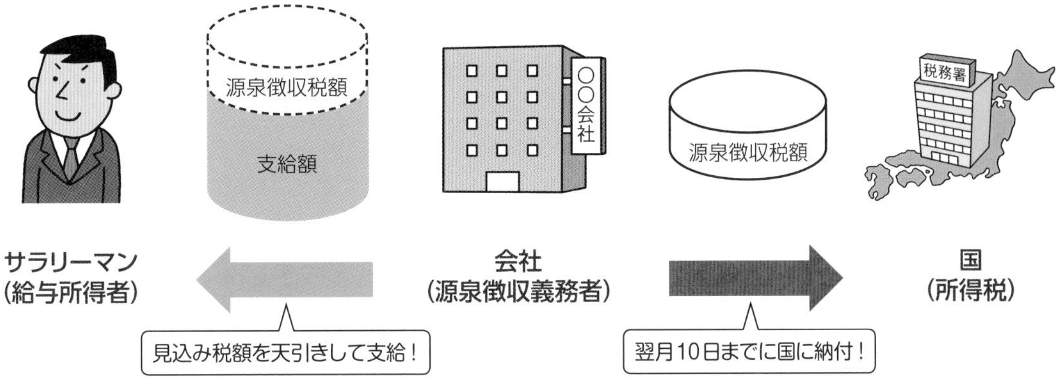

●年末調整

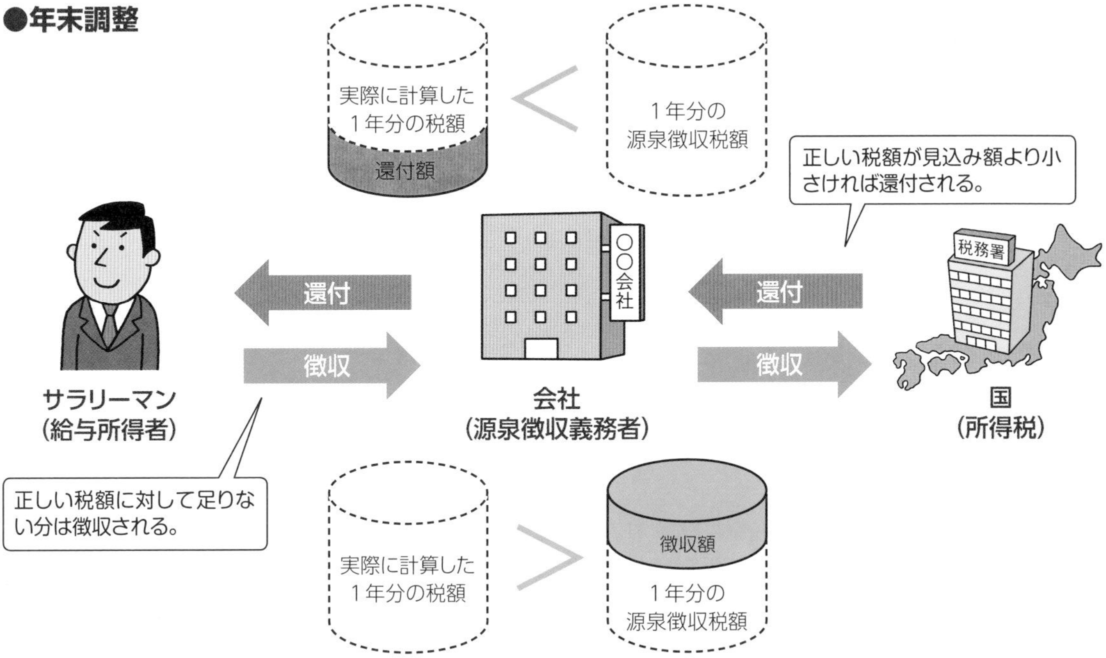

MEMO

「実際に計算した1年分の税額」は、「1年分の源泉徴収税額」に各種控除などを考慮し調整することによって計算される。

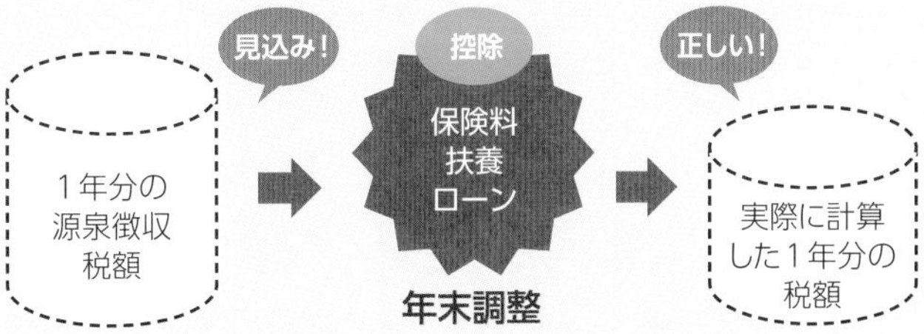

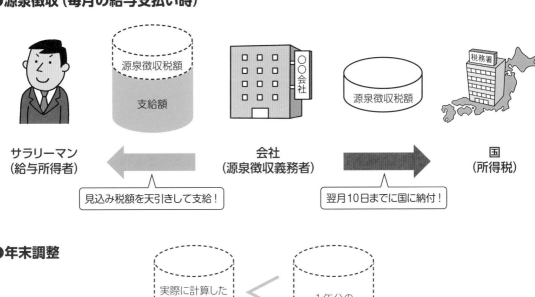

申告書の記載例&ポイント

給与所得者の扶養控除等（異動）申告書

配偶者控除、扶養控除、障害者控除などの適用内容を申告するための書類です。

●配偶者控除、扶養控除などについてはP.31、32、33参照

源泉控除対象配偶者

「源泉控除対象配偶者」に該当する配偶者がいる場合にのみ記入する。該当しない場合には空欄にしておく。

扶養親族

「16歳以上の扶養親族」は上部カコミ部分に、「16歳未満の扶養親族」は下部カコミ部分に記入する。

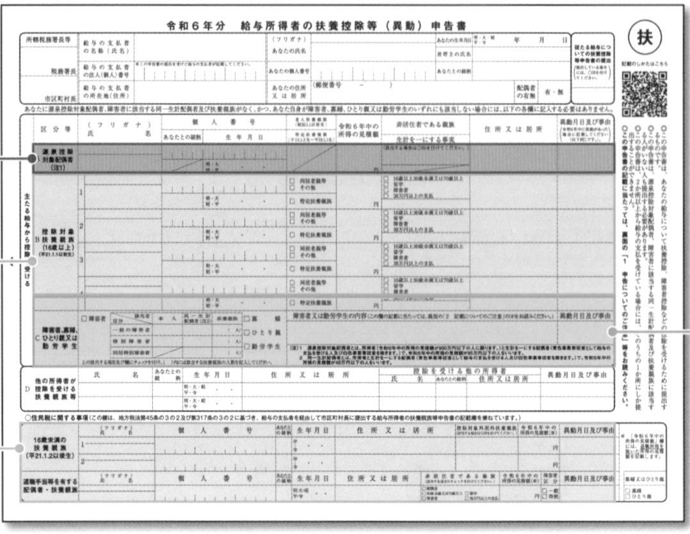
令和６年分　給与所得者の扶養控除等（異動）申告書

障害者、寡婦、ひとり親または勤労学生

本人、源泉控除対象配偶者、扶養親族のうちに「障害者控除」の対象となる人がいる場合、本人が「寡婦控除」、「ひとり親控除」、「勤労学生控除」の対象となる場合に記入。「左記の内容」欄には該当することになった理由などを記入する。

源泉徴収税額の求め方

例

・給与等の支給額（額面）350,000円
・社会保険料　50,940円
・扶養親族の人数　2人

◆［給与所得者の扶養控除等申告書］提出している場合

❶「その月の社会保険料等控除後の給与等の金額」で該当する金額を含む行を探す。

［計算］控除後の給与等の金額

➡350,000円−50,940円=299,060円

❷「甲」欄から「給与所得者の扶養控除等申告書」で記載した「扶養親族等の数」に該当する列を探す。

❸ ❶❷がぶつかるところの金額が、その月の源泉徴収税額となる。

◆［給与所得者の扶養控除等申告書］提出していない場合

「乙」欄の該当する行にある金額がその月の源泉徴収税額となる。

❶299,060円が含まれる金額の行

❷扶養親族等の人数

扶養控除等申告書を提出していない場合の源泉徴収税額

❸求める源泉徴収税額

（三）　（290,000円～439,999円）

その月の社会保険料等控除後の給与等の金額		扶養親族等の数								乙
		0人	1人	2人	3人	4人	5人	6人	7人	
以上	未満	税額								税額
円	円	円	円	円	円	円	円	円	円	円
290,000	293,000	8,040	6,420	4,800	3,190	1,570	0	0	0	50,900
293,000	296,000	8,140	6,520	4,910	3,290	1,670	0	0	0	52,100
296,000	299,000	8,250	6,640	5,010	3,400	1,790	160	0	0	52,900
299,000	302,000	8,420	6,740	5,130	3,510	1,890	280	0	0	53,700
302,000	305,000	8,670	6,860	5,250	3,630	2,010	400	0	0	54,500
305,000	308,000	8,910	6,980	5,370	3,760	2,130	520	0	0	55,200
308,000	311,000	9,160	7,110	5,490	3,880	2,260	640	0	0	56,100
311,000	314,000	9,400	7,230	5,620	4,000	2,380	770	0	0	56,900
314,000	317,000	9,650	7,350	5,740	4,120	2,500	890	0	0	57,800
317,000	320,000	9,890	7,470	5,860	4,250	2,620	1,010	0	0	58,800

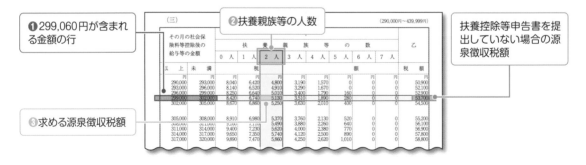

給与所得者の保険料控除申告書／給与所得者の基礎控除申告書 兼 給与所得者の配偶者控除等申告書 兼 所得金額調整控除申告書

令和２年分から「給与所得者の配偶者控除等申告書」は、「給与所得者の基礎控除申告書」および「所得金額調整控除申告書」との兼用様式となりました。

●配偶者特別控除、社会保険料控除などについてはP.32、38参照

生命保険料控除
下欄にある「計算式Ⅰ・Ⅱ」を使用して、支払った保険料の新・旧区分ごとの控除額を求める。

新・旧の区分
控除証明書を確認し、「新契約」、「旧契約」の該当するほうに○を付ける。

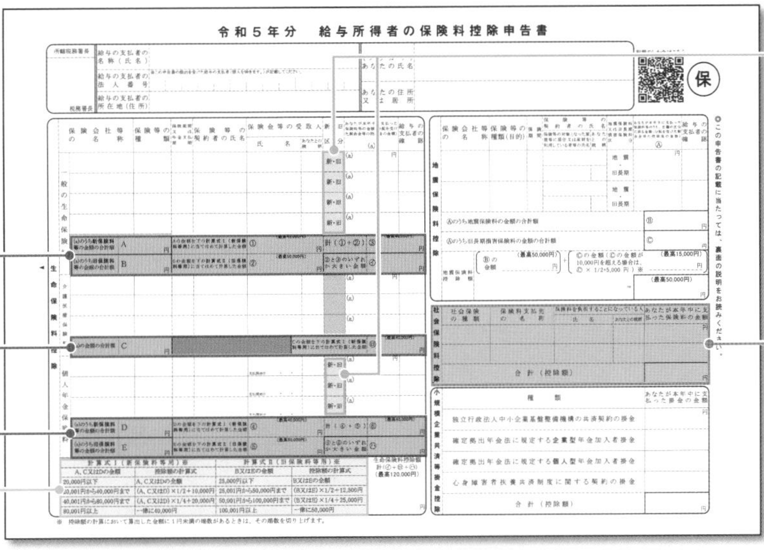

計算式Ⅰ・Ⅱ
「計算式Ⅰ」は新保険料等用、「計算式Ⅱ」は旧保険料等用の計算式となっている。

社会保険料控除
国民年金など給与から天引きされたもの以外の「社会保険料」がある場合にはここに記入する。

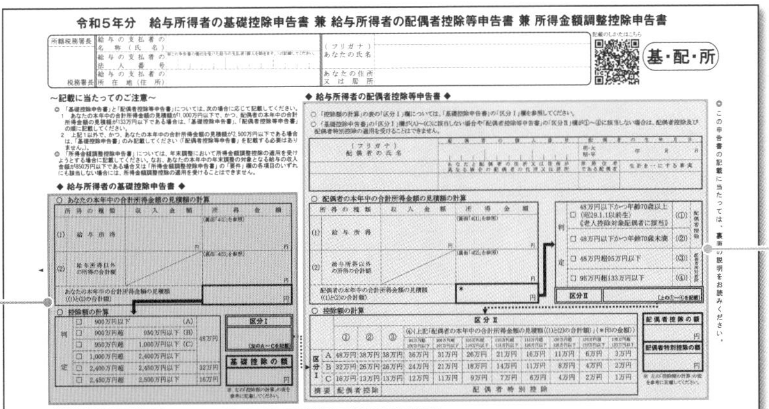

基礎控除申告書
基礎控除を受けるには、納税者本人の合計所得金額の見積額の記載が必要。

所得金額調整控除申告書
「要件」欄を確認し、該当する扶養親族等がいる場合にはチェックを入れる。

配偶者控除等申告書
配偶者（特別）控除額は、配偶者の年齢や所得金額の見積額から算出する。

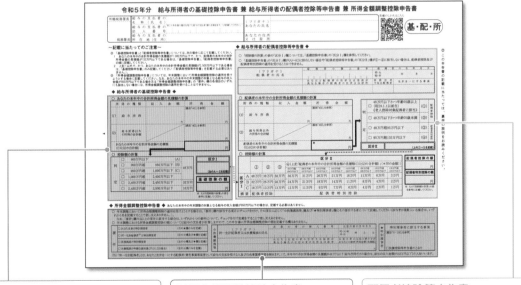

給与から何が引かれているの？

POINT

給与からは、**所得税だけでなく住民税や社会保険など**さまざまなものが引かれます。給与明細や源泉徴収票は**1年分の給与と控除の証明書**となっていますので見方を知っておくことが大切です。

1 給与から天引きされるのは所得税だけではない

給与明細を見てみると、所得税のほかにも給与から天引きされているものがいくつかあります。会社によって独自に用意されている場合も多いと思いますが、**法律上天引きすることとされているのは、①住民税、②健康保険、③厚生年金、④雇用保険**です。

所得税が国に納付する税金であるのに対し、住民税は地方公共団体に納めるものです。住民税は前年の給与の金額を基に地方公共団体が計算し、その年の6月から翌年の5月にかけて給与から天引きされます。前年の給与の額を基に計算されるため、年の途中で収入がゼロになったとしても住民税は支払わなければなりません。結構、シビアな話です。

2 社会保険の負担は税金よりむしろ大きい

そのほかに**天引きされるのは一般的に「社会保険」といわれるもの**です。健康保険、厚生年金と雇用保険は、本人の給与の額に応じて保険料が決まり、会社と本人がそれぞれ負担するシステムとなっています。現在では、**健康保険と厚生年金の本人負担分は概ね給与の15％ほど**となっていますので、税金よりもむしろこちらの負担のほうが大きくなる場合がほとんどです。「国民健康保険と国民年金だけですませたい」と考える人も多いのですが、法律上の義務となっていますので諦めていただかなければなりません。

雇用保険は失業したときなどに給付を受けるための保険料になります。保険料自体は安いのですが、こちらも必ず給与から天引きされることとなります。

3 給与明細と源泉徴収票の見方を把握することが大事

1年間の給与や負担している税金、社会保険料などの情報をまとめたものが年末か年明け早々に**会社から渡される源泉徴収票《げんせんちょうしゅうひょう》**です。

こちらはローンを組む際などの収入証明としても使用しますし、転職した際には新しい勤務先に提出することもあります。見方を把握するとともに、なくさないよう気をつけてください。

給与明細を見てみよう

給与明細には給与だけでなくさまざまな情報が記載されています。会社によって形式が異なりますが、書かれている内容は概ね同じです。

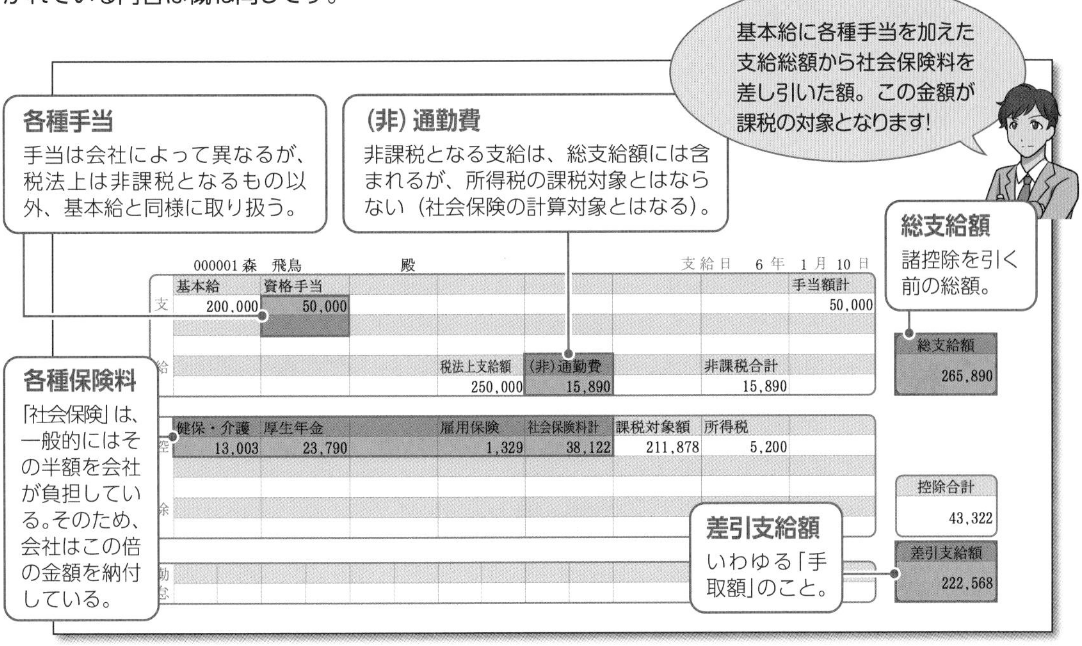
基本給に各種手当を加えた支給総額から社会保険料を差し引いた額。この金額が課税の対象となります!
各種手当
手当は会社によって異なるが、税法上は非課税となるもの以外、基本給と同様に取り扱う。
(非)通勤費
非課税となる支給は、総支給額には含まれるが、所得税の課税対象とはならない(社会保険の計算対象とはなる)。
総支給額
諸控除を引く前の総額。
各種保険料
「社会保険」は、一般的にはその半額を会社が負担している。そのため、会社はこの倍の金額を納付している。
差引支給額
いわゆる「手取額」のこと。

000001 森 飛鳥 殿　　支給日 6年 1月 10日

支給	基本給	資格手当						手当額計
	200,000	50,000						50,000
				税法上支給額	(非)通勤費		非課税合計	
				250,000	15,890		15,890	
控除	健保・介護	厚生年金		雇用保険	社会保険料計	課税対象額	所得税	
	13,003	23,790		1,329	38,122	211,878	5,200	

総支給額	265,890
控除合計	43,322
差引支給額	222,568

源泉徴収票を見てみよう

マイナンバー制度の開始により源泉徴収票のサイズが大きくなりました。ですが、記載内容はほぼ変わっていませんので、どこに何が記載されているかは知っておきましょう。

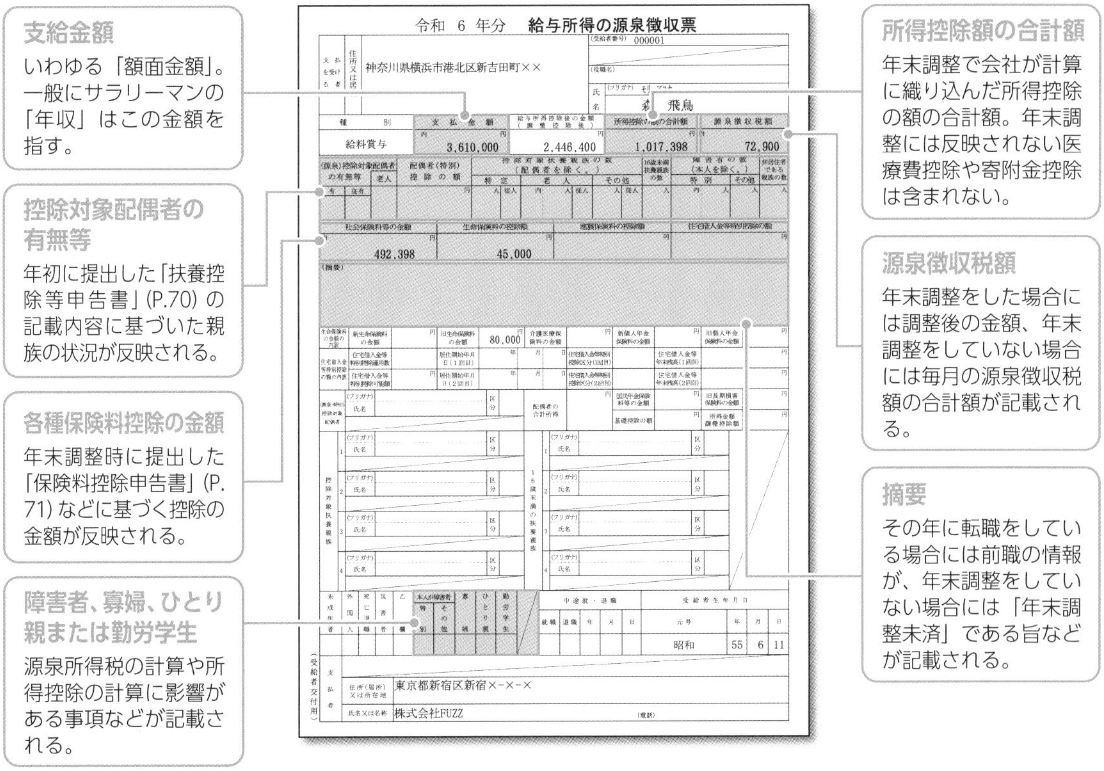
支給金額
いわゆる「額面金額」。一般にサラリーマンの「年収」はこの金額を指す。
控除対象配偶者の有無等
年初に提出した「扶養控除等申告書」(P.70)の記載内容に基づいた親族の状況が反映される。
各種保険料控除の金額
年末調整時に提出した「保険料控除申告書」(P.71)などに基づく控除の金額が反映される。
障害者、寡婦、ひとり親または勤労学生
源泉所得税の計算や所得控除の計算に影響がある事項などが記載される。
所得控除額の合計額
年末調整で会社が計算に織り込んだ所得控除の額の合計額。年末調整には反映されない医療費控除や寄附金控除は含まれない。
源泉徴収税額
年末調整をした場合には調整後の金額、年末調整をしていない場合には毎月の源泉徴収税額の合計額が記載される。
摘要
その年に転職をしている場合には前職の情報が、年末調整をしていない場合には「年末調整未済」である旨などが記載される。

令和 6 年分　給与所得の源泉徴収票

支払を受ける者 住所又は居所：神奈川県横浜市港北区新吉田町××
(受給者番号) 000001
氏名 森 飛鳥

種別	支払金額	給与所得控除後の金額(調整控除後)	所得控除の額の合計額	源泉徴収税額
給料賞与	3,610,000	2,446,400	1,017,398	72,900

社会保険料等の金額	生命保険料の控除額	地震保険料の控除額	住宅借入金等特別控除の額
492,398	45,000		

(摘要)

旧生命保険料の金額 80,000

受給者生年月日 昭和 55 6 11

支払者 住所(居所)又は所在地：東京都新宿区新宿×-×-×
氏名又は名称：株式会社FUZZ

確定申告をすると得をすることも!?

POINT

サラリーマンであっても**確定申告が必要な場合**や**確定申告をしたほうが得な場合**があります。それぞれのケースについて正しく把握したうえで、自分が該当するかを確認しておくことが大切です。

1 確定申告で税金が戻ってくる場合がある

サラリーマンの皆さんは、源泉徴収と年末調整の組み合わせにより正しい税金の額が算出されますので確定申告をしないのが通常です。

しかし、サラリーマンであっても義務として確定申告をしなければならない場合や、義務はなくとも確定申告をしたほうが得をする場合、つまり税金が国から還付される場合があります。

2 副業で利益があれば確定申告が必要

年末調整をすることで確定申告を省略できるのは、原則として1つの会社からの給与のみで生活をしている方です。

副業や投資で20万円を超える利益がある場合には確定申告をしなければなりません。年末調整をする会社側が、個人の副業や投資までを把握して税金の額の調整をするというのは無理があります。そのため**給与以外に一定額以上の収入があるのであれば、自身で確定申告をする**こととなっているのです。

また、複数の会社から給与をもらっている場合や、年間の給与の額が2000万円を超える場合にも確定申告をすることが必要となります。

3 あてはまる控除があれば税金が戻る可能性が高い

逆に、年末調整で織り込むことができない**医療費控除や寄附金控除**、ローンを組んで住宅を買った場合に受けることができる**住宅ローン控除**がある場合には**確定申告をすることによって税金の還付を受ける**ことができます。これらは確定申告をすることによってはじめて受けられる制度ですので、多少面倒でも申告をするようにしましょう。

なお、還付申告は確定申告期限の3月15日をすぎても、5年以内に申告をすれば還付金を受け取ることが可能ですので、期限をすぎてしまったからといって諦める必要はありません。

また、とくに申告するような控除はないという場合でも、還付金が発生する可能性がありますので、一度は試算してみることをお勧めします。

サラリーマンが確定申告をするケース

源泉徴収税額と本当の税額のズレが出る場合には確定申告をすることとなります。法律上義務化されている場合と、義務ではないけれどしたほうが得な場合があります。

●確定申告が必要となるケース

- 1か所の会社から給与の支払いを受けている人で、**給与以外の所得金額（賃料や原稿料）が20万円を超える**場合。
- **2か所以上の会社**から給与の支払いを受けている人で、主たる給与以外の給与の収入金額と給与所得および退職所得以外の所得金額の合計額が20万円を超える場合。
- その年中に支払いを受ける給与の金額が**2,000万円を超える**場合。
- **同族会社の役員**で、給与のほかに不動産の貸付けによる家賃収入などがある場合。
- **源泉徴収の規定が適用されない給与**の支払いを受けている場合。
- 災害の被害に遭い、**災害減免法の規定により源泉徴収の猶予または還付**を受けた場合。

これらのケースにあてはまるようであれば確定申告が必要です。自分が確定申告が必要かどうか確認してみましょう。

●確定申告で還付金が戻ってくる可能性が高いケース＝年末調整の対象外の控除がある

- 新築および既存住宅を取得、あるいは増改築をした。 → **住宅ローン控除**
- 一定額（原則10万円）以上の医療費を支払った。 → **医療費控除**
- 国などへの寄附、ふるさと納税などをした。 → **寄附金控除（特定寄附金）**
- 災害や盗難または横領により、住宅や家財に損害を受けた。 → **雑損控除**

還付申告をするまでの流れ

年末調整において織り込めなかった控除がある場合には、確定申告をすることとなります。

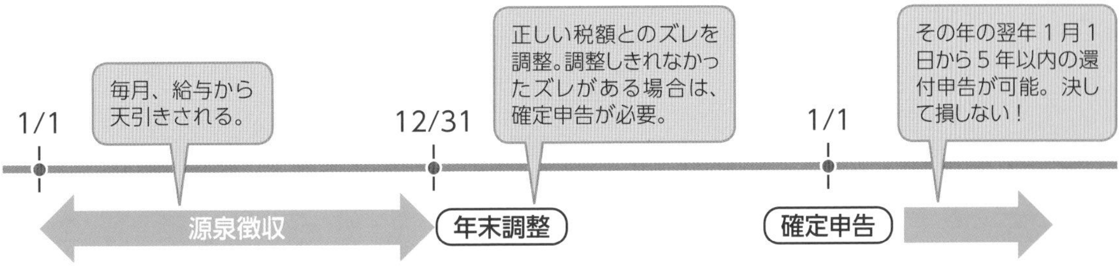

1/1
毎月、給与から天引きされる。
源泉徴収
12/31
正しい税額とのズレを調整。調整しきれなかったズレがある場合は、確定申告が必要。
年末調整
1/1
その年の翌年1月1日から5年以内の還付申告が可能。決して損しない！
確定申告

副業による収入があったら？

POINT

今後、政府による「働き方改革」でサラリーマンの兼業や副業は増えていくと予想されます。確定申告が必要となるかどうかは、**兼業の給与や副業の利益が判断基準**となります。

1 サラリーマンの副業は今後ますます増加傾向

ひと昔前まではサラリーマンの副業といえば不動産投資くらいしかありませんでした。しかし、最近ではインターネットの普及もあり、多様な副業を行っている方を見かけるようになりました。

さらに、**政府が「働き方改革」と称して正社員の副業や兼業を後押し**するようになってきていますので、これからさらに増えていくものと思われます。

2 複数の給与をもらうと金額によっては申告が必要

会社が終わってから飲食店などでアルバイトをしたり、休みの日に日給制の仕事をしたりしているサラリーマンは、**複数の会社から給与をもらうこと**になります。メインの勤務先では源泉徴収や年末調整がきっちりされていても、そこに2つ目の勤務先の給与は反映されていませんので**確定申告をして正確な税額を算出**しなければなりません。

ただし、2つ目の給与の年額が20万円以内であれば確定申告は必要ありません。金額も小さいのでそこまで手間をかけずともよい、という感じでしょうか。

3 給与以外の収入が一定額を超えたら確定申告が必要

サラリーマンのかたわら原稿を書いて報酬をもらう、アフィリエイトなどインターネットビジネスによる収入があるような場合には**「雑所得」として利益を計算**します。そして、その利益の額が20万円を超える場合には**メインの勤務先での年末調整がすんでいたとしても確定申告をする**こととなります。

雑所得の金額が20万円以下の場合には確定申告は必要ありません。雑所得の計算は、その収入金額から必要経費をマイナスする形で行いますが、本業でやっているわけではありませんので必要経費の範囲はそれほど広くないと考えたほうがよいかと思います。

たまにありったけのレシートを経費にしようとする方がいますが、必要経費は「あくまでもその収入を得るために必要なものに限られる」ということは意識しておきましょう。

副収入の種類と所得の分類

サラリーマンでも副収入があるという方は増えています。代表的な副収入の種類と所得には以下のようなものがあります。

給与所得
勤務先以外の会社からの給与収入
不動産所得
貸家や賃貸住宅経営の家賃収入
雑所得
本業以外の原稿料・講演料・デザイン料などの収入
作家にとっての原稿料は本業なので事業所得ですが、サラリーマンにとっての原稿料は副業なので雑所得となります！

MEMO

副収入による所得金額が年に**20万円を超える場合**、確定申告が必要となる。逆にいえば、20万円以下であれば申告は不要！ 上記の副収入については必要経費が認められるので、副収入による所得金額とは、副収入から必要経費を差し引いた金額となる。

副収入 － 必要経費 ＝ 所得金額 ＞ 20万円

申告が必要！

知っとく！ プラスワン

副業が会社に知られてしまうケースとは？

サラリーマンの副業が増加傾向にあるとはいえ、まだまだ副業禁止を謳っている会社が多いのが現状です。実際、会社に伝えずに副業をしている方もいるかもしれません。たしかに、個人の収入の話なので黙っておけばわからないと思われがちですが、思いもよらぬところから知られてしまう可能性があります。

それが、**住民税の給与からの天引き**です。会社が給与から住民税を天引きする場合には、その天引き額の計算根拠が自治体から会社に送られてしまいます。その中に副業分の収入が記載されてしまうので、そこを見れば一目瞭然なのです。副業分については確定申告をしなければいいのでは？ と思う方もいるかもしれませんが、そもそもそれは脱税ですから絶対におやめください！

退職金にも税金がかかるの？

POINT

会社を退職したときに受け取る退職金については、源泉徴収によって納税が完了するため確定申告は不要です。しかし、退職年の給与については確定申告をするほうが得な場合があります。

1 退職金についての課税は源泉徴収で完結する

会社を退職して**退職金をもらう場合には「退職所得」となり税金がかかります。**

退職所得は、受け取った退職金から勤続年数に応じて計算された「退職所得控除額」を引いた金額に$\frac{1}{2}$を乗じたうえでほかの所得とは合算せず、単独で税率をかけて税金の額が計算されます。

退職にあたっては、**一般的に「退職所得の受給に関する申告書」というものを会社に提出**します。ここには勤続年数等の事項が記載され、この申告書に基づいて正しい所得税と住民税が源泉徴収されるので**確定申告は不要**となります。

2 退職年の所得については確定申告をしたほうがよい

なお、確定申告が不要となるのは退職所得についてだけです。退職の日までもらっていた給与所得については年末調整がない場合が多いので、**生命保険料控除などを受けるためには自身で確定申告をしなければなりません。**

控除がなかったとしても、年の中途で退職をした場合には払いすぎていた税金が戻ってくる可能性があります。退職所得を含め、忘れずに確定申告をするようにしましょう。

3 退職後どうするかで注意すべきことが変わる

退職後に転職をした場合には、転職後の会社が前職の分も合わせて年末調整を行いますので、原則として確定申告は不要です。その際、前職の源泉徴収票が必要となりますので必ず提出しましょう。また、退職後に個人事業をはじめた場合には、確定申告は必要です。

なお、退職した場合に、最後の給与や退職金からその年度の残りの住民税が一括して天引きされることがあります。一気にまとまった額が天引きされてしまうので注意が必要です。

ちなみに6月から12月の間の退職であれば、自分で納付する方法を選択することもできます。

また、**退職後にハローワークから失業給付金を受け取ることがありますが、これには所得税がかかりません。**

退職所得についてかかる税金

退職所得の計算で控除する退職所得控除額は勤続年数を基準に計算します。計算の最後で1/2にすることから、税金の負担が少なくなっているといえます。

退職所得 ＝ （退職所得の収入金額－退職所得控除額）× 1/2

退職金として受け取った金額の額面。

退職所得控除額は、勤続年数に応じて計算される！

勤続年数	退職所得控除額
20年以下	40万円×勤続年数（最低80万円）
20年超	70万円×（勤続年数－20年）＋800万円

※障害者になったことにより退職した場合には100万円を加算する。

●たとえば… **退職金1,500万円　勤続年数25年のサラリーマンの場合**
退職所得控除額　＝70万円×（25年－20年）＋800万円＝1,150万円
退職所得＝（1,500万円－1,150万円）×1/2＝**175万円**

MEMO
勤続年数5年以下の役員および従業員には**「2分の1課税」が適用されない。**
ただし、従業員の場合は、**退職所得控除後の金額が300万円を超える部分**についてのみの適用となる。

退職年の注意事項

退職後、転職する場合とどこにも再就職しない場合とでは、確定申告の要否が変わります。とくに転職をしない場合には注意が必要です。

転職しない場合

年末調整されていなければ、**給与所得については確定申告が必要。**

失業給付金には所得税はかからないので**確定申告書への記載は不要。**

転職する場合

転職先に**前職の源泉徴収票の提出**をすれば原則として**確定申告は不要。**

知っとく！ **プラスワン**

税金がかからない「失業給付金」とは？

失業給付金は、**退職後にハローワークで失業認定を受けることで受給資格が与えられる**もので、**およそ退職前の給与の5割から8割程度を数か月間受給する**ことができます。この失業給付金は、最低限の生活を保障するために支給されるものと考えられ、税金がかかってしまうと最低ラインの生活費を下回ることになってしまうことから**所得税や住民税は課税されないこととなっています**。そのため失業給付金については確定申告する際にも収入として計上する必要はありません。

なお、国民健康保険の計算基準である所得額からも除外されますが、配偶者の社会保険の扶養に入るかどうかの判定の際には、失業保険も収入としてみなされる点には注意が必要です。

コラム❸

150万円の壁と130万円の壁

「これだと、扶養には入れますかね？」――この仕事をしていてとてもよく聞かれる質問です。頻度でいえば、ベスト3に入るのではないでしょうか。多くの方が何となく「扶養を外れたら不利益がある」というイメージをお持ちのようですが、実際のところはどうなのでしょう。そして、そもそも「扶養に入る」とはどういうことなのでしょうか。

「扶養」という用語を使う場面は、実は2つあります。1つは所得税についての話、もう1つは社会保険についての話です。

所得税については、「扶養に入る＝配偶者控除、扶養控除の対象となる」というイメージです。ですから、所得が増えて扶養を外れると配偶者や親御さんの控除がなくなり、税額が増えてしまうこととなります。パートやアルバイトの場合、満額（38万円）控除を受けられる給与収入の境目の金額が、平成29年までは103万円であったため「103万円の壁」と呼ばれていましたが、配偶者については平成30年からその境目が150万円まで引き上げられました。これにより、今後は「150万円の壁」と呼ばれることになりそうです。とはいえ103万円を超えると、本人の所得税が発生してしまう可能性がありますので、103万円という基準も忘れないようにしなければなりません（令和2年より基礎控除の金額などに変更はありますが、「103万円の壁」は変わっていません）。

ここだけ見ると、103万円や150万円を超えることには不利益しかないようにも見えますが、所得が増えているということはお金を稼いでいるということですので、世帯全体で考えて「増えた所得＞増えた税額」となるようであれば、むしろ得ですよね。ちょっとくらい超えてしまったとしても、給与収入が201万円までであれば配偶者特別控除もありますので、「壁を超える＝損」と考えるのではなく全体のバランスで損得を考えたいところです。

これに対して、社会保険では「130万円（106万円）の壁」というものがあります。パートであれアルバイトであれ、給与収入がこの基準額以下であれは、社会保険上、配偶者や親の扶養に入りますので、社会保険料を負担する必要はありません。ですが、その基準額を超えると社会保険料を負担しなければならなくなります。それらの金額も決して少なくはありませんので、下手をすると世帯収入が減少してしまいます。

ちなみに130万円と106万円、どちらの金額が壁になるかは、会社の規模や労使の合意などにより異なりますので確認が必要です。

令和2年度から適用された税制改正で、配偶者控除・配偶者特別控除の控除対象配偶者の合計所得金額が引き上げられましたが、共働き家庭を中心とした夫婦にまつわる税制はまだまだ変わっていきそうです。該当しそうな方は、今後の税制改正にぜひ注目してください。

第3章

自営業者にかかる税金

- ■売上はいつ計上すればいい？
- ■必要経費ってどんなもの？
- ■必要経費は特例だらけ？
- ■帳簿を付けるといいことがある？
- ■商売についてまわる税金とは？
- ■消費税はいつ、誰が払うの？
- ■消費税はどうやって計算されるの？
- ■商売をはじめるにはどうすればいい？
- ■個人事業と会社、どっちがお得？
- ■不動産を貸したときの税金は？

Llast'reant.
わい
わい
わい
す…すごい素敵なお店ですね…
コクコク
そう？実は俺が顧問契約しているお店なんだ
すごいっ…なんかザ・人気店って感じ…
独立開業して成功すると大儲けできるんでしょうね…
でもその分税金も高くなるんじゃ…？
じゃあ具体的に見てみようか♪
パチン
レストランを経営したら…？
優城くーん

3番テーブルに新規オーダー!
はっ…はーい!
ありがとうございました～!
はあ やっと閉店…
カリカリカリ
へろへろ
今日の売上は…
わぁ! 35万円!?
えーと えーと
1日でこれだけの売上ってことは…
どう? 楽しい夢を見られたかな?
はいっ!
うふふ
すごーい
じゃあ税金について見ていこう
個人で商売をやっている人が納める税金には主に次のものがある

●個人事業者が納める主な税金

仕事の収入
¥

❶**所得税**：商売によって得た利益（事業所得）に対して課せられる国税。

❷**住民税**：商売によって得た利益（事業所得）に対して課せられる地方税。

❸**個人事業税**：法律で定められた70種類の業種にあてはまる商売をしている個人事業者に対して課せられる。

❹**消費税**：消費に対して課せられる。事業者は、税負担者である消費者から預かる形で納税する。

①所得税と②住民税は会社員も同じですよね？
事業所得
うん 事業所得の基本的な計算式を見てみようか
この式も会社員と大して変わらないけど給与所得と違って実際にかかった経費を計上するんだ
事業所得 ＝ 収入金額 － 必要経費
そっか 事業の場合は使った経費がわかりますもんね！
それに収入金額と必要経費の計算方法にもちょっとした違いがある
飲食店なら食材の仕入れとか……
まず収入金額を計算する際のポイントは「もらえることになった日」で計上するという点だ
？？
まず飲食店のような現金商売ならそのまま代金を受け取った日で計上すればＯＫ
その場で入金！
だけど掛け取引※で後払いにしている場合「買います・売ります」という取引をした日と実際に代金を支払ってもらう日にズレが生まれるだろ？
取引成立!!
↓
支払いは翌月末など
ああ ウチの会社は全部そうですね
顧客が全部企業だから

※掛け取引……商品の受け渡し時には代金の支払いを行わず、後払いで取引を行うこと。信用取引ともいう。

その場合まだ代金を支払ってもらっていなくても取引をした日付で収入として計上するんだ
代金を受け取った日じゃないのね！
なるほど〜！

次に必要経費だけどこれは大きく分けて次の2種類

●直接経費と間接経費

直接経費

商品などの仕入費のように、売上と直接対応するもの。

間接経費

給与や家賃のように、売上とは直接関係しないもの。

商品そのものや商品の素材など
小麦粉
事務所、電話料金、交通費など

それぞれでどう変わるんですか？
まず直接経費の場合売上が計上された段階ではじめて経費となるんだ

●直接経費の考え方

例 今年100円で仕入れた商品が、翌年に200円で売れた場合。

今年の経費（仕入） 0円 **今年の売上** 0円	➡	**翌年の経費（仕入）** 100円 **翌年の売上** 200円

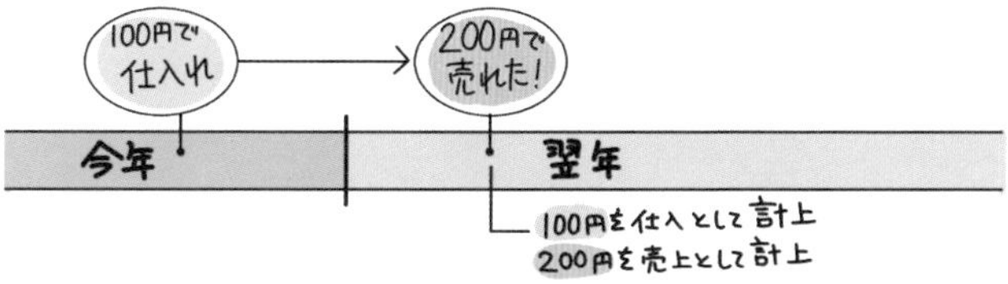

100円で仕入れ
200円で売れた！
今年
翌年
100円を仕入として計上
200円を売上として計上

実際に仕入代金を支払ったのは今年でも税金を計算するうえでは来年の経費として計上するんですね！
ふむ
ふむ
そう！あくまで仕入れて販売するという取引はワンセットのものだからね

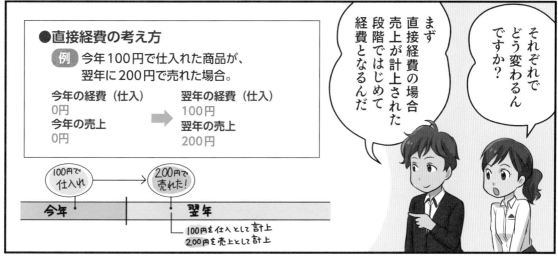

では間接経費は どのタイミングで 計上するんですか？
間接経費は 「支払うことに なった日」に 計上するよ
家賃月末 支払い
月末で領収書をもらう
家賃だったら 引き落とされた日 とかね
個人事業者の 所得税計算は 会社員より少し 複雑なんだなぁ…
しかも 個人事業者の場合 すべて自分で 申告・納付しなくちゃ いけないからね
うーむ
確定申告
うわぁ～ そんなこと できるかなぁ…
そのために 大切なのが 帳簿付けという 作業だよ
日々発生する 売上や経費を 帳簿に記録して いくことですね！
めんどう くさそう…
売掛
買掛
借方
貸方
用語から わからない…
そう思う人も 多いから 国はがんばって 帳簿付けした人に ご褒美を用意 しているんだ
青色申告と いってね…
ご褒美…!?

青色申告のこうした特典もフルに活かすことで節税できるようになるよ
●青色申告の主な特典
❶最大65万円を事業所得から控除できる。
❷家族の従業員に支払った給与を全額、経費にできる。
❸前年までの赤字をその年の事業所得から差し引いたり、前年の納税額の還付を受けられたりする。
すご～い！お得がいっぱい！
おぉ…
すごい…僕にも少し夢が見えてきたかも…！
ねえ～
あっ もどった
ボン
ずっとこどもイスに座ってるんだけど！
夢はいいけどパパママお腹すいたよぉ
あっそうだね！おいしい料理を食べて将来に向けてがんばろうか！
ごめんごめん
もーー
ご注文どうぞー
ははは そうだね

売上はいつ計上すればいい？

POINT

個人事業の所得は、税務上「事業所得」となります。その収入は、現金収支ではなく「もらえることになった日」で計上します。このタイミングを知らないとミスにつながってしまいます。

1 事業所得とは収入から必要経費を引いたもの

個人で商売を行っている方の利益は「事業所得」といい、売上などの収入金額から原価や人件費、家賃といった必要経費を差し引いて計算します。利益の計算方法としてはとてもシンプルです。

ですが、実際に計算をするとなると、事業所得は所得税の中で屈指の面倒さを誇ります。大きな理由としては、①取引の量が多いため集計に手間がかかること、②収入金額、必要経費ともに細かなルールが定められていること、の2つがあげられます。

2 所得計算が「面倒」なのは細かいルールがあるから

事業所得は、その商売を本業としている方を対象としていますので、年間を通した取引量が多くなるのは仕方がありません。むしろ少なすぎると心配になります。ただ、「個人商売だから」と気軽に考えずに、日常的に帳簿を付けるなどしておくことが大事です。

また、収入や経費の計算方法についての細かいルールをすべて把握するのはとても難しく面倒なことです。しかし、ある程度のルールを知ったうえで計算を行わないと、思わぬ落とし穴にはまってしまい税務署から指摘を受けるなんて事態にもなりかねません。

3 「もらえることになった日」が計上の基本タイミング

細かいルールが設定されている事業所得ですが、収入金額について知っておくべき最大のルールは、実際にお金を受け取っているかどうかではなく**「もらえることになった日」で計上する**という点です。

たとえば、その年の12月20日に商品を売って、代金は翌年1月10日に受け取ったというような場合には、商品を売った段階で代金をもらう権利はあるわけですから、売った年の収入になります。どうしても金銭の授受や請求書を出したかどうかなどを基準に考えてしまいがちですので注意が必要です。

なお、**このルールは事業所得に限らずすべての収入について共通のもの**になりますので、ぜひ知っておいてください。

事業所得の計算

事業所得は、収入金額から必要経費を差し引くという非常にわかりやすい計算方法を採っています。

事業所得 ＝ **収入金額** － **必要経費**

事業所得：個人で商売を行って得た利益のこと。

収入金額：収入金額=現金収支ではなく「もらえることになった日=商品を売ったタイミング」で計上するというのがルール。

各種所得の収入計上タイミング

収入計上の原則は「もらえることになった日」ですが、収入の種類に応じてもう少し細かく定められています。

収入金額の原則 ＝ **その年において収入にすべき金額**

↓

入金の有無にかかわらず「もらえることが確定した日」に計上（権利確定主義）する。

●もらえることが確定した日（具体例）

不動産所得	地代・家賃	契約や慣習などで定められた支払日
給与所得	給与・役員報酬	契約や株主総会の決議等による支給日
事業所得	商品の販売	引渡し、納品をした日
	サービスの提供	役務の提供が完了した日
雑所得	公的年金など	法令などにより定められた支給日
配当所得	配当金	株主総会などの決議日
退職所得	退職金	退職の日
譲渡所得	資産の譲渡対価	資産の引渡しがあった日
一時所得	損害保険契約等に基づく満期返戻金など	支払いを受けるべき事実が生じた日

知っとく! プラスワン

事業所得と雑所得の境目とは？

私は税理士ですので、税理士として受け取った収入は事業所得となりますが、原稿を書くことによって受け取る収入は雑所得となります。これに対し、作家の原稿料は本業の収入ですので事業所得とされます。

このように同じ原稿料という収入であっても受け取る人によって所得区分が違ってくることがあります。

事業所得と雑所得は、一般的には「本業か否か」によって分けられ、税務上の取扱いも違うのですが、その線引きはあまりはっきりしていません。令和4年にはその区分について、売上金額の大きさや帳簿を付けているかどうかなどの新たな基準を設ける通達が公表されましたが、依然として曖昧な部分もありますので、判断が難しい場合には、税理士や税務署にご相談いただくほうが安全かもしれませんね。

必要経費ってどんなもの？

POINT

必要経費には、売上などの収益に対して直接関係するものと期間に対して間接的に発生するものがあり、計上のタイミングが違います。2つに分けて考えることが必要ですので確認しておきましょう。

1 必要経費のルールにはたくさんの特例がある

個人事業の場合、その取引は多種多様なものがありますから、複雑になってしまうのは仕方のないことかもしれませんが、その中でも必要経費のルールは、大変複雑です。ベースとなる原則は定められているのですが、それとは別に**数多くの特例があるため、**私たち税理士でもイヤになってしまうほどです。

まずは、必要経費についての原則的な考え方を確認しておきましょう。

2 必要経費は原則として大きく2つに分けられる

何となく「経費＝支払ったもの」というイメージを持ってしまいがちですが、収入金額と同様に現金収支とは関係なく、経費の種類に応じた一定のルールにしたがって計上されます。

また、必要経費には大きく分けて２種類のものがあります。１つ目は、売上に対する仕入のように**売上と直接の対応関係がある経費（直接経費といいます）**。２つ目は給与や家賃のように**売上とは直接関係しないものの商売をやっていくうえでその年に発生する経費（間接経費といいます）**です。

3 直接経費と間接経費では計上の基準が違う

直接経費は、売上が計上された段階ではじめて経費となります。たとえば、今年１００円で仕入れた商品が翌年に２００円で売れた場合、現金収支で考えると今年は売上ゼロで経費が１００円、翌年は売上が２００円で経費がゼロとなります。ですが、**仕入れて販売するという取引はワンセットのもの**と考えれば、利益は１００円であるべきですよね。ですから、正しい利益を計算するため、経費とするタイミングも売上のほうに合わせることとなるのです。

これに対して、間接経費については売上と対応させる必要はありませんので**「支払うことになった日」に計上する**こととなります。収入金額の裏返しというイメージですね。

ひと口に必要経費といっても複数の基準がありますので、注意が必要です。

直接経費と間接経費の計上のタイミング

必要経費には、売上と直接の対応関係があるため売上と同じタイミングで計上するものと、直接の対応関係がないため期間に応じて計上していくものがあります。

直接経費

収益（売上など）と
対応しているもの

⇅

商品仕入・外注費・
材料費など

売上が計上された
タイミングで計上する

間接経費

収益（売上など）と関係なく
発生するもの

⇅

事務所家賃・交通費・
広告宣伝費・給与など

RESTAURANT

支払うことになった
タイミングで計上する

MEMO

売上が計上されたタイミングで必要経費も計上することを
「費用収益対応の原則」という。

●**たとえば…**

今年100円で仕入れた商品を翌年200円で販売した場合

	よくある間違い	費用収益対応の原則
今年	× 売上 0円 経費 100円	○ 売上 0円 経費 0円
翌年	売上 200円 経費 0円	売上 200円 経費 100円

売上がないのに「今年」のうちに経費を計上してしまっている。

売上が計上されたタイミングで経費も計上する。

「費用収益対応の原則」は会計期間の損益を正しく計算するためのルールです！

知っとく！ **プラスワン**

請求書やレシートなどの保存期間

必要経費はあればあるほど利益が少なくなり、税金は減ります。そうなるとどんどん経費を増やしたくなるのが経営者の心理かもしれません。しかし、国としてはそれを根拠もなく認めるわけにはいきませんから、**請求書やレシート類の保存を義務づけています**。確定申告書に添付するわけではありませんが、**税務調査時には提示が必要**です。なお、保存期間は以下の通りと結構長いですが、なくしてしまわないようにしっかり整理しておきましょう。

【青色申告】
損益計算書、貸借対照表、棚卸表、領収書、預金通帳など…**7年**
請求書、契約書、納品書、送り状など…**5年**
【白色申告】
収入金額や必要経費を記載した帳簿…**7年**
決算に関して作成した棚卸表その他の書類、業務に関して作成し、または受領した請求書、納品書、送り状、領収書などの書類…**5年**

必要経費は特例だらけ？

POINT

必要経費の特例は「支払ったけれど経費にならないもの」と「支払っていないけれど経費になるもの」の大きく２つに分けられます。原則ではすまないものがあると知っておくことが大事です。

1 必要経費の特例はとにかく多い

商売をやっていくうえで発生する経費には多種多様なものがあり、原則的な考え方だけで計算をすることは、とても無理です。

そこで、**数多くの特例が設けられている**のですが、その特例は必要経費についてだけで分厚い本ができてしまうくらいたくさんありますので、ここでは、代表的なものだけいくつか紹介しておきます。

2 お金を支払ったけれど必要経費にならないもの

個人事業の方の税金を考えるうえで大事になるのは「個人には商売と生活という2つの側面がある」という点です。お金を支払った場合にそれが仕入など**商売にかかるものであれば必要経費**になりますが、家族の食事代のように生活にかかるものであれば必要経費にはなりません。この生活にかかる経費は「家事費」といい、必要経費からは外されます。

また、商売をするうえで必要な資産を買った場合には、その支払った金額を買った年の必要経費としたくなりますが、高額かつ複数年使用するものに関しては、その**資産を使用する期間で徐々に経費としていく**（この方法を**「減価《げんか》償却《しょうきゃく》」**といいます）ことがルールとなっていますので、支払った金額イコール必要経費とはなりません。

ほかにも交通違反などの罰金や所得税は必要経費になりません。違反をすることで税金が安くなるというのも、所得税の計算をするうえで所得税を経費にするというのもおかしな話ですからね。

3 支払っていないけれど必要経費になるもの

これらの特例の大部分は「支払ったけれど必要経費にならない」というものなのですが、ごく稀に**「支払っていないけれど必要経費となるもの」**があります。

たとえば、取引先が倒産し、貸していたお金や売掛金の回収ができなくなってしまったという場合には、その金額を「貸倒損失《かしだおれそんしつ》」として必要経費にすることが認められています。

必要経費の主な特例

商売（事業）にかかる費用なら原則必要経費となりますが、支払った金額がすべて経費と認められるとは限りません。どんなものが必要経費となるのか知っておきましょう。

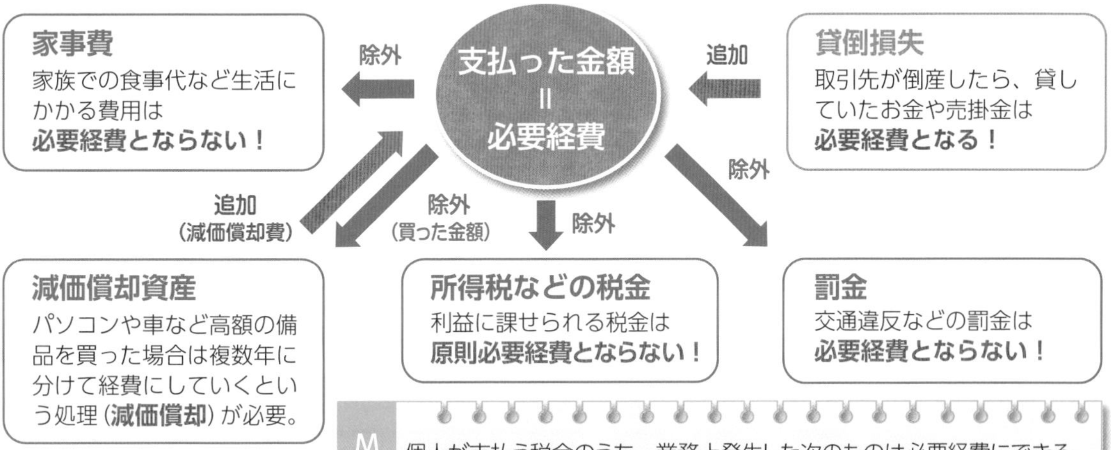
支払った金額
＝
必要経費
除外
家事費
家族での食事代など生活にかかる費用は
必要経費とならない！
追加
貸倒損失
取引先が倒産したら、貸していたお金や売掛金は
必要経費となる！
追加
（減価償却費）
除外
（買った金額）
除外
除外
減価償却資産
パソコンや車など高額の備品を買った場合は複数年に分けて経費にしていくという処理（減価償却）が必要。
所得税などの税金
利益に課せられる税金は
原則必要経費とならない！
罰金
交通違反などの罰金は
必要経費とならない！

MEMO

個人が支払う税金のうち、業務上発生した次のものは必要経費にできる。
事業税・事業所税・固定資産税・自動車税・自動車重量税・不動産取得税・登録免許税・印紙税など。

自宅で仕事をしている場合の「按分基準」

自宅で仕事をしている場合、家賃や水道光熱費などの一部を商売（事業）にかかる分として必要経費にすることができます。ただし、その按《あん》分《ぶん》基《き》準《じゅん》について明確にしておくことが大切です。

項目	家賃	マイホーム費用	通信費	水道光熱費	自動車費用
内訳	家賃 更新料 など	減価償却 ローン金利 火災保険料 固定資産税 など	電話代 携帯電話代 インターネット代 など	電気代 ガス代 水道代 灯油代 など	ガソリン代 駐車場代 税金 修理費 など
按分基準の例	**床面積の使用割合**	**床面積の使用割合**	**使用時間**	**床面積・使用時間・コンセント数など**	**使用割合**

按分割合は、個人事業主がそれぞれの使用実態に応じて決定します。ここでは、一般的な按分基準を紹介しておきます！

知っとく！ プラスワン

必要経費にできる「貸《かし》倒《だおれ》損《そん》失《しつ》」とは？

得意先への**売掛金など本来回収できるはずだった金額が回収できなくなった場合には、「貸倒損失」としてその損失額を必要経費にする**という方法が用意されています。そう聞くと「あの取引先は督促しづらいから貸倒損失にしちゃおう」などと気軽に考えてしまいがちですが、税法では貸倒損失を計上するためには「法律的にその債権が消滅していること」や「その債務者の資産状況、支払能力などから見て、その全額が回収できないことが明らかになった場合」などのかなり厳しい要件が課されています。

要件を満たしていないのに貸倒損失として経費処理をしてしまうと税務調査のときに問題にされることがありますので、慎重に判断をするようにしましょう。

帳簿を付けるといいことがある?

POINT

所得税は自分で計算して申告・納付するものですから、正しく帳簿を付けることはとても大事です。面倒でもきちんと帳簿を付ければ、青色申告制度のようなご褒美も用意されています。

1 適正な納税のためには帳簿を付けることが大事

現在の制度では、所得税について、自身の利益を自分で計算したうえで納税額を算出し、納付を行わなければなりません。基本的には、その過程で国が関与することはありません。

つまり、適正な納税のためには、正しい計算をできるように私たち自身が努力をしなければなりません。個人事業の場合でいえば、日々しっかりと**帳簿を付け、資料を残し、決算をするという作業**になります。

2 青色申告にすると控除などの特典がある

とはいえ、いきなり「帳簿を付けてくださいね」といったところで帳簿を付けてくれるような方はなかなかいません。帳簿の付け方がわからないということもあるでしょうし、何より面倒ですからね。そこで、頑張って帳簿を付けている方に、**国がご褒美として用意したのが「青色申告」という制度**です。

青色申告の制度を利用するためには、青色申告をする旨の書類を提出したうえで**きちんと帳簿を付け、一定期間その帳簿を保存しておくこと**が求められます。そうすることで、最高65万円の控除が受けられたり、赤字が発生した場合には翌年以降3年間の黒字と相殺することができるようになったりします。

3 白色申告でも最低限の帳簿を付けることは必要

ところで「帳簿を付ける」というのはどういった作業でしょうか。

本来的に推奨されているのは複式簿記の方法によるものです。**一般的に「簿記」という言葉を使うときにはこの複式簿記を指します。**そして、これにより日々の取引を記録する作業が「帳簿を付ける」というものになります。

「特典なんかいらないから面倒を避けたい」という方は青色申告ではなく白色申告と呼ばれるかたちでの申告をすることになります。しかし、平成26年1月より白色申告の場合も最低限の帳簿を付けなければならなくなりましたので、青色申告にするほうが得策です。

青色申告と白色申告

青色申告と白色申告には、以下のような違いがあります。青色申告には事前の申請や帳簿付けといった面倒な義務が発生する分、さまざまなメリットがあります。

白色申告

- 事前の申請不要
- 簡単な帳簿付けで OK

提出書類
確定申告書 収支内訳書

青色申告特別控除なし

青色申告

- 事前の申請が必要
  「青色申告承認申請書」を期限までに納税地の所轄税務署長に提出
- 帳簿付けと一定期間の保管が必要

単式簿記による帳簿付け	複式簿記による帳簿付け
提出書類	提出書類
確定申告書 青色申告決算書	確定申告書 青色申告決算書
10万円の青色申告特別控除	**55万円の青色申告特別控除※**

※55万円控除の要件を満たしていて、かつ電子申告（e-Tax）か電子帳簿保存のいずれかを行っている場合には控除額が65万円になる。

小　**節税効果**　大

青色申告にすると、「青色申告特別控除」だけでなく、さらにこんな特典も設けられている！

青色事業専従者給与
従業員である家族に支払った給与を全額経費に算入できる。

損失の繰越・繰戻
前年までの赤字を所得から差し引いたり、前年の納税額の還付が受けられる。

減価償却の特典
特別償却など、減価償却の特典が利用できる。

貸倒引当金
売掛金などの一部を必要経費にできる。

知っとく！プラスワン

赤字対策になる「純損失の繰越控除」とは？

所得税は、**その年の1月1日から12月31日の暦年を1単位**として計算します。ですから「去年の利益」や「来年の赤字見込み」が今年の所得税に影響をおよぼすことは原則的にはありません。ですが、青色申告で赤字が出ている場合や災害などによる損失があった場合には、**特例的にその損失を翌年以降3年間の利益からマイナス**することができます。この制度を**「純損失の繰越控除」**といいます。毎年ちゃんと青色申告をすることなどの条件はありますが、毎年の利益の変動が激しいような場合にはとてもありがたい制度です。

また、今後数年赤字が続いてしまう見込みの場合には、**前年の利益からマイナスして前年の税金を戻してもらう「純損失の繰戻還付」という制度**もあります。

決算書の記載例&ポイント

青色申告決算書・1ページ目「損益計算書」

1年間の収入・利益に対し、何にどれぐらいの費用を使ったかを記入します。

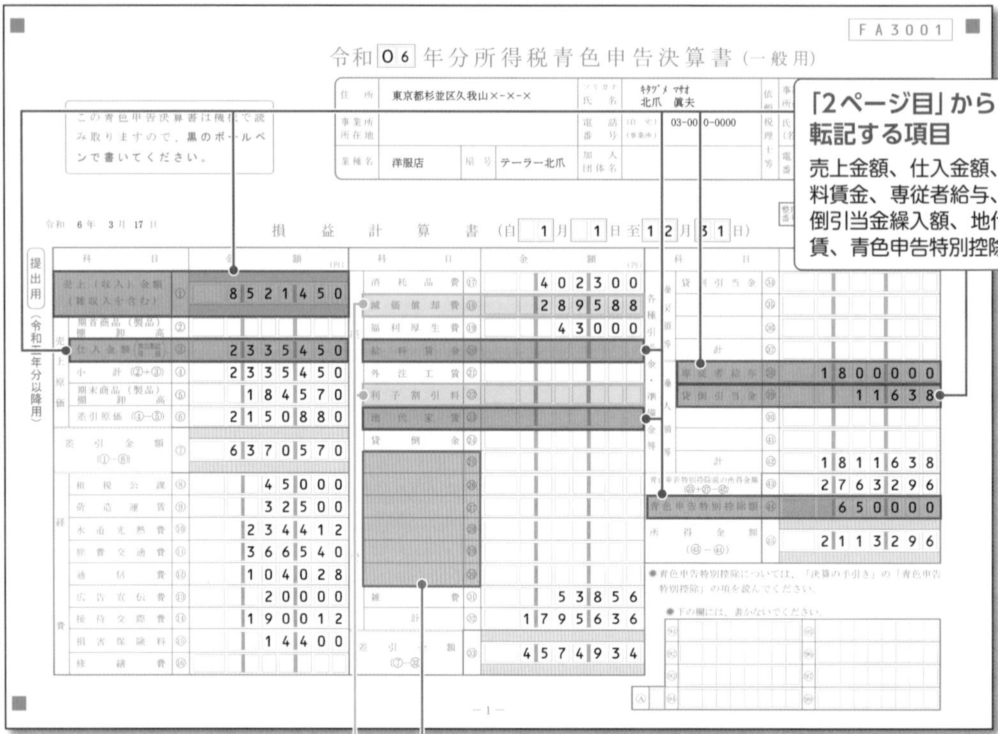

FA3001

令和06年分所得税青色申告決算書（一般用）

住所	東京都杉並区久我山×-×-×	フリガナ 氏名	キタヅメ マサオ 北爪 眞夫
事業所所在地		電話番号	03-0000-0000
業種名	洋服店	屋号	テーラー北爪
加入団体名			

この青色申告決算書は機械で読み取りますので、黒のボールペンで書いてください。

令和 6年 3月 17日

提出用（令和三年分以降用）

損益計算書（自 1月 1日至 12月 31日）

科目		金額（円）
売上（収入）金額（雑収入を含む）	①	8521450
期首商品（製品）棚卸高	②	
仕入金額（製品製造原価）	③	2335450
小計（②+③）	④	2335450
期末商品（製品）棚卸高	⑤	184570
差引原価（④-⑤）	⑥	2150880
差引金額（①-⑥）	⑦	6370570
租税公課	⑧	45000
荷造運賃	⑨	32500
水道光熱費	⑩	234412
旅費交通費	⑪	366540
通信費	⑫	104028
広告宣伝費	⑬	20000
接待交際費	⑭	190012
損害保険料	⑮	14400
修繕費	⑯	

科目		金額（円）
消耗品費	⑰	402300
減価償却費	⑱	289588
福利厚生費	⑲	43000
給料賃金	⑳	
外注工賃	㉑	
利子割引料	㉒	
地代家賃	㉓	
貸倒金	㉔	
	㉕	
	㉖	
	㉗	
	㉘	
	㉙	
	㉚	
雑費	㉛	53856
計	㉜	1795636
差引金額（⑦-㉜）	㉝	4574934

科目		金額（円）
各種引当金・準備金等 繰戻額等 貸倒引当金	㉞	
	㉟	
	㊱	
計	㊲	
繰入額等 専従者給与	㊳	1800000
貸倒引当金	㊴	11638
	㊵	
	㊶	
計	㊷	1811638
青色申告特別控除前の所得金額（㉝+㊲-㊷）	㊸	2763296
青色申告特別控除額	㊹	650000
所得金額（㊸-㊹）	㊺	2113296

●青色申告特別控除については、「決算の手引き」の「青色申告特別控除」の項を読んでください。

●下の欄には、書かないでください。

－1－

「2ページ目」から転記する項目

売上金額、仕入金額、給料賃金、専従者給与、貸倒引当金繰入額、地代家賃、青色申告特別控除。

「3ページ目」から転記する項目

減価償却費、利子割引料。

勘定科目（空欄）

空欄には印字されている科目以外の勘定科目を自分で記入することができる。
［例］諸会費、図書研究費など

勘定科目はあくまで経費をわかりやすく分類するためのものですので、絶対的なルールがあるものではありません。科目が違ったとしても利益の額は変わりませんしね。ですから、最低限の常識の範囲で、ご自身で把握しやすいルールをつくり、それに基づいて計上すれば問題ありません。

MEMO

決算書作成の際には、次のような点で間違えやすいので注意しよう！

- □ 租税公課に必要経費にならない税金などが混じっていないか。
- □ 消耗品費や接待交際費、福利厚生費に商売と関係ないものが混じっていないか。
- □ 自宅で商売をしている場合、水道光熱費や通信費を必要経費と生活費に按分しているか。

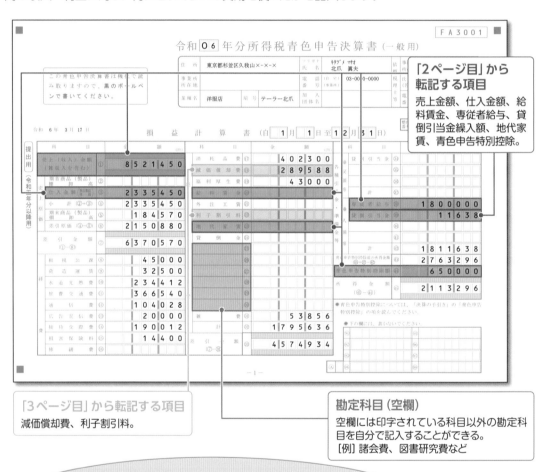

青色申告決算書は、4ページから構成されており、「損益計算書とその内訳」と「貸借対照表」を記入することとなっています。会計ソフトで帳簿を付けていれば、自動作成も可能です。

青色申告決算書・2ページ目「損益計算書の内訳❶」

1年間の月ごとの売上金額や支払った給与賃金などについて記入します。

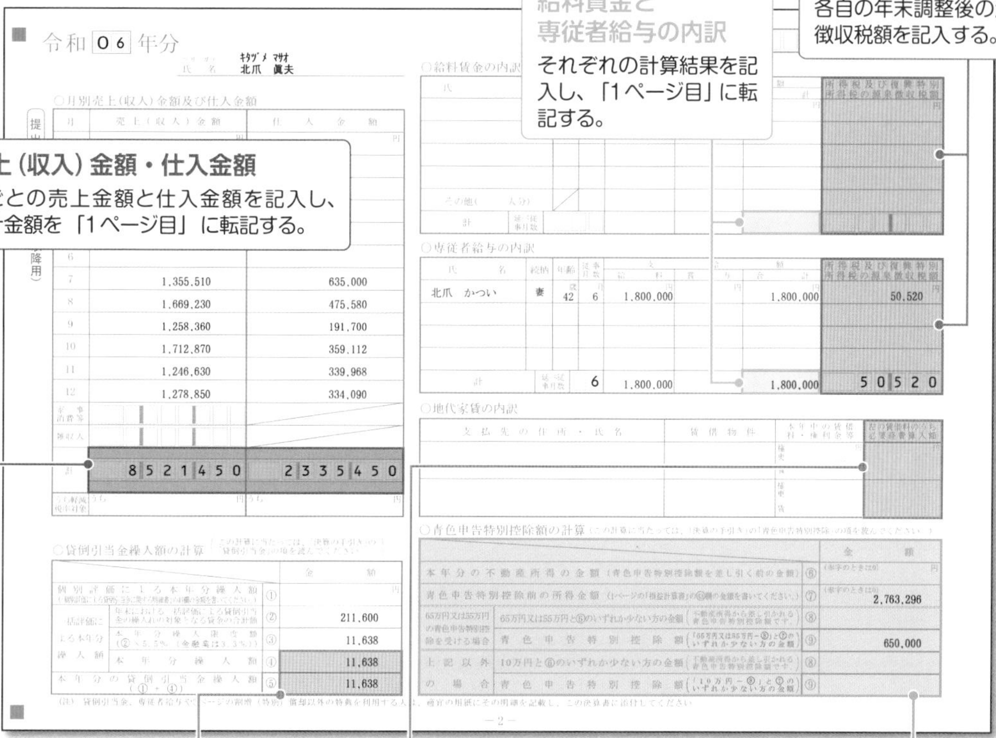

売上(収入)金額・仕入金額
月ごとの売上金額と仕入金額を記入し、合計金額を「1ページ目」に転記する。

給料賃金と専従者給与の内訳
それぞれの計算結果を記入し、「1ページ目」に転記する。

源泉徴収税額
各自の年末調整後の源泉徴収税額を記入する。

貸倒引当金繰入額
貸倒引当金がある場合はここで計算し、繰入額の合計金額を「1ページ目」に転記する。

地代家賃の必要経費算入分
賃貸料などのうち事業にかかわる部分だけを必要経費とし、その合計額を「1ページ目」に転記する。

青色申告特別控除額の計算
青色申告特別控除を受ける場合は⑨欄に「65万円」と記入し、「1ページ目」に転記する。ただし不動産所得ですでに使用している場合は、その金額をマイナスする。

売上(収入)金額にある「家事消費」とは?

「月別売上(収入)金額及び仕入金額」欄の下のほうに「家事消費等」という項目があります。家事消費というと「消費しているのだから経費ですよね?」という感じを持つのですが、よく見てみると「売上(収入)金額」の列に並んでいます。これはどういうことでしょうか。

家事消費とは、八百屋さんが商品の野菜を自分の夕飯の材料として使ったり、飲食店が仕入れた材料でまかないをつくったりするような場合です。このようなケースでは、店から自分に販売したものとして売上に計上することとしています。

とはいえ、定価で計上するのも酷ですから、**「仕入金額と定価×70%のいずれか高いほうの金額を売上とする特例」**が設けられています。計上漏れがとても多い部分ですので注意が必要です。

青色申告決算書・3ページ目「損益計算書の内訳❷」

売上や仕入の相手先、1年間の減価償却費、そのほかの支払いについて記入します。

減価償却費の必要経費算入分

「減価償却資産」については、全額ではなく事業に関係する部分だけが必要経費となる。この合計金額を「1ページ目」に転記する。

本年中における特殊事情

売上の計上基準を変更した、休業した月があったなど、通常の年と比べて大きな変動があった場合や申告上考慮すべき事項がある場合に記載する。

（令和五年分以降用）

FA3051

整理番号

○売上（収入）金額の明細　※登録番号を記載する場合には、先頭に「T」を付けた上で13桁の数字を記入してください。

売上先名	所在地	登録番号（法人番号）（※）	売上（収入）金額
			円
上記以外の売上先の計（雑収入を含む）			
		計	

○仕入金額の明細

仕入先名	所在地	登録番号（法人番号）（※）	仕入金額
			円
上記以外の仕入先の計			
		計	

◎本年中における特殊事情

令和6年7月1日開業

○減価償却費の計算

減価償却資産の名称等（繰延資産を含む）	面積又は数量	取得年月	㋑取得価額（償却保証額）	㋺償却の基礎になる金額	償却方法	耐用年数	㋩償却率又は改定償却率	㋥本年中の償却期間	㋭本年分の普通償却費（㋺×㋩×㋥）	㋬割増（特別）償却費	㋣本年分の償却費合計（㋭+㋬）	㋠事業専用割合	㋷本年分の必要経費算入額（㋣×㋠）	㋦未償却残高（期末残高）	摘要
ミシン	台 1	R 3・7	322,920 円 （　）	322,920 円	定額	7 年	0.143	6/12	23,089 円	円	23,089 円	100 %	23,089 円	230,564 円	
パソコン	台 1	R 3・7	243,000 （　）	243,000	定額	4	0.250	6/12	30,375		30,375	100	30,375	121,500	
造作	式 1	R 3・7	2,200,000 （　）	2,200,000	定額	15	0.067	6/12	73,700		73,700	100	73,700	1,905,200	
開業費		R 3・7	1,624,240 （　）	1,624,240	定額	5	0.200	6/12	162,424		162,424	100	162,424	974,544	
		・	（　）					/12							
		・	（　）					/12							
		・	（　）					/12							
計									289,588		289,588		289,588	3,231,808	

（注）平成19年4月1日以後に取得した減価償却資産について定率法を採用する場合にのみ㋑欄のカッコ内に償却保証額を記入します。

○利子割引料の内訳（金融機関を除く）

支払先の住所・氏名	期末現在の借入金等の金額	本年中の利子割引料	左のうち必要経費算入額
	円	円	円

○税理士・弁護士等の報酬・料金の内訳

支払先の住所・氏名	本年中の報酬等の金額	左のうち必要経費算入額	所得税及び復興特別所得税の源泉徴収税額
	円	円	円

－3－

MEMO

減価償却では、資産購入にかかったお金を使用する年数に応じて必要経費にしていくこととなる。その計算方法は、定額法と定率法の2種類あり、所得税法では定額法が原則だが、届出を出すことによって定率法を選択することができる。

●定額法…毎年一定額を計上する

取得価額×定額法の償却率

●定率法…年初の帳簿価額に毎年一定率を掛ける

年初の帳簿価額×定率法の償却率

この計算上重要なのが**「取得価額」と「使用する年数」**。「使用する年数」について、何年使うかはあくまで結果論で買った時点ではわからないものなので、普通自動車は6年、パソコンは4年といった具合に**「法定耐用年数」というものが定められ、その年数に応じた償却率を使って計算**することとなっている。実際の使用年数にかかわらず、減価償却の計算は原則としてこの基準に従い、それぞれに定められた償却率を使用して計算する。

なお、金額の少ないもの（青色申告の場合には30万円未満、白色申告の場合には10万円未満）については減価償却をする手間を省くため一括で必要経費にする制度も設けられている。

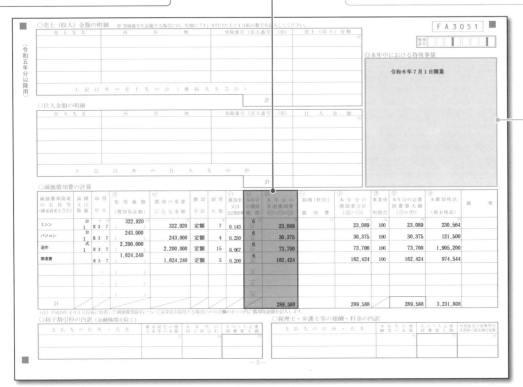

青色申告決算書・4ページ目「貸借対照表」

決算時点での財務状況を、「資産の部」と「負債・資本の部」について、それぞれ記入します。

資産の部と負債・資本の部
どちらも左列には期首時点、右列には期末時点の金額を記入する。原則として、期首は1月1日、期末は12月31日となる。

元入金
開業するにあたって用意した元手のこと。

貸借対照表（資産負債調）

（令和五年分以降用）

（令和 6 年 12 月 31 日現在）

資産の部 科目	1月1日（期首）	12月31日（期末）	負債・資本の部 科目	1月1日（期首）	12月31日（期末）
現金		100,000	支払手形		
当座預金			買掛金		
定期預金			借入金		
その他の預金		2,720,041	未払金		266,685
受取手形			前受金		
売掛金		211,600	預り金		50,520
有価証券					
棚卸資産		184,570			
前払金					
貸付金					
建物					
建物附属設備					
機械装置					
車両運搬具			貸倒引当金		11,638
工具器具備品		512,456			
土地					
造作		2,126,300			
開業費		1,461,816			
			事業主借		
			元入金		4,500,000
事業主貸		275,356	青色申告特別控除前の所得金額		2,763,296
合計		7,592,139	合計		7,592,139

（注）「元入金」は、「期首の資産の総額」から「期首の負債の総額」を差し引いて計算します。

整理番号　FA3076

製造原価の計算
（原価計算を行っていない人は、記入する必要はありません。）

科目			金額
原材料費	期首原材料棚卸高	①	
	原材料仕入高	②	
	小計（①＋②）	③	
	期末原材料棚卸高	④	
	差引原材料費（③－④）	⑤	
労務費		⑥	
その他の製造経費	外注工賃	⑦	
	電力費	⑧	
	水道光熱費	⑨	
	修繕費	⑩	
	減価償却費	⑪	
		⑫	
		⑬	
		⑭	
		⑮	
		⑯	
		⑰	
		⑱	
		⑲	
	雑費	⑳	
	計	㉑	
総製造費（⑤＋⑥＋㉑）		㉒	
期首半製品・仕掛品棚卸高		㉓	
期末半製品・仕掛品棚卸高		㉕	

－4－

事業主貸・事業主借
生活費など本年中に事業から支出した金額のうち、必要経費とならないものを事業主貸として、事業所得の収入金額とはならない入金額を事業主借として記入する。

青色申告特別控除前の所得金額
「1ページ目」から転記する。

資産の合計・負債の合計
両者の合計金額は同じにならなければならない。計算結果が一致しない場合には、計算ミスの可能性もあるのでよく確認すること。

知っとく！ プラスワン

個人の財産を記載する「財産債務調書制度」とは？

青色申告決算書の「貸借対照表」に記載するのはあくまでも商売上の財産や債務なのですが、平成28年より所得や財産が多い人については、**すべての財産や債務を記載した「財産債務調書」を提出しなければならないこととなりました。**ここには商売と関係しない個人的な預金や株式なども記載されます。おそらくは相続税をしっかり取るための制度なのだとは思いますがちょっとイヤですよね、気分的には。

対象となるのは、**その年分の退職所得を除く各種所得金額の合計額が2,000万円を超え、かつ、その年12月31日において3億円以上の財産を有する人**です。所得2,000万円と財産3億円の両方を満たすとなると相当に高いハードルですけれども。

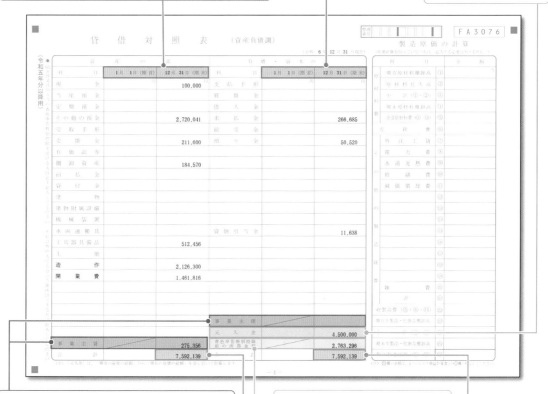

商売についてまわる税金とは？

POINT

個人で商売をしている場合には、**所得税と住民税以外にもさまざまな税金を負担する**こととなります。いろいろな税金がかかってきますので、個人事業主として把握しておくことが大切です。

1 商売をしている場合にだけ発生する税金がある

私たち個人には、**1年間の経済活動で利益が発生した場合には所得税がかかり、さらに住民税がかかります。**ここまでは商売をしていないサラリーマンであっても考えなければならないものなのですが、個人で商売をやっている場合にはこのほかにも考えなければならない税金があります。

ここでは代表的な個人事業税、源泉所得税（厳密には自身の税金ではありませんが）について説明します。

2 商売に関する税金の代表格は個人事業税

個人で商売をしている場合には、個人事業税について考える必要があります。個人事業税の対象となるのは法律で定められた70種類の業種にあてはまる商売をしている個人事業者で、基本的には事業所得の金額から２９０万円を引いた金額に税率をかける方法で計算されます。つまり、70業種に該当しない場合や、利益が２９０万円を超えない場合には税金は発生しません。

なお、個人事業税は自分で計算するものではなく、前年分の確定申告の内容に基づいて都道府県が計算したうえで納付書が郵送されてきます。個人事業者はその金額に応じて8月と11月に納付することとなります。

3 事業主は従業員の代わりに所得税を納付する

従業員は給与から所得税や住民税が天引きされるわけですが、給与を支払う側である事業主は、そこで**徴収した所得税や住民税を徴収した月の翌月10日までに国や地方公共団体に納付**しなければなりません。

従業員の税金を給与から天引きして預かり、代理で納付するだけなのですが、「納税の義務がある」というだけで負担に感じてしまったり、預かっているお金にもかかわらず、つい「自分が自由に使えるお金が増えた」と考えてしまったりしてしまいがちです。徴収したお金は、ほかの資金と分けて管理するなどの工夫をしつつ、適正に納税を行いましょう。

個人事業の場合に発生する税金

個人で事業を行い大きな利益が出たり従業員を雇ったりした場合には、個人事業税が課されたり、従業員の給与にかかる源泉徴収税額を納付したりする義務が生じます。

1 個人事業税

- 事業所得、不動産所得などに課税されている道府県民税。
- 確定申告をしていれば、前年の申告内容に基づいて都道府県が計算した金額の納付書が郵送される。
- 納付書に従って、**8月と11月に納付する。**

2 源泉所得税

- 毎月の給与からの徴収額は、源泉徴収税額表の「月額表」を使用して求め**源泉徴収（天引き）**する。
- ボーナスの場合は、「賞与税額の算出率表」を使用して求める。
- **徴収した月の翌月10日までに納付する。**

3 住民税

- 毎月の給与から徴収すべき税額が5月末までに従業員の住所地の各市町村から通知されてくる。その税額を毎月の給与から**源泉徴収（天引き）**する。
- **徴収した月の翌月10日までに納付する。**

従業員に給与を支払う場合、所得税の源泉徴収義務が生じます。なお、所得税の源泉徴収税額の納付については「源泉所得税の納期の特例の承認に関する申請書」を提出すれば、半年に一度の納付ですむこととなります。

- 1月～6月分　　7月10日までに納付
- 7月～12月分　翌年1月20日までに納付

個人事業税の計算方法

個人事業税の計算方法は以下のとおりです。税率は、その業種によって3%～5%となっています。

個人事業税額 ＝ （課税対象額－事業主控除（290万円））×税率

個人事業税額を計算する際の税率は、業種によって異なる。

知っとく! プラスワン

払い忘れで課せられる「不《ふ》納《のう》付《ふ》加《か》算《さん》税《ぜい》」とは?

雇い主が従業員に給与を支払った場合には、その給与にかかる源泉所得税を天引きして国に納付します。では、その天引きした金額を国に納付しなかった場合にはどうなるのでしょう。

その所得税が自分自身の税金であるならばペナルティとして加算税や延滞税がつくのはわかりますが、源泉所得税はあくまでほかの人の税金です。ほかの人の税金の支払いが遅れたことでも罰金としての税は発生するのでしょうか。

罰金は「税金を納付すべき人」が納めなかった場合に科されます。**源泉所得税は従業員の所得税ではありますが、納める義務があるのは雇い主**です。ですから、期限までに源泉所得税を納付しなかった場合には、**原則として10%の「不納付加算税」**が課されます。払い忘れでの罰金にはご注意ください。

消費税はいつ、誰が払うの？

POINT

消費税は、負担する人と納付する人が違う間接税です。原則として**前々年の売上高が1,000万円を超える**と消費税を払わなければなりません。意外と知らない消費税について確認しておきましょう。

1 消費税は一番身近でありかつ影響が大きい税金

私たちにとって、一番身近な税金は消費税です。平成元年に登場した割と新しめな税金ではありますが、日々の買い物でもすっかりお馴染みです。軽減税率やインボイス制度など、ニュースでも頻繁に登場します。

商売をする人にとっても影響（というより負担）が大きい、私が知る限りでは、商売をしている方に一番嫌われているのが消費税のようです。

2 負担しているのは誰かいつ納付しているのか

所得税や住民税といった税金は、源泉徴収などの場合以外、負担をする私たち自身が国や地方公共団体に支払います。この**「負担者＝納税者」となるものを直接税**といい、税金の世界ではこちらが主流です。しかし、普段の買い物で私たちが消費税を払う場合、その支払先はお店です。国に払うべき税金なのに、買い物をしたお店に支払っているということになります。しかし、税金である以上は最終的には誰かが国に納税しているはずです。このように**「負担者≠納税者」となる税金を間接税**といいます。

では、消費税は誰が納税義務者となるものなのでしょうか。

3 納税が必要な取引とはどのようなものか

消費税の納税義務者は「個人事業者および法人」とされており、これを総称して「事業者」といいます。そして、消費税がかかるのはその事業者が行う取引のうち、国内において事業として対価を得て行う資産の譲渡、貸付け、サービスの提供と定められています。簡単にいえば、国内で商売をしている人が納税義務者になりますよ、ということです。

ですが、事務手続きの煩雑さから、前々年の売上が１０００万円以下である小規模の事業者や開業から2年間は納税義務が免除されていました。しかし、**令和5年10月から始まったインボイス制度**によって、小規模や開業したての事業者であっても消費税の納税義務が生ずるケースが増えそうです。

直接税と間接税

所得税等は負担者本人が金融機関等で納付をするのに対し、消費税は負担者から消費税を預かったお店などが納税をします。この負担者と納税者が異なる税金を間接税といいます。

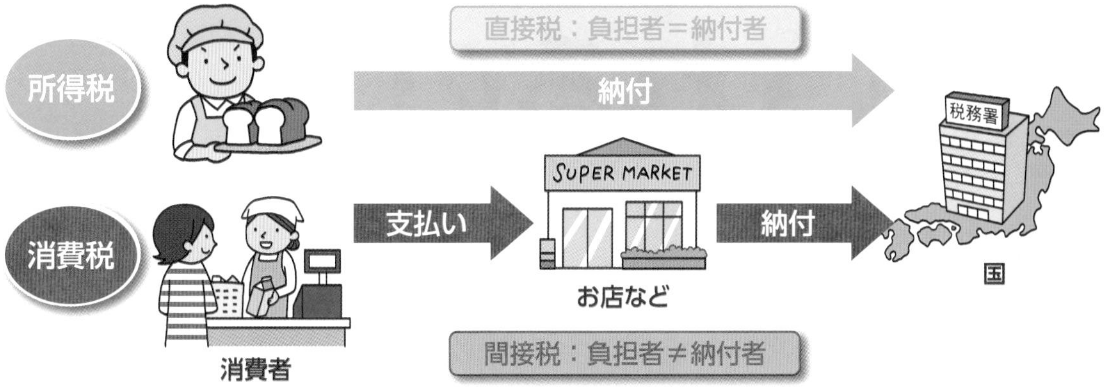

消費税の納税義務者

消費税の納税義務者は「個人事業者および法人（事業者）」と決められていますが、その年に消費税を納付することになるかどうかは、以下の流れで判断します。

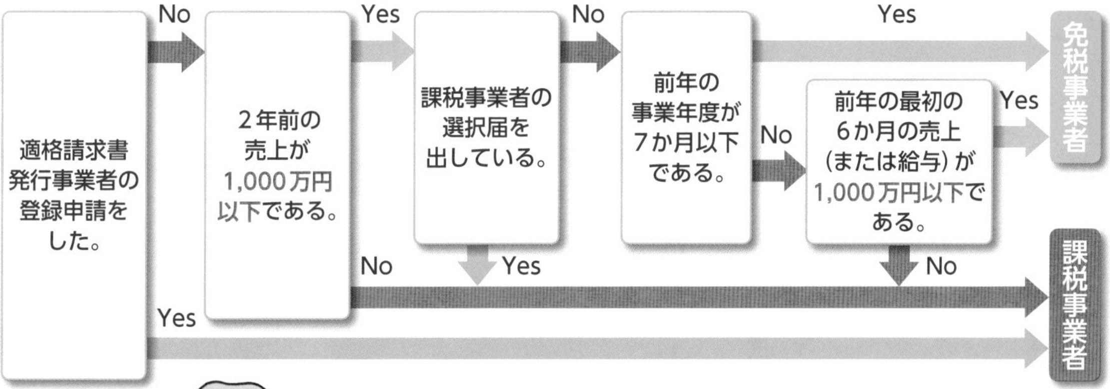

MEMO
適格請求書（インボイス）とは、**売り手が、買い手に対し、正確な適用税率や消費税額等を伝えるために発行する書類**（一定の記載要件を満たした請求書など）のこと。適格請求書発行事業者のみ発行できる。

インボイス制度の「2割特例」とは？

インボイス制度は、小規模な事業を行っている方や開業したての方にとっては負担が増える制度です。この負担には「消費税を払う」という金銭的な負担に加え、「消費税を意識した帳簿を付け、消費税の申告書を作成する」という事務作業の負担も含まれます。

この事務負担を軽減するために**2026（令和8）年まで適用されるのが「2割特例」**です。インボイス制度を機に消費税の納税義務が生ずることとなった方を対象に、**消費税の納付税額を売上に係る消費税額の2割とすることができる特例**です。この特例を適用すると、納税額は売上の2%ほどという計算になります。

事前の届出なしに申告書に「○」を付けるだけで適用が可能となるうえに、多くの場合、特例を適用するほうが税額も少なくなります。インボイス制度の登録を検討する際には覚えておきたい特例です。

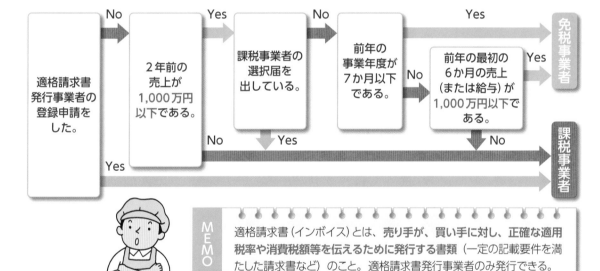

消費税はどうやって計算されるの？

POINT

消費税の計算には、原則課税と簡易課税という２つの方法があり、事業主は有利なほうを選択できます。納付で損をするわけではありませんので、正しい知識に基づいて対処することが大事です。

1 売上時にも仕入時にも消費税はかかる

あるお店が税込１１００円で仕入れた商品を税込２２００円で売りました。消費税は10％ですから、２２００円のうち２００円はお客さんが負担した消費税です。消費税は最終的には国に納付すべきもので、お店はその金額を預かっているだけ。つまり、売上２０００円と預かり金２００円というイメージですね。この理屈でいくと、仕入をした際に払った１１００円は仕入金額１０００円と仕入先に預けた消費税１００円ということになります。

2 預かった消費税と預けた消費税その差額を国に納付する

消費税は、「お客さんから預かった消費税」と「仕入先に預けた消費税」の差引で計算します。

今回の例では、２００円から１００円を引いた残りの１００円をお店が国に納付することとなります。仮に差引の結果がマイナスになった場合には差額は国から還付されます。

預かった消費税と預けた消費税の差引ですから、お店側が消費税を納めることによる損も得もありません。

3 計算の簡単な簡易課税を選択できる場合もある

この例だけだと計算は簡単に思えますが、売上や支出の中には消費税がかかるものとかからないもの、軽減税率が適用されるものが混在しているため、実際にはそう単純ではありません。

そこで**前々年の売上高が５０００万円以下の事業者には簡易課税**というシンプルな計算方法が用意され、その方法を選択することもできることとされています。ただし、事前に「消費税簡易課税制度選択届出書」の提出が必要です。どちらの方法を選択するかによって納税額が変わってきますので、しっかり検討して有利な方法を採用したいところです。

なお、個人事業にかかる消費税は所得税と同様に1月1日から12月31日までを計算単位とし、翌年3月31日までに申告書の提出と納税をしなければならないこととされています。

消費税の原則的な計算方法

消費税の負担者はあくまで消費者です。お店やその商品の製造業者は、「消費者が支払った消費税」を代わりに納付するという流れになります。

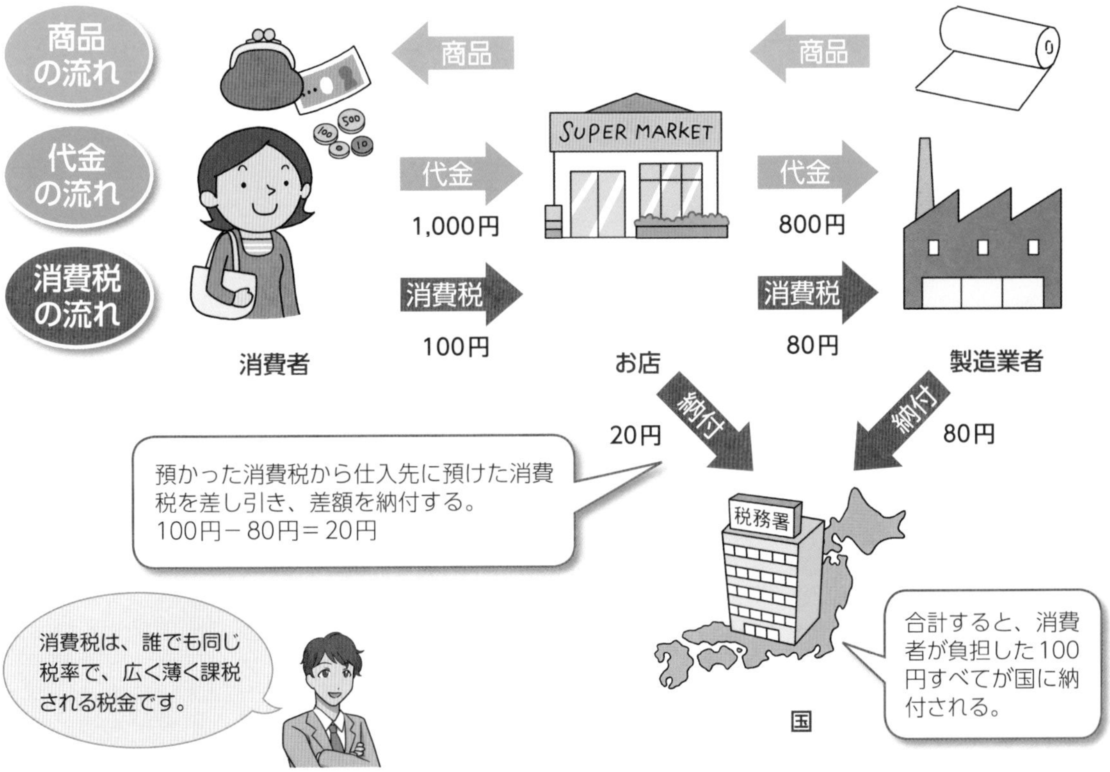
商品の流れ
代金の流れ
消費税の流れ
商品
商品
SUPER MARKET
代金
1,000円
代金
800円
消費税
100円
消費税
80円
消費者
お店
製造業者
納付
20円
納付
80円
預かった消費税から仕入先に預けた消費税を差し引き、差額を納付する。
100円－80円＝20円
税務署
国
合計すると、消費者が負担した100円すべてが国に納付される。
消費税は、誰でも同じ税率で、広く薄く課税される税金です。

簡易課税制度

中小規模の事業者に認められている比較的簡単な消費税納税額の計算方法です。課税売上高にかかる消費税額（預かった消費税）から一定割合の金額を差し引いて計算します。

消費税納税額 ＝ 預かった消費税－預かった消費税×みなし仕入率

支払った消費税を計算することはせず、預かった消費税に「みなし仕入率」を掛けたものを支払った消費税とみなして計算する。みなし仕入率は業種ごとに決まっている！

業種	卸売業	小売業	農林業 製造業	飲食店業 その他の事業	サービス業 金融業	不動産業
みなし仕入率	90%	80%	70%	60%	50%	40%

●たとえば…

課税売上高1,000万円の小売業者の場合

預かった消費税＝1,000万円×10%＝100万円

預かった消費税×みなし仕入率＝ 100万円×80%＝80万円

消費税納税額＝ 100万円－80万円＝**20万円**

預かった消費税を把握できれば計算できる簡単な方法なので「簡易課税」と呼ばれています！

商売をはじめるにはどうすればいい？

POINT

個人で商売をはじめる際には、さまざまな届出書を税務署など関係各所に提出しなければなりません。手続きごとに期限が決まっていますのであらかじめ確認しておくことが必要です。

1 個人事業を開始するにはさまざまな手続きが必要

個人事業は会社設立と違って開始にあたっては1円もかかりません。しかし、会社と同様にいろいろな手続きが必要となります。**税務署への開業届や青色申告の届出、人を雇うのであれば雇用保険の手続きなど。**場合によっては、銀行口座も新たにつくらなければならないかもしれませんね。開業時にやるべきことは多岐にわたりますので、できるだけ十分な準備期間を取りたいものです。

ところで、個人事業とは、そもそもいつ、どのタイミングではじまったといえるものなのでしょうか。

2 開業の日は自分で決めて税務署に提出し確定する

個人事業の開業日は誰かに指定されるものではありませんので、自分自身が「この日に開業した！」と決めればその日になります。

もちろん実際に開店した日や売上がたった後の日付を開業日にすることはできませんが、商売をはじめるにあたっては準備が必要ですので準備の途中の日を開業日とすることは可能です。

そこで決めた開業日は税務署に提出する「個人事業の開業・廃業等届出書」に記載することによって正式なものとなります。「個人事業の開業・廃業等届出書」は提出をしなくても、とくに罰則があるわけではありませんが、そこで確定した開業日から2か月以内に青色申告の申請をすることになりますし、銀行などで届出書の提示を求められることもありますのできちんと提出をしておくべきでしょう。

3 必要書類の提出には期限が設けられていることも

税務署以外にも、都道府県税事務所、年金事務所、労働基準監督署、ハローワークなど届出が必要な役所は数多くありますし、**各提出書類には提出の期限が設けられていることが多い**ので、作業の漏れがないよう気をつけたいところです。

とくに**青色申告の申請は、提出を忘れると開業初年度が白色申告になってしまいます**ので注意が必要です。

開業にあたっての諸手続き

開業時に提出すべき書類の主なものです。開業時のチェックにお使いください。

	期限	届出・提出書類	提出先
開業の事実を税務署に知らせる。	開業後１か月以内	個人事業の開業・廃業等の届出書	税務署
	すみやかに	事業開始等申告書	都道府県税事務所
	●申告方法にかかわる申請		
	２か月以内	所得税 青色申告承認申請書	税務署
減価償却する資産がある場合に必要。	確定申告期限まで	所得税 減価償却資産の償却方法の届出書	税務署
消費税の納税義務者となる場合に提出。	開業年の12月31日まで	消費税 課税事業者選択届出書	税務署
	●従業員を雇う場合		
従業員に給与を支払う場合に必要。	開業から１か月以内	給与支払事務所等の開設届出書	税務署
源泉税の納税を半年ごととする許可を申請。	開業から１か月以内	源泉所得税の納期の特例の承認に関する申請書	税務署
	開業から２か月以内	青色事業専従者給与に関する届出書	税務署

開業事業年度から適格請求書発行事業者の登録をするためには、開業事業年度終了の日までに、以下の２つの書類を所轄の税務署へ提出する必要があります。
①消費税課税事業者選択届出書
②適格請求書発行事業者の登録申請書
（事業開始事業年度の初日から登録を受けようとする旨を記載）

知っとく！プラスワン

「青《あお》色《いろ》事《じ》業《ぎょう》専《せん》従《じゅう》者《しゃ》給《きゅう》与《よ》」とは?

所得税では「生計を一にする親族」への給与は必要経費にできません。この「生計を一」というのは１つの財布から生活費が出ているような状況を指しますので、同居している親族に対する給与は認めない、といったイメージでしょうか。これは親族に給与を払ったことにして税金を少なくするという作戦を防ぐためといわれています。

とはいえ、親族でもきちんと仕事をしている人はいますから、その人への給与まで認めないというのはひどい話です。そこで、青色申告者が**「青色事業専従者給与に関する届出書」**というものを提出した場合には、**生計を一にする親族への給与も必要経費とすることができます。**親族に仕事を手伝ってもらう場合には、提出を忘れないようにしましょう。

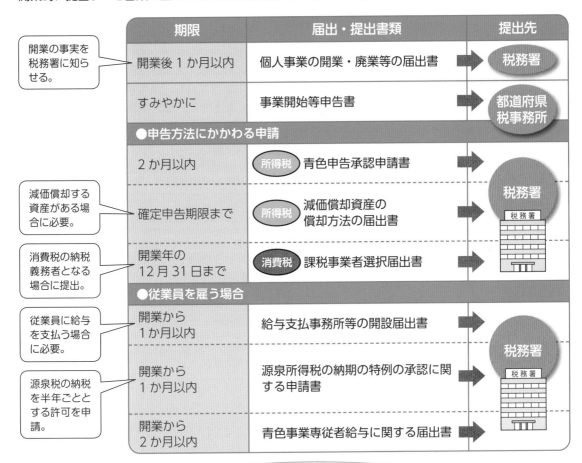

届出書・申告書の記載例＆ポイント

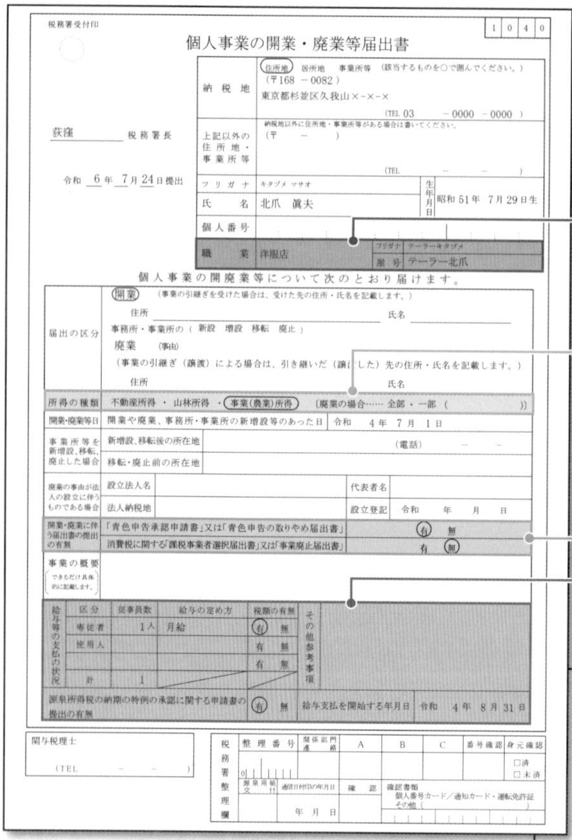
税務署受付印　1040

個人事業の開業・廃業等届出書

荻窪　税務署長

令和 6 年 7 月 24 日提出

納税地	（住所地）居所地　事業所等（該当するものを○で囲んでください。） （〒168 －0082） 東京都杉並区久我山×-×-× （TEL 03 －0000 －0000）
上記以外の住所地・事業所等	納税地以外に住所地・事業所等がある場合は書いてください。 （〒 － ） （TEL － － ）
フリガナ	キタヅメ マサオ
氏名	北爪 眞夫
生年月日	昭和 51年 7月 29日生
個人番号	
職業	洋服店
フリガナ	テーラーキタヅメ
屋号	テーラー北爪

個人事業の開廃業等について次のとおり届けます。

届出の区分	（開業）（事業の引継ぎを受けた場合は、受けた先の住所・氏名を記載します。） 住所　氏名 事務所・事業所の（ 新設 増設 移転 廃止 ） 廃業 （事由） （事業の引継ぎ（譲渡）による場合は、引き継いだ（譲渡した）先の住所・氏名を記載します。） 住所　氏名
所得の種類	不動産所得・山林所得・（事業（農業）所得）〔廃業の場合……全部・一部（ ）〕
開業・廃業等日	開業や廃業、事務所・事業所の新増設等のあった日　令和 4 年 7 月 1 日
事業所等を新増設、移転、廃止した場合	新増設、移転後の所在地　（電話） － － 移転・廃止前の所在地
廃業の事由が法人の設立に伴うものである場合	設立法人名　代表者名 法人納税地　設立登記 令和 年 月 日
開業・廃業に伴う届出書の提出の有無	「青色申告承認申請書」又は「青色申告の取りやめ届出書」　（有） 無 消費税に関する「課税事業者選択届出書」又は「事業廃止届出書」　有 （無）
事業の概要（できるだけ具体的に記載します。）	

給与等の支払の状況 区分	従事員数	給与の定め方	税額の有無	その他参考事項
専従者	1人	月給	（有） 無	
使用人			有 無	
			有 無	
計	1			

源泉所得税の納期の特例の承認に関する申請書の提出の有無　（有） 無　給与支払を開始する年月日　令和 4 年 8 月 31 日

関与税理士（TEL － － ）

税務署整理欄　整理番号　関係部門連絡　A　B　C　番号確認　身元確認 □済 □未済　源泉用紙交付　通信日付印の年月日 年 月 日　確認　確認書類 個人番号カード／通知カード・運転免許証 その他（ ）

個人事業の開業・廃業等届出書

新たに事業所得などが生ずる事業を開始または廃止したときに、その開業・廃業から1か月以内に届出を提出します。

職業・屋号

開業する事業の職種と屋号を記載する。屋号は決まっていなければ空欄でOK。

所得の種類

開業する事業の所得区分に印を付ける。

その他の申請・届出の有無

一緒に青色申告や消費税に関する申請・届出をする場合には「有」に「○」を付ける。

青色事業専従者・従業員

青色事業専従者や従業員に給与を支払う予定がある場合は、その人数、給与支払いの開始日など必要事項を記入する。

何年度の所得税から青色申告をはじめたいのかを記入する。

帳簿の種類

経理方法、備え付ける予定の帳簿の種類を記載する。「青色申告特別控除」を受けるためには、「簿記方式」は「複式簿記」に印が付いていることが必要。

所得税の青色申告承認申請書

青色申告にしようとする年の3月15日まで（その年の1月16日以後、新たに事業を開始した場合には、その事業開始等の日から2か月以内）に提出します。

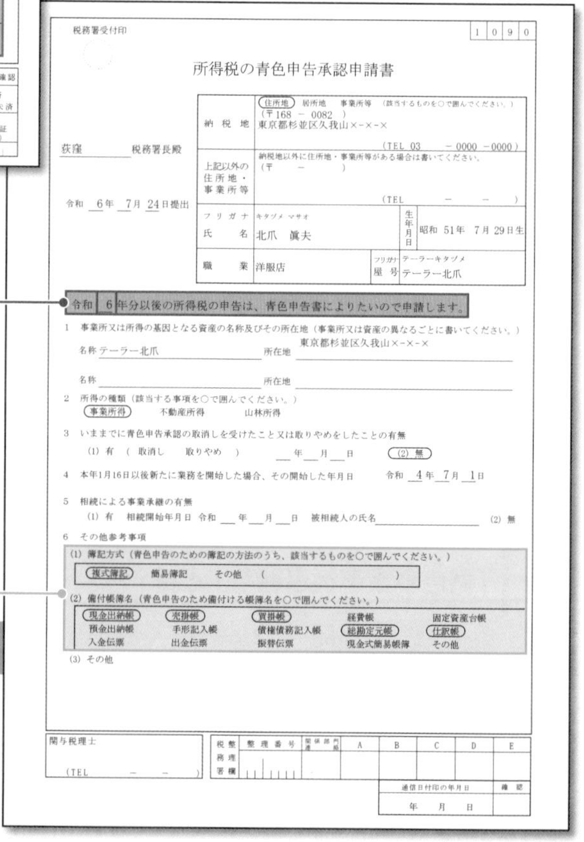
税務署受付印　1090

所得税の青色申告承認申請書

荻窪　税務署長殿

令和 6 年 7 月 24 日提出

納税地	（住所地）居所地　事業所等（該当するものを○で囲んでください。） （〒168 － 0082 ） 東京都杉並区久我山×-×-× （TEL 03 － 0000 －0000）
上記以外の住所地・事業所等	納税地以外に住所地・事業所等がある場合は書いてください。 （〒 － ） （TEL － － ）
フリガナ	キタヅメ マサオ
氏名	北爪 眞夫
生年月日	昭和 51年 7月 29日生
職業	洋服店
フリガナ	テーラーキタヅメ
屋号	テーラー北爪

令和 6 年分以後の所得税の申告は、青色申告書によりたいので申請します。

1 事業所又は所得の基因となる資産の名称及びその所在地（事業所又は資産の異なるごとに書いてください。）

名称 テーラー北爪　所在地 東京都杉並区久我山×-×-×

名称　所在地

2 所得の種類（該当する事項を○で囲んでください。）

（事業所得）　不動産所得　山林所得

3 いままでに青色申告承認の取消しを受けたこと又は取りやめをしたことの有無

(1) 有（ 取消し 取りやめ ） 年 月 日　（(2) 無）

4 本年1月16日以後新たに業務を開始した場合、その開始した年月日　令和 4 年 7 月 1 日

5 相続による事業承継の有無

(1) 有 相続開始年月日 令和 年 月 日 被相続人の氏名　(2) 無

6 その他参考事項

(1) 簿記方式（青色申告のための簿記の方法のうち、該当するものを○で囲んでください。）

（複式簿記）　簡易簿記　その他（ ）

(2) 備付帳簿名（青色申告のため備付ける帳簿名を○で囲んでください。）

（現金出納帳）　（売掛帳）　（買掛帳）　経費帳　固定資産台帳
預金出納帳　手形記入帳　債権債務記入帳　（総勘定元帳）　（仕訳帳）
入金伝票　出金伝票　振替伝票　現金式簡易帳簿　その他

(3) その他

関与税理士（TEL － － ）

税務署整理欄　整理番号　関係部門連絡　A　B　C　D　E　通信日付印の年月日 年 月 日　確認

独立して新たに事業をはじめると「個人事業主」となり、その旨を税務署に知らせることが義務付けられています。その際に提出する代表的な書類が以下の4つです。

給与支払事務所等の開設・移転・廃止届出書

家族や従業員に給与を支払う場合には、従業員の所得税を預かって納めるという旨を届け出ることが必要です。給与を支払う事務所等を開設した1か月以内に提出します。

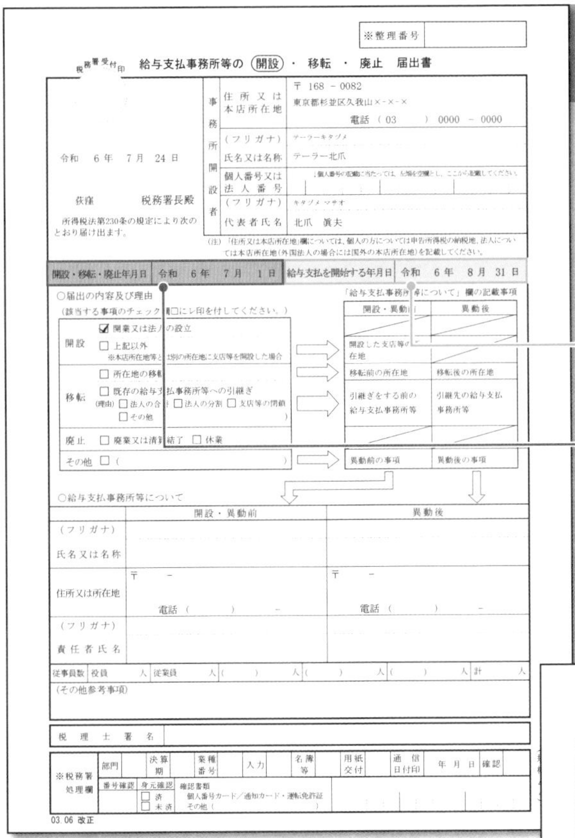

※整理番号

税務署受付印　給与支払事務所等の（開設）・移転・廃止 届出書

令和 6年 7月 24日

荻窪　税務署長殿

所得税法第230条の規定により次のとおり届け出ます。

事務所開設者	
住所又は本店所在地	〒168 - 0082 東京都杉並区久我山×-×-× 電話（03）0000 - 0000
（フリガナ）	テーラーキタヅメ
氏名又は名称	テーラー北爪
個人番号又は法人番号	↓個人番号の記載に当たっては、左端を空欄とし、ここから記載してください。
（フリガナ）	キタヅメ マサオ
代表者氏名	北爪 眞夫

（注）「住所又は本店所在地」欄については、個人の方については申告所得税の納税地、法人については本店所在地（外国法人の場合には国外の本店所在地）を記載してください。

開設・移転・廃止年月日	令和 6年 7月 1日	給与支払を開始する年月日	令和 6年 8月 31日

○届出の内容及び理由（該当する事項のチェック欄□にレ印を付してください。）

		「給与支払事務所等について」欄の記載事項 開設・異動前	異動後
開設	☑開業又は法人の設立		
	□上記以外 ※本店所在地等とは別の所在地に支店等を開設した場合	開設した支店等の所在地	
移転	□所在地の移転	移転前の所在地	移転後の所在地
	□既存の給与支払事務所等への引継ぎ（理由）□法人の合併 □法人の分割 □支店等の閉鎖 □その他（　）	引継ぎをする前の給与支払事務所等	引継先の給与支払事務所等
廃止	□廃業又は清算結了 □休業		
その他	□（　）	異動前の事項	異動後の事項

○給与支払事務所等について

	開設・異動前	異動後
（フリガナ）氏名又は名称		
住所又は所在地	〒 - 電話（　）-	〒 - 電話（　）-
（フリガナ）責任者氏名		

従事員数	役員　人	従業員　人	（　）人	（　）人	（　）人	計　人

（その他参考事項）

税理士署名

※税務署処理欄	部門	決算期	業種番号	入力	名簿等	用紙交付	通信日付印	年月日	確認
	番号確認	身元確認 □済 □未済	確認書類 個人番号カード／通知カード・運転免許証 その他（　）						

03.06 改正

給与支払を開始する年月日
給与の支払いを開始する日を記入する。

開設・移転・廃止年月日
開業の場合は、原則として、事業の開始日（開業日）を記入する。

特例適用前の給与に関する事項
申請書を提出する前に、給与の支払いがある場合にはここに記入する。

この特例が認められるのは、従業員数10人未満の個人事業主に限られます。なお、年2回の納付期限は以下のとおりです。

- 1月から6月までに支払った源泉徴収税額は、7月10日まで
- 7月から12月までに支払った源泉徴収税額は、翌年1月20日まで

源泉所得税の納期の特例の承認に関する申請書

源泉所得税は徴収した日の翌月10日が納期限ですが、申請書を提出することによって、1月と7月の年2回にまとめて納付することが認められる特例があります。

※原則として、提出した日の翌月に支払う給与等から適用される。

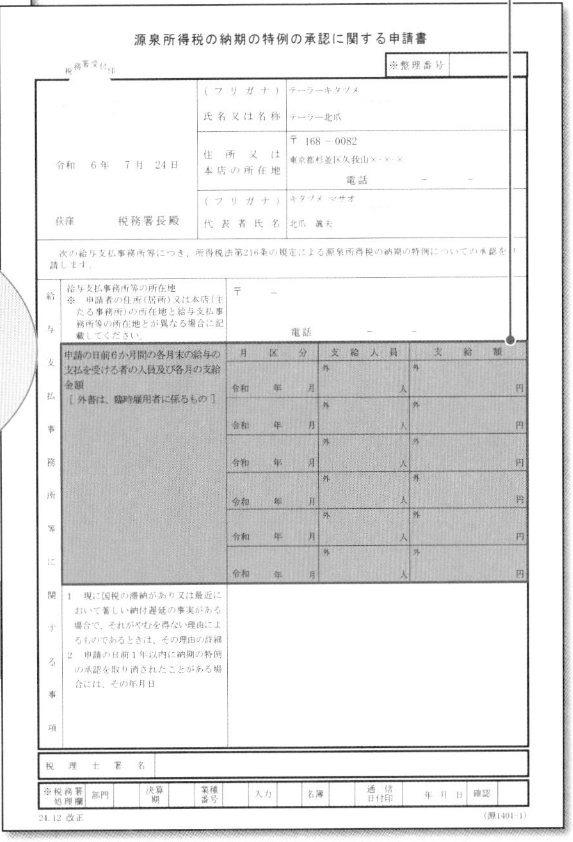

源泉所得税の納期の特例の承認に関する申請書

税務署受付印　※整理番号

令和 6年 7月 24日

荻窪　税務署長殿

（フリガナ）	テーラーキタヅメ
氏名又は名称	テーラー北爪
住所又は本店の所在地	〒168 - 0082 東京都杉並区久我山×-×-× 電話 - -
（フリガナ）	キタヅメ マサオ
代表者氏名	北爪 眞夫

次の給与支払事務所等につき、所得税法第216条の規定による源泉所得税の納期の特例についての承認を申請します。

給与支払事務所等に関する事項				
給与支払事務所等の所在地 ※ 申請者の住所（居所）又は本店（主たる事務所）の所在地と給与支払事務所等の所在地とが異なる場合に記載してください。	〒 - 電話 - -			
申請の日前6か月間の各月末の給与の支払を受ける者の人員及び各月の支給金額［外書は、臨時雇用者に係るもの］	月区分	支給人員	支給額	
	令和 年 月	外 人	外 円	
	令和 年 月	外 人	外 円	
	令和 年 月	外 人	外 円	
	令和 年 月	外 人	外 円	
	令和 年 月	外 人	外 円	
	令和 年 月	外 人	外 円	
1 現に国税の滞納があり又は最近において著しい納付遅延の事実がある場合で、それがやむを得ない理由によるものであるときは、その理由の詳細 2 申請の日前1年以内に納期の特例の承認を取り消されたことがある場合には、その年月日				

税理士署名

※税務署処理欄	部門	決算期	業種番号	入力	名簿	通信日付印	年月日	確認

24.12 改正　（源1401-1）

個人事業と会社、どっちがお得？

POINT

個人事業を会社にすることで消費税額が抑えられるなどのメリットがある反面、社会保険料の負担が増えるなどのデメリットも。全体のバランスを考えてしっかり検討することが大事です。

1 事業を大きくしたいなら会社にしたほうがいい？

個人事業をはじめて軌道に乗ってくると、会社にすること（法人化）を考える方はとても多いです。たしかに「個人事業＝小規模」、「会社＝大規模」といったイメージがありますよね。しかし、会社にするのがいいことかどうかとなると、一概にはいえない部分があります。

会社にすることのメリット、デメリットを理解したうえで選択できるようにしておくことが大事でしょう。

2 会社にするメリットは消費税が抑えられること

会社にするメリットで金額的に一番大きいのは消費税といわれていました。個人事業で消費税が免除される期間が終わった後に会社にすることで、さらに2期分の消費税が免除されたためです。

しかし、令和5年10月から始まったインボイス制度によって**会社設立当初から消費税を納税するケースも増える**ことが想定されますので、このメリットは受けづらくなりそうです。

しかし、会社の場合には**自分自身に給与を支払うことができます**ので、会社と個人の収入のバランスを考えて税金を抑えるというメリットはあります。

3 会社にするデメリットは社会保険の負担が増えること

逆に、少人数でやっている商売であれば、**金銭的に負担が増えるのは社会保険**です。個人事業は従業員が5人未満であれば社会保険に加入しなくていいのに対し、会社は社長1人の会社であっても強制加入です。社会保険料は多くの場合、所得税や住民税より率が高いのでなかなかの負担になります。

ほかにも、**会社の設立費用や法人住民税などの最低限必ず出てくる税金（原則として7万円）などのコストはかかる**こととなります。

また、金銭面以外でもさまざまな影響があります。たとえば、**社会的な信用度**などは会社にしたほうが高いかもしれませんが、個人で不動産の契約をしているような場合には名義の書き換えが必要となるといったことも起こります。

会社にするメリット・デメリット

会社にすることによるメリットとデメリットをしっかり把握したうえで、どちらにするか決めるのが得策です。

会社にするメリット

1. 取引先や金融機関からの信用が高まる。
2. 一定以上の所得なら、個人事業より税負担が軽くなる。
3. 自分の給与に給与所得控除を使える。
4. 退職金を支給できる（適正額までは会社の経費にできる）。
5. 経営者とその家族も社会保険に加入できる。
6. 決算日を自由に決められる。

会社にするデメリット

1. 設立時に費用がかかる。また年に一度の決算など、会社維持にも費用がかかる。
2. 所得が低い場合には、個人事業よりも税負担が重くなることもある。
3. 赤字でも、法人住民税の均等割負担（原則として7万円）が生じる。
4. 一定期間ごとに役員の改選手続きが必要になる（株式会社の場合）。

知っとく! プラスワン

「法人化の手続き」とは?

会社を設立するには2段階の手続きがあります。

まず、会社名、資本金、事業の目的などを定めた**定款《ていかん》を作成して公証役場で認証を受けること**。その認証がすんだら、その**定款や登記申請書類を持って法務局で登記をすること**です。

ともに頑張れば自分でもできないことはありませんが、司法書士に依頼をするのが一般的です。株式会社であれば、だいたい30万円あればおつりがくるくらいの金額で一連の流れは完了します。

登記をすると1週間後くらいには登記簿謄本の取得ができますので、それを持って税務署などへの届出や銀行口座の開設を行い、会社が本格的に動きはじめることになります。

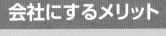

不動産を貸したときの税金は？

POINT

不動産所得の計算は、基本的には事業所得と同様の計算方法になりますが、商売の規模によって青色申告の特別控除額が異なるなど取扱いが異なりますので注意が必要です。

1 不動産は賃貸と売却とで所得の区分が変わる

土地や建物の賃貸によって得た利益は「不動産所得」といいます。これに対し、**売却して得た利益は「譲渡所得」**となります。同じ土地や建物であっても、所得税の計算上は別物です。

不動産所得の利益の計算は、ほぼ事業所得と同様です。賃貸による収入金額から必要経費をマイナスするという方法も、収入金額や必要経費を計上するタイミングも、青色申告制度についてもまったく変わりません。

2 不動産所得に特徴的な収入金額と必要経費

土地や建物の賃貸の場合、**収入金額の計算は原則として入金ベースでなく契約上の支払日**です。ですから、家賃を滞納している入居者がいると、入金がないのに税額は発生するという恐ろしい事態が生じます。

また、契約時に発生する礼金などは、貸し付ける資産の引渡しのあった日に収入として計上しますが、敷金や保証金のように後日返還するものは、あくまで預かっているだけですので収入とはなりません。

必要経費は減価償却費、固定資産税、修繕費、借入金の利子などが中心になります。土地や建物を貸しているだけですので、あまり多岐にわたる経費が出てくることはありません。

3 不動産の規模によって取扱いに差がある

不動産所得の大きな特徴は、その事業の規模によって異なった取扱いをされることです。大きな規模（「事業的規模」といいます）で不動産貸付を営んでいる場合には、**青色申告の控除は最高65万円である**など、事業所得と同じように取り扱われます。

これに対し投資用のワンルームを1～2室など規模の小さい不動産貸付の場合には**青色申告の控除は10万円までですし、取り壊しなどにより赤字が出た場合にも一定の制限**がかかります。

サラリーマンが副業で不動産投資をする場合には、たいてい後者です。

不動産所得の収入とされるもの

不動産の貸主が借主である入居者から受け取る金額のすべてが、収入となるわけではありません。敷金のように後日返還するものは、収入とはなりません。

敷金（×）
退去時に返還するもの。

共益費（○）
共益費の名目で受け取る電気代、水道代や掃除代など。

毎月の家賃（○）
貸付けによる賃貸料収入。

礼金（○）
退去時に返還しないもの。

更新料（○）
名義書換料、承諾料、更新料または頭金などの名目で受け取るもの。

規模によって取扱いが異なるもの

不動産賃貸業の規模によって取扱いが異なる項目には、以下のようなものがあります。

規模：アパートなどは10室、独立家屋は5棟
（以上 → 事業的規模の場合／未満 → 事業的規模以外の場合）

項　目	事業的規模の場合	事業的規模以外の場合
賃貸用固定資産を取り壊した場合などの損失（資産損失）	全額を必要経費に算入。	資産損失を差し引く前の不動産所得の金額を限度として、必要経費に算入される。
賃貸料などの回収不能による貸倒損失	回収不能となった年分の必要経費に算入される。	収入に計上した年分までさかのぼって、所得金額の計算をやり直す。
青色事業専従者給与または事業専従者控除	適用あり	適用なし
青色申告特別控除	最高65万円	最高10万円

独立家屋であれば5棟、アパートやマンションであれば部屋数が10室以上あるかどうかというのが基準となって分けられます。

申告書の記載例&ポイント

収支内訳書（不動産所得用）・1ページ目

収支内訳書（不動産所得用）の「2ページ目」で作成した明細の合計額を転記するため、実際は「2ページ目」の明細から先に作成するようにします。

収入金額
賃貸料のほか、礼金・更新料などがあるときにも忘れずに記入する。

給料賃金
「給料賃金」は、賃貸している建物の管理や賃貸料の集金に従事している使用人に対して払う給与のこと。

保証金・敷金
保証金、敷金は収入金額とはならないが、期末の残高としてここに記入する。

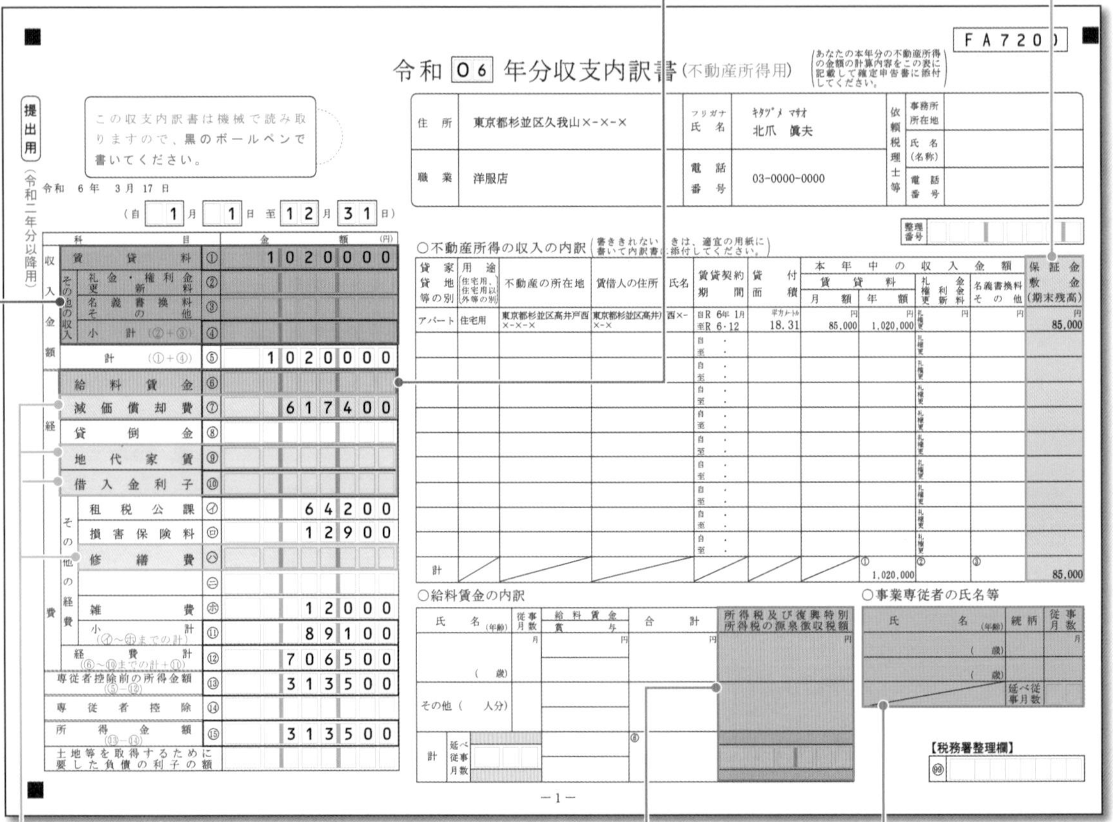

FA7200

令和 06 年分収支内訳書（不動産所得用）（あなたの本年分の不動産所得の金額の計算内容をこの表に記載して確定申告書に添付してください。）

提出用（令和二年分以降用）

この収支内訳書は機械で読み取りますので、黒のボールペンで書いてください。

令和 6 年 3 月 17 日

（自 1 月 1 日 至 12 月 31 日）

住所	東京都杉並区久我山×-×-×	フリガナ 氏名	キタヅメ マサオ 北爪 眞夫	依頼税理士等	事務所所在地	
職業	洋服店	電話番号	03-0000-0000		氏名（名称）	
					電話番号	

整理番号

科目			金額（円）
収入金額	賃貸料	①	1020000
	その他の収入 礼金・権利金 更新料	②	
	その他の収入 名義書換料 その他	③	
	その他の収入 小計（②+③）	④	
	計（①+④）	⑤	1020000
経費	給料賃金	⑥	
	減価償却費	⑦	617400
	貸倒金	⑧	
	地代家賃	⑨	
	借入金利子	⑩	
	その他の経費 租税公課	㋑	64200
	その他の経費 損害保険料	㋺	12900
	その他の経費 修繕費	㋩	
	その他の経費	㊁	
	その他の経費 雑費	㋭	12000
	その他の経費 小計（㋑～㋭までの計）	⑪	89100
	経費計（⑥～⑩までの計+⑪）	⑫	706500
専従者控除前の所得金額（⑤－⑫）		⑬	313500
専従者控除		⑭	
所得金額（⑬－⑭）		⑮	313500
土地等を取得するために要した負債の利子の額			

○不動産所得の収入の内訳（書ききれないときは、適宜の用紙に書いて内訳書に添付してください。）

貸家貸地等の別	用途（住宅用、住宅用以外等の別）	不動産の所在地	賃借人の住所	氏名	賃貸契約期間	賃付面積	本年中の収入金額 賃貸料 月額	賃貸料 年額	礼金 権利金 更新料	名義書換料 その他	保証金 敷金（期末残高）
アパート	住宅用	東京都杉並区高井戸西×-×-×	東京都杉並区高井戸×-×	西×-	自R 6年 1月 至R 6・12	平方メートル 18.31	円 85,000	円 1,020,000	円	円	円 85,000
					自 ・ 至 ・						
					自 ・ 至 ・						
					自 ・ 至 ・						
					自 ・ 至 ・						
					自 ・ 至 ・						
					自 ・ 至 ・						
					自 ・ 至 ・						
					自 ・ 至 ・						
					自 ・ 至 ・						
計								① 1,020,000	②	③	85,000

○給料賃金の内訳

氏名（年齢）	従事月数	給料賃金 賞与	合計	所得税及び復興特別所得税の源泉徴収税額
（ 歳）	月	円	円	円
その他（ 人分）				
計 延べ従事月数			⑥	

○事業専従者の氏名等

氏名（年齢）	続柄	従事月数
（ 歳）		月
（ 歳）		
	延べ従事月数	

【税務署整理欄】 ⑲

－1－

「2ページ目」から転記する項目
経費のうち、減価償却費、地代家賃、借入金の利子、修繕費は「2ページ目」から転記する。

源泉徴収税額
各自の年末調整後の源泉徴収税額を記入する。

事業専従者の氏名等
白色申告で事業専従者がいる場合には、実際に支払った給与は必要経費とならないが、配偶者は86万円、そのほかの親族は50万円の控除がある。

土地やマンションを貸し付けて賃貸料や更新料を得たものは不動産所得となり、白色申告者が確定申告で提出する場合には、この収支内訳書を使います。

収支内訳書（不動産所得用）・2ページ目

収支内訳書（不動産所得用）の「2ページ目」では、減価償却の計算が必要となります。

必要経費算入分
減価償却資産や修繕費、地代家賃などについては、全額ではなく事業に関係する部分だけが必要経費となる。それぞれの合計金額を「1ページ目」に転記する。

減価償却の計算
減価償却の計算に必要な取得価額、償却方法、耐用年数などを記入し計算する。

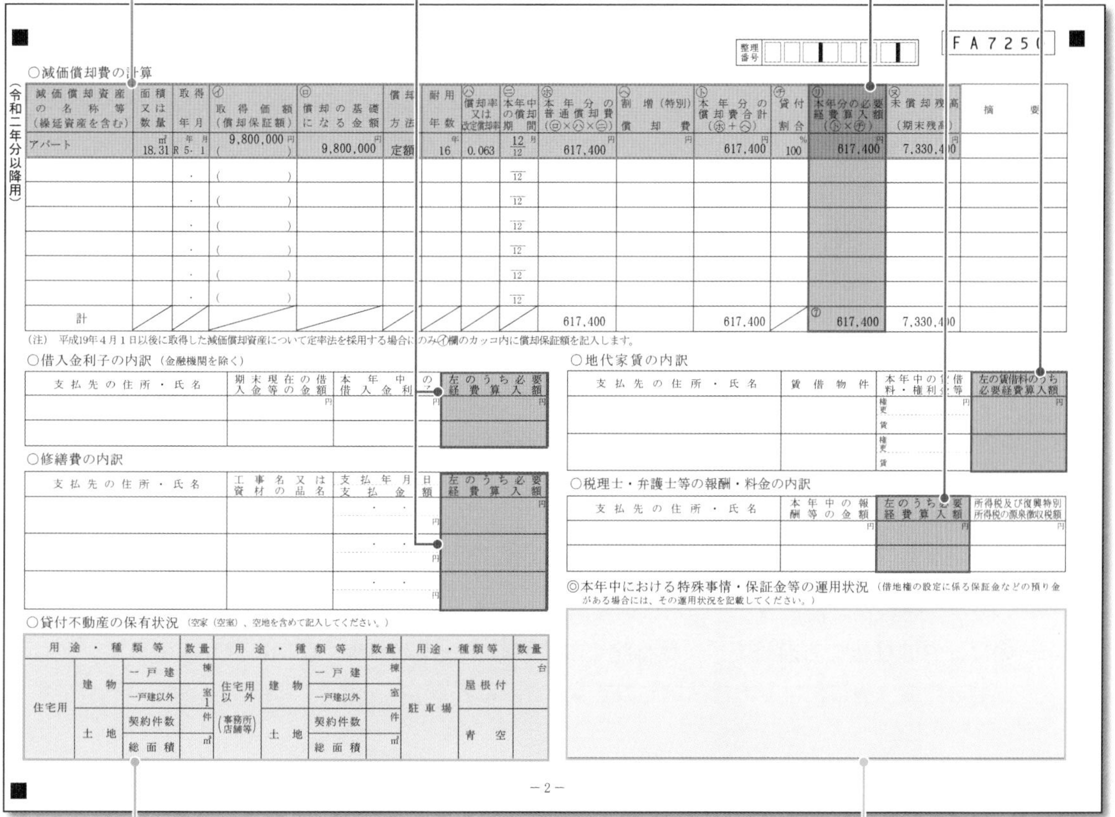

整理番号 　FA7250

（令和二年分以降用）

○減価償却費の計算

減価償却資産の名称等（繰延資産を含む）	面積又は数量	取得年月	㋑取得価額（償却保証額）	㋺償却の基礎になる金額	償却方法	耐用年数	㋩償却率又は改定償却率	㋥本年中の償却期間	㋭本年分の普通償却費（㋺×㋩×㋥）	㋬割増（特別）償却費	㋣本年分の償却費合計（㋭＋㋬）	㋠貸付割合	㋷本年分の必要経費算入額（㋣×㋠）	㋦未償却残高（期末残高）	摘要
アパート	㎡ 18.31	年 月 R 5・1	9,800,000 円 （　）	円 9,800,000	定額	年 16	0.063	12/12 月	円 617,400	円	円 617,400	% 100	円 617,400	円 7,330,400	
		・	（　）					/12							
		・	（　）					/12							
		・	（　）					/12							
		・	（　）					/12							
		・	（　）					/12							
		・	（　）					/12							
計									617,400		617,400		⑦ 617,400	7,330,400	

（注）平成19年4月1日以後に取得した減価償却資産について定率法を採用する場合にのみ㋑欄のカッコ内に償却保証額を記入します。

○借入金利子の内訳（金融機関を除く）

支払先の住所・氏名	期末現在の借入金等の金額	本年中の借入金利子	左のうち必要経費算入額
	円	円	円

○地代家賃の内訳

支払先の住所・氏名	賃借物件	本年中の賃借料・権利金等	左の賃借料のうち必要経費算入額
		権更 円 賃	円
		権更 賃	

○修繕費の内訳

支払先の住所・氏名	工事名又は資材の品名	支払年月日 支払金額	左のうち必要経費算入額
		・　・ 円	円
		・　・ 円	
		・　・ 円	

○税理士・弁護士等の報酬・料金の内訳

支払先の住所・氏名	本年中の報酬等の金額	左のうち必要経費算入額	所得税及び復興特別所得税の源泉徴収税額
	円	円	円

○貸付不動産の保有状況（空家（空室）、空地を含めて記入してください。）

用途・種類等			数量	用途・種類等			数量	用途・種類等		数量
住宅用	建物	一戸建	棟	住宅用以外（事務所店舗等）	建物	一戸建	棟	駐車場	屋根付	台
		一戸建以外	室 1			一戸建以外	室			
	土地	契約件数	件		土地	契約件数	件		青空	
		総面積	㎡			総面積	㎡			

◎本年中における特殊事情・保証金等の運用状況（借地権の設定に係る保証金などの預り金がある場合には、その運用状況を記載してください。）

－2－

貸付不動産の保有状況
利益の計算には関係しないが、貸し付けている不動産などがあれば、その状況を記載する。

本年中における特殊事情など
売上の計上基準を変更した、休業した月があったなど、通常の年と比べて大きな変動があった場合や申告上考慮すべき事項がある場合に記載する。

コラム④

帳簿付けに活用できる会計ソフト

青色申告のためには帳簿を付けることが必要になります。ひと口に帳簿といってもいろいろなものがあるのですが、日々、出金伝票や振替伝票、現金出納帳を作成したり、決算の際には総勘定元帳を作成したりするのがオーソドックスなものかもしれません。

といわれても、簿記をご存じない方にとっては「なんのこっちゃ？」というお話ですよね。私も勉強したのが昔のことすぎて、今では手書きで帳簿などつくれません。そんな税理士が書いた本を読んでいて大丈夫かと不安に思われる方もいるかもしれませんが、今はこんな私にも強い味方がいます。それが会計ソフトです。

皆さんもテレビCMなどで「弥生会計」「勘定奉行」などの名前を聞いたことがあるかと思います。そういった会計ソフトは、資料を基にデータを入力すると自動でそれを集計してくれるうえに、いろいろな形式でのアウトプットも可能となっています。ですから、手書きで帳簿を付ける必要はないわけです。ソフトで集計してもらうほうが計算ミスもなさそうですし…。

さらに最近では、パソコンにソフトを入れずにインターネット上で処理をしてしまうクラウドサービスでの会計ソフトも出てきています。「MFクラウド確定申告（マネーフォワード）」や「freee」あたりが代表格でしょうか。こちらはレシートを写真でとるだけで会計データとして取り込めたり、通帳やクレジットカードの明細を自動で吸い上げたりすることができるなど、インターネットの特性を活かしたものになっています。インボイス制度や改正電子帳簿保存法への対応としても今後は、こちらのほうが主流になっていくのかもしれませんね。

社会保険の分野でも、労務手続きを自動化する「SmartHR」などのクラウドサービスが出てきていますし、私たち士業もこういったものとうまく付き合っていかなければいけない時代がきたようです。とはいえ、ツールがどんなに便利になっても判断をするのは、やはり私たち自身です。せっかくの便利なツールをうまく使いこなせるように、必要な知識は身に付けておきたいものです。

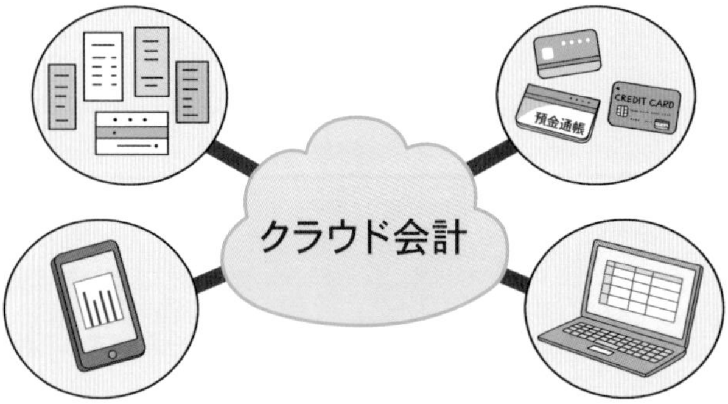

第4章

利子や配当にかかる税金

■預貯金の利子にも税金はかかるの？
■上場株式の配当課税どれを選べばいい？
■特定口座を使うと申告は楽になる？
■金融資産にかかる税金は？

ふむ ふむ
な…
何してんの…?
どーん
投資の勉強よ!
不動産
高配当株 トップ10
知識ゼロから 株式入門
ええ!?
節約も大事だけど
それだけじゃ
なかなかお金は
貯まらないでしょ?
だからって…
投資をはじめるの?
そうよ!
それとも優城くん
来月から給与を
倍にしてきてくれる?
無茶
いうなって…!
もしもし…!

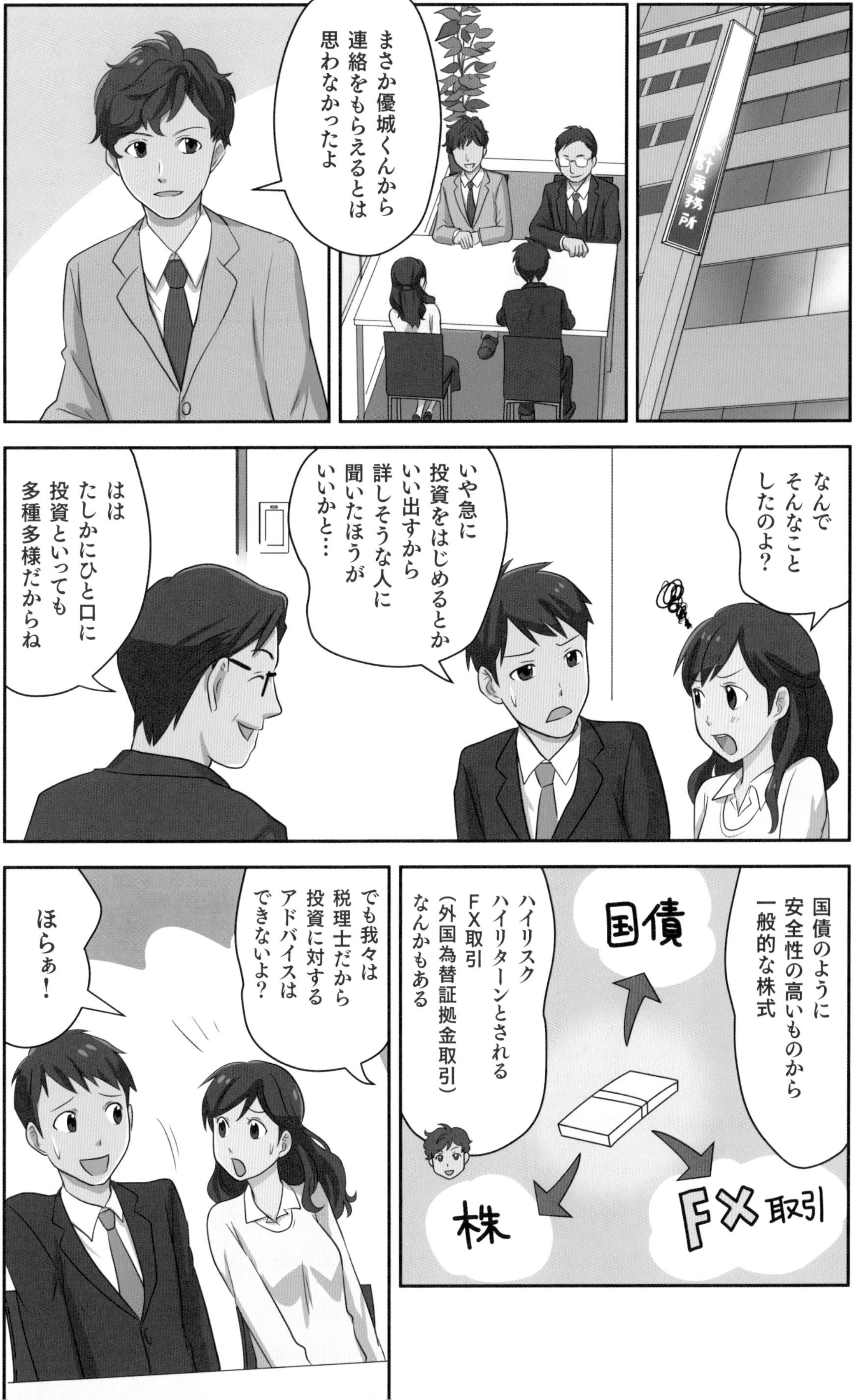
計事務所
まさか優城くんから連絡をもらえるとは思わなかったよ
なんでそんなことしたのよ？
いや急に投資をはじめるとかいい出すから詳しそうな人に聞いたほうがいいかと…
ははたしかにひと口に投資といっても多種多様だからね
国債のように安全性の高いものから一般的な株式
ハイリスクハイリターンとされるＦＸ取引（外国為替証拠金取引）なんかもある
国債
株
ＦＸ取引
でも我々は税理士だから投資に対するアドバイスはできないよ？
ほらぁ！

いっ…いずれにしても利益が出たらその分税金を納めないといけませんよね？
そっか
そうだね ただし投資の種類によって課税方法が異なるよ
まず考えられるのは国債などの利息や株式の配当だね
ふむふむ
●主な利子所得と配当所得
利子所得
預貯金の利子
国債・社債の利子 など
配当所得
株式の配当金
株式投資信託の分配金
不動産信託の分配金 など
預金の利子にも税金がかかるんですか!?
知らなかったかい？利子所得は次のようなしくみになっている
銀行
BANK
手取額約80%
預金者
所得税+住民税 約20%
国
地方
銀行は預金者の口座に利子を振り込む前に所得税＋住民税の約20%を天引きし国と地方に納めているんだ
へえ！
でも今はほとんど銀行の利子なんてつかないし…
天引きされてたとしても大した額じゃないよね
だとしても知らないうちに税金をとられているというのは怖い話じゃないかな？
うっ…

じゃあ配当所得の場合は？
それは具体的に見てみよう！
パチッ
もし株式投資をしたら
カタタタタ タン！
真里奈ちゃん A社が今度新事業を立ち上げるみたいだよ
へぇ… AIロボットをフル活用した介護サービス 将来性がありそうね 今のうちに買っておきましょ！
OK！
1年後…
読み通り黒字決算…大幅な増益ね！
やった やった
これは配当が楽しみだ♪
はい ここでストップ！
ぴたっ
配当所得はいろいろな課税方法があるけど…

●配当所得の原則的な課税方法
利子所得と同様、配当金の受け取り前に約20%の所得税・住民税を天引き。
＋
そのほかの所得と合算して確定申告を行う。
原則的な方法は次のとおりだよ
ねぇ 真里奈ちゃん…相談なんだけど配当をもらったらA社の株を売らない？
A社
値上がりしている今が売り時と判断したわけね いいわ！
うん 今の株価でも買ったときの10倍にはなっているし！
ここもポイント！
ぴたっ
これは譲渡所得という種類の所得になるね
株式を売って得た利益にも税金はかかってくるよ！
譲渡所得（売却損益）
＝
株の売却収入－取得費－譲渡費用
売却株価×株数
購入価格×株数＋購入時手数料（税込）
売却時手数料（税込）、株購入のための借入金の利子等
なるほど！

基本的には収入から
その株式を買うために
かかった費用を
差し引くんですね！
そう！
この譲渡所得に
ついても
所得税＋住民税の約20％
が税額になるよ
株式売買で得た利益の
約20％なら
個人事業の所得税と
比べても悪くないかも…
でも
投資をするには
まとまったお金が
ないとね…
まとまった…
お金…
ボーン!!
あ～
もう
優城くんの
バカ！
現実を
思い出し
ちゃったじゃない!!
ごっ
ごめんなさい～
ずずー
仲いいなあ…

預貯金の利子にも税金はかかるの？

POINT

預貯金の利子と株式の配当は似たイメージがありますが、課税上の取扱いは異なります。原則的には、利子が源泉徴収によって納税が完結するのに対し、配当所得は確定申告が必要となります。

1 投資による利益にも税金はかかる

投資といっても、その種類には多種多様なものがあります。安全性の高いものでいえば**国債**などがあり、一般的には**株式**が、さらに、リスクはありますがリターンも大きいものとしては**FX取引（外国《がいこく》為替《かわせ》証拠金《しょうこきん》取引《とりひき》）**もあります。

もちろん利益が出たときには税金の問題は避けて通れないのですが、投資の種類によって課税の方法が異なっていますので注意が必要です。

2 預貯金の利子への課税は源泉分離課税制度による

預貯金の利子や国債の利子は「利子所得」とされます。現在の制度では、利子からはあらかじめ所得税15・315％、住民税5％が天引きされ、その残りの金額が口座などに振り込まれ、この金額については確定申告をする必要はありません。

このように源泉徴収によって**すべての課税が完結する制度を「源泉分離課税制度」**といいます。私たちが普段銀行から利子をもらっても、税金を払ったような記憶がないのはこのためです。

なお、国債を中心とした特定の公社債については、平成28年から上場株式などと同様の取扱いとなっています。詳しい課税方法については、この後に説明します。

3 株式の配当金については確定申告が必要

株式の配当金や投資信託の収益の分配は「配当所得」となります。

私たちに支払われる前に所得税と住民税が天引きされるという部分は預貯金の利子と同様ですが、それだけで課税が完結するわけではなく、**給与所得などのほかの所得と合算をして確定申告をする**ことになります。上場株式についてはいくつかの特例がありますが、これが配当所得についてのもっともオーソドックスな流れとなります。

なお、上場していない株式の配当のうち年間10万円以下の少額配当に関しては、預貯金の利子と同様に確定申告を省略することができます。

利子や配当に対する課税

利子や配当には以下のようなものが該当します。いずれも源泉徴収を前提とした課税方法となっています。

	種類	課税方法
利子所得	預貯金の利子	源泉分離課税
	貸付信託の分配金	
	公社債投資信託の分配金	申告分離課税
	社債の利子	
	国債や地方債の利子	
配当所得	株式の配当金	総合課税 ＊上場株式等以外の株式は、少額の場合には確定申告不要。 ＊上場株式は課税制度の選択可。 ※詳しくは P.126 参照。
	株式投資信託の分配金	
	不動産投資信託の分配金	

●預貯金の利子に対する課税

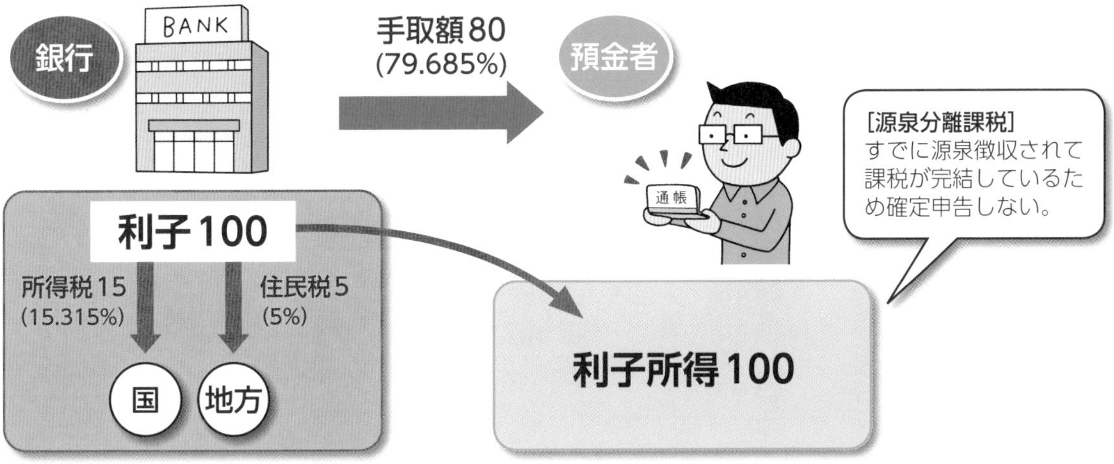

●株式の配当に対する課税

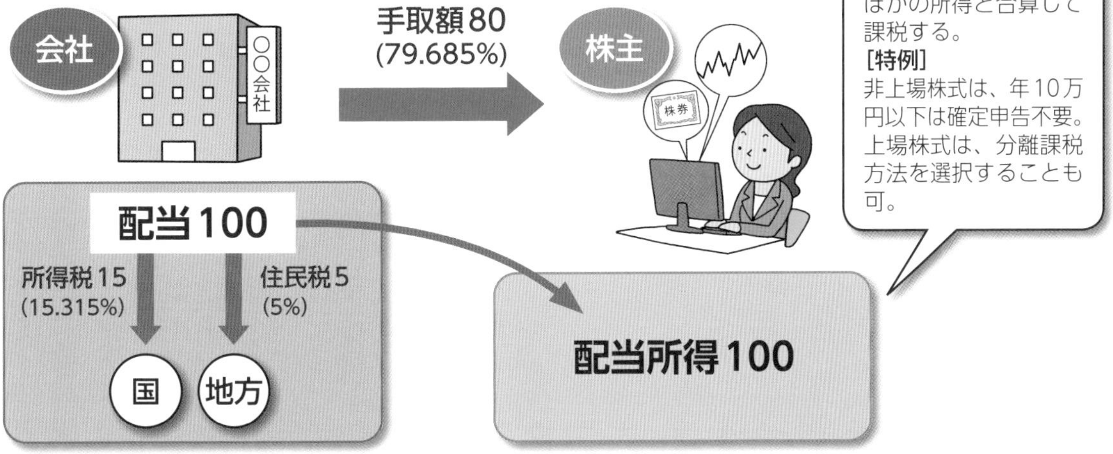

上場株式の配当課税どれを選べばいい？

POINT

上場株式の配当については**課税方法を選択できる**ので、それぞれについて正しく知っておくことが大切です。また、少額投資には各種NISAによる非課税制度もあります。

1 上場株式の配当に対する課税方法は3パターン

上場株式などの配当については、利子所得と同様に**①確定申告をせず源泉徴収だけで課税が完結する簡単な方法**のほか、**②ほかの所得と合算したうえで税金を計算し確定申告をする方法**と、**③ほかの所得とは合算せずに確定申告をする方法**があります。

②は課税総額が増えて税率が高くなる半面、配当控除が使えます。これに対し、③は上場株式の売却による損失がある場合にはその損失の金額と相殺することができます。①の源泉徴収だけで完結する方法を含め、どの方法がもっとも適しているか検討することが大切です。

2 少額投資にはNISAという非課税制度がある

株式市場にお金を流そうという政策のためか、近年では株式投資を促進するような制度が設けられています。その代表格が**NISA（少額投資非課税制度）**です。これは金融機関に開設した専用の口座内で行われた一定の取引についてはその利益を**非課税とする制度で、令和6年からは非課税投資総額や保有限度額、口座開設可能期間などが拡充された「新NISA」が始まっています。**

なお、20歳未満を対象とした「ジュニアNISA」は令和5年をもって投資可能期間が終了しています。

3 国債などへの課税方法は源泉分離課税に一本化

また、利子所得のうち国債などの利子について「金融所得課税の一体化」というスローガンのもと、平成28年より課税方法が見直されました。これまで、**利子は源泉分離課税、売却益は非課税、償還差益は雑所得の総合課税**といった具合にバラバラな課税方法でしたが、この見直しにより、すべてが**源泉分離課税に一本化**されたのです。

これにより国債の利子と株式の売却損を相殺することができるようになるなど、金融商品にかかる損益はまとめて計算することになりました。国債などを特定口座で管理することが可能になったのも大きな変化といえます。

上場株式の配当の課税方法

上場株式の配当金は配当所得として必ず源泉徴収されますが、課税方法は次の3つより選択することができます。それぞれのメリットについて確認しておきましょう。

配当所得

↓

源泉徴収

① 源泉徴収のみで納税終了
確定申告しない
（ここがメリット）

税率は 20.315%
（所得税 15.315%＋住民税 5%）

自分で配当所得の税金を申告・納税する
確定申告する

② 総合課税を選択
ほかの所得（給与など）との合計（課税所得金額）に課税。配当控除あり。
（ここがメリット）
税率は15〜55%
（課税所得金額が増えるほど、税率は上がる）

③ 分離課税を選択
上場株式などの譲渡損失と損益通算ができる。配当控除なし。
（ここがメリット）
税率は20.315%
（所得税15.315%＋住民税5%）

この選択は確定申告時に行えばよいものですので、ほかの所得と合算した場合の税額などを考えながら課税方法を選択しましょう。

新NISAの制度内容

令和6年から非課税投資枠や保有限度額などが拡充された「新NISA」の運用が始まっています。「新NISA」の制度内容を整理しておきましょう。

<table>
<tr><th></th><th>つみたて投資枠</th><th>成長投資枠</th></tr>
<tr><td></td><td colspan="2">併用可能</td></tr>
<tr><td>年間投資上限額</td><td>120万円</td><td>240万円</td></tr>
<tr><td>非課税運用期間</td><td colspan="2">制限なし（無期限化）</td></tr>
<tr><td>生涯投資枠の非課税の上限</td><td colspan="2">1,800万円（うち成長投資枠は1,200万円まで）
※口座内で売却した場合、枠の再利用が可能</td></tr>
<tr><td>口座開設可能期間</td><td colspan="2">制限なし（恒久化）</td></tr>
<tr><td>投資対象商品</td><td>積立・分散投資に適した一定の公募株式投資信託</td><td>上場株式・公募株式投資信託等</td></tr>
<tr><td>対象年齢</td><td colspan="2">18歳以上</td></tr>
</table>

制度変更前の「一般NISA」および「つみたてNISA」で投資されたものは、新しい制度とは別枠で取扱いが継続されます。ただし、非課税期間終了後、「新NISA」へのロールオーバー（移管）はできません！

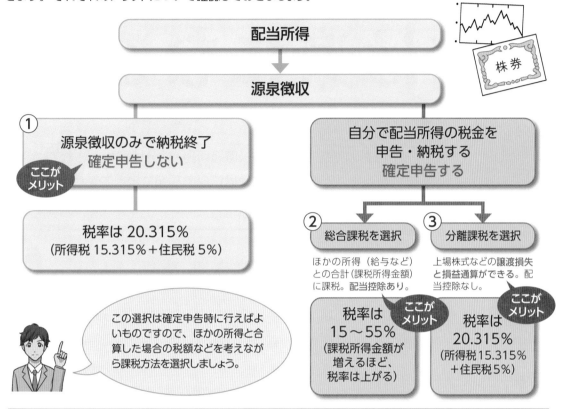

特定口座を使うと申告は楽になる？

POINT

上場株式の売買による利益（譲渡所得）は分離課税とされていますが、確定申告が必要かどうかは口座の種類によって変わります。原則として「特定口座（源泉あり）」以外は確定申告が必要です。

1 株式の譲渡所得はほかと区別する分離課税

株式の譲渡による利益は「譲渡所得」ですが、**ほかの資産の譲渡所得とは区別して課税する「分離課税」**とされています。

その利益は、売却をした対価の額である収入金額から、その株式を購入したときに支払った金額である取得費、売却のために要した手数料、株式を買うために借り入れをしていた場合にはその利息などを引いて算出します。そして、確定申告において所得税15・315％と住民税5％を課されることとなります。

また、損失が出てしまった場合には、ほかの株式を売ったことによる利益や上場株式の配当と相殺することができ、それでもまだ損失が残ってしまった場合には翌年以降3年間の上場株式にかかる利益の額と相殺することができます（NISA口座における損益とは通算できません）。

2 特定口座については3種類の課税方法がある

一般に、上場株式への投資については**特定口座を利用**している方が多いようです。**1年間の利益を計算した「特定口座年間取引報告書」**が証券会社からもらえるため計算の手間が省けますので、私たち税理士としてもありがたいです。

なお、特定口座に関しては、税金の計算上、所得税と住民税の金額について①源泉徴収をせず確定申告をする、②源泉徴収をして確定申告をする、③源泉徴収をして確定申告は省略する、という3種類の方法から選択できます。

3 一般口座の利益は自力で計算する

これに対し、自分で取引口座を管理している場合（「一般口座」といいます）では、利益の計算を自力でやらねばなりません。1年間のうちに売り買いを繰り返すような場合には、かなり手間のかかる作業です。

国債なども口座で管理できますので、**上場株式や国債は特定口座で管理し、上場していない株式は自力で管理する**というのが主流になっていくのではないでしょうか。

株式の譲渡による所得の計算方法

株式を譲渡した場合の利益の計算は、そのほかの譲渡所得の計算と概ね変わりませんが、株式を購入する際に借入をしている場合には、その利息を控除することができます。

譲渡所得（売却損益） ＝ 株の売却収入 － 取得費 － 譲渡費用

- 株の売却収入：売却株価×株数
- 取得費：購入価格×株数＋購入時手数料（税込）
- 譲渡費用：売却時手数料（税込）、株購入のための借入金の利子など

上場株式の譲渡における確定申告の必要性

特定口座やNISAといった制度を使っているかどうか、源泉徴収を選択しているかどうかなどによって確定申告をする必要があるかが変わってきます。

1年間の株の取引を振り返り
銘柄ごとにプラスマイナスを計算して
合計した結果、**利益が出ていた場合**

確定申告する？　しない？

口座	確定申告
NISA口座（非課税）	× しない
特定口座だけ（源泉あり）	選択：○ する／× しない
特定口座だけ（源泉なし）	○ する
一般口座だけ	○ する
特定口座と一般口座両方あり	○ する

知っとく！ プラスワン

配当所得に対する「配当控除」とは？

私たちが配当を受け取ると「**配当所得**」として**所得税**がかかります。それ単体で見ると何の違和感もありません。ですが、配当される利益については、支払う法人側ですでに法人税が課されています。ということは、**配当される会社の利益は会社段階では法人税、個人に配当された後には所得税**といった具合に、**二重に課税**されてしまいます。法人税も所得税も国が利益にかける税金ですから、これはちょっとやりすぎです。

そこで所得税では「**配当控除**」という制度を設け、**この二重の課税の負担を減らすこと**としています。とはいえ配当の金額に5%や10%をかけるというざっくりとした計算方法ですので、決して適正な額とはいえないのが課題です。

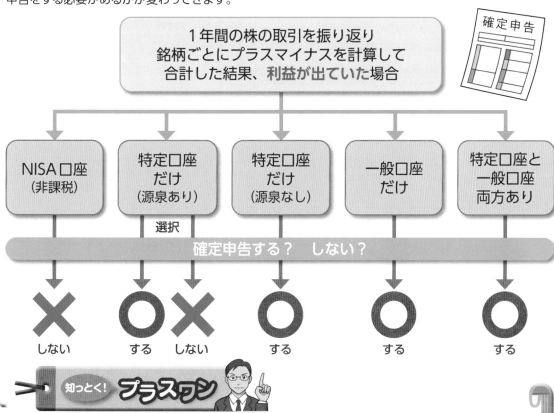

申告書の記載例&ポイント

株式等に係る譲渡所得等の金額の計算明細書（1面・2面）

1年間の株取引による所得を計算し、記載します。先に「2面」で計算し、「1面」の該当箇所に転記するとスムーズです。

1面

1 面

【令和 5 年分】

株式等に係る譲渡所得等の金額の計算明細書

整理番号

この明細書は、「一般株式等に係る譲渡所得等の金額」又は「上場株式等に係る譲渡所得等の金額」を計算する場合に使用するものです。
なお、国税庁ホームページ【https://www.nta.go.jp】では、画面の案内に沿って収入金額などの必要項目を入力することにより、この明細書や確定申告書などを作成することができます。

住所 （前住所）	〒168−0082 東京都杉並区久我山×-×-× （ ）	フリガナ 氏名	ｷﾀﾂﾞﾒ ﾏｻｵ 北爪 眞夫
電話番号 （連絡先）	03-0000-0000　職業 洋服店	関与税理士名 （電話）	（ ）

※ 譲渡した年の1月1日以後に転居された方は、前住所も記載してください。

1 所得金額の計算

			一般株式等	上場株式等
収入金額	譲渡による収入金額	①	円	円 1,153,368,074
	その他の収入	②		
	小計（①+②）	③	申告書第三表㋠へ	申告書第三表㋡へ 1,153,368,074
必要経費又は譲渡に要した費用等	取得費（取得価額）	④		1,152,412,216
	譲渡のための委託手数料	⑤		
		⑥		
	小計（④から⑥までの計）	⑦		1,152,412,216
特定管理株式等のみなし譲渡損失の金額（※1）（△を付けないで書いてください。）		⑧		
差引金額（③-⑦-⑧）		⑨		955,858
特定投資株式の取得に要した金額等の控除（※2）（⑨欄が赤字の場合は0と書いてください。）		⑩		
所得金額（⑨-⑩）（一般株式等について赤字の場合は0と書いてください。上場株式等について赤字の場合は△を付して書いてください。）		⑪	申告書第三表(71)へ	黒字の場合は申告書第三表(72)へ 955,858
本年分で差し引く上場株式等に係る繰越損失の金額（※3）		⑫		申告書第三表(94)へ
繰越控除後の所得金額（※4）（⑪-⑫）		⑬	申告書第三表(80)へ	申告書第三表(80)へ 955,858

（注） 租税特別措置法第37条の12の2第2項に規定する上場株式等の譲渡以外の上場株式等の譲渡（相対取引など）がある場合の「上場株式等」の①から⑨までの各欄については、同項に規定する上場株式等の譲渡に係る金額を括弧書（内書）により記載してください。なお、「上場株式等」の⑪欄の金額が相対取引などによる赤字のみの場合は、申告書第三表の(72)欄に0を記載します。

特例適用条文	措法＿条の＿＿ 措法＿条の＿＿

※1 「特定管理株式等のみなし譲渡損失の金額」とは、租税特別措置法第37条の11の2第1項の規定により、同法第37条の12の2第2項に規定する上場株式等の譲渡をしたことにより生じた損失の金額とみなされるものをいいます。
※2 ⑩欄の金額は、「特定中小会社が発行した株式の取得に要した金額等の控除の明細書」で計算した金額に基づき、「一般株式等」、「上場株式等」の順に、⑨欄の金額を限度として控除します。
※3 ⑫欄の金額は、「上場株式等」の⑪欄の金額を限度として控除し、「上場株式等」の⑪欄の金額が0又は赤字の場合には記載しません。なお、⑫欄の金額を「一般株式等」から控除することはできません。
※4 ⑬欄の金額は、⑪欄の金額が0又は赤字の場合には記載しません。また、⑬欄の金額を申告書に転記するに当たって申告書第三表の㉙欄の金額が同⑫欄の金額から控除しきれない場合には、税務署にお尋ねください。

整理欄

（令和5年分以降用）

「上場株式等」の⑪欄の金額が赤字の場合で、譲渡損失の損益通算及び繰越控除の特例の適用を受ける方は、「所得税及び復興特別所得税の確定申告書付表」も記載してください。

一般株式等・上場株式等

上場株式等とそれ以外の株式（一般株式等）を分けて記載する。

「第三表」へ転記する項目

収入金額、所得金額、繰越控除後の所得金額などは、一般株式等と上場株式等それぞれで計算し、その合計金額を「第三表」に転記する。

税金を計算する

計算明細書で出した譲渡所得額の1,000円未満を切り捨てた額が「対応分（(80)欄）」となる。これに税率をかけて税額を出し(88)欄に記入する。

株式等にかかる譲渡金額

「株式等に係る譲渡所得等の金額の計算明細書」で計算した金額を転記する。

確定申告書（分離課税用）・第三表

税額を計算し、記入します。「確定申告書・第三表」の作成は、「計算明細書」の記入後に行います。

令和 05 年分の所得税及び復興特別所得税の 確定 申告書（分離課税用）　FA2401

第三表（令和四年分以降用）

住所 〒168−0082 東京都杉並区久我山×-×-×
屋号 テーラー北爪
フリガナ ｷﾀﾂﾞﾒ ﾏｻｵ
氏名 北爪 眞夫

（単位は円）

区分		項目	番号	金額
収入金額	分離課税 短期譲渡	一般分	㋛	
		軽減分	㋜	
	長期譲渡	一般分	㋝	12000000
		特定分	㋞	
		軽課分	㋟	
		一般株式等の譲渡	㋠	
		上場株式等の譲渡	㋡	1153368074
		上場株式等の配当等	㋢	
		先物取引	㋣	
	山林		㋤	
	退職		㋥	
所得金額	分離課税 短期譲渡	一般分	(66)	
		軽減分	(67)	
	長期譲渡	一般分	(68)	1160000
		特定分	(69)	
		軽課分	(70)	
		一般株式等の譲渡	(71)	
		上場株式等の譲渡	(72)	955858
		上場株式等の配当等	(73)	
		先物取引	(74)	
	山林		(75)	
	退職		(76)	
税金の計算	総合課税の合計額（申告書第一表の⑫）		⑫	
	所得から差し引かれる金額（申告書第一表の㉙）		㉙	1490000
	課税される所得金額	対応分	(77)	000
		対応分	(78)	000
		対応分	(79)	000
		対応分	(80)	625000
		対応分	(81)	000
		対応分	(82)	000
		対応分	(83)	000
		対応分	(84)	000

区分	項目	番号	金額
税金の計算 税額	対応分	(85)	
	対応分	(86)	
	対応分	(87)	0
	対応分	(88)	93750
	対応分	(89)	
	対応分	(90)	
	対応分	(91)	
	対応分	(92)	
	(85)から(92)までの合計	(93)	93750
その他		(94)〜(98)	

○分離課税の短期・長期譲渡所得に関する事項

区分	所得の生ずる場所	必要経費	差引金額（収入金額−必要経費）	特別控除額
分離長期 一般	東京都八王子市狭間町×-×-×	10,840,000	1,160,000	
差引金額の合計額 (99)			1,160,000	
特別控除額の合計額 (100)				

○上場株式等の譲渡所得等に関する事項

上場株式等の譲渡所得等の源泉徴収税額の合計額 (101) 146387

○退職所得に関する事項

区分	収入金額	退職所得控除額
一般	円	円
短期		
特定役員		

整理欄　申告等年月日

○第三表は、申告書の第一表・第二表と一緒に提出してください。

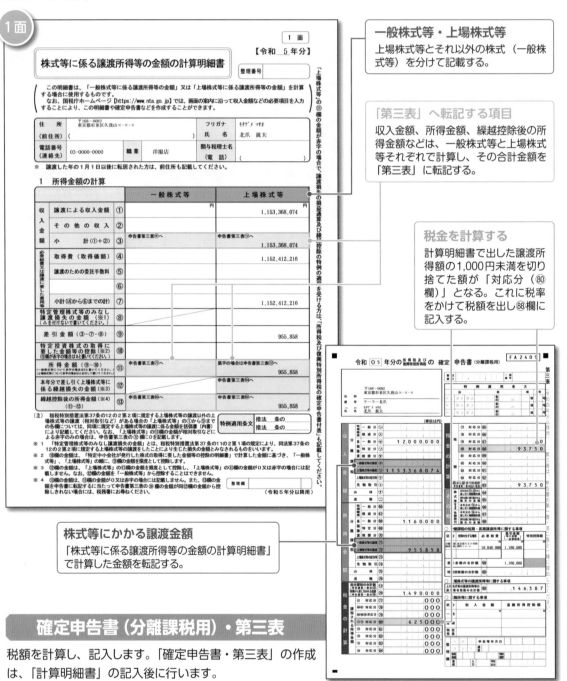

株式などを売って利益があった場合には、分離課税となるため「確定申告書・第三表」への記載が必要です。利益の内容については「計算明細書」にまとめて記載します。

2　面（計算明細書）

2　申告する特定口座の上場株式等に係る譲渡所得等の金額の合計

口座の区分	取引先（金融商品取引業者等）	譲渡の対価の額（収入金額）	取得費及び譲渡に要した費用の額等	差引金額（譲渡所得等の金額）	源泉徴収税額
(源泉口座)・簡易口座	●●証券㈱ (証券会社)・銀行（　） 新宿 本店・(支店)・出張所（　）	円 1,152,247,550	円 1,151,412,193	円 835,357	円 127,933
(源泉口座)・簡易口座	△△証券㈱ (証券会社)・銀行（　） 新宿 本店・(支店)・出張所（　）	1,120,524	1,000,023	120,501	18,454
源泉口座・簡易口座	証券会社・銀行（　） 本店・支店・出張所（　）				
源泉口座・簡易口座	証券会社・銀行（　） 本店・支店・出張所（　）				
源泉口座・簡易口座	証券会社・銀行（　） 本店・支店・出張所（　）				
合　計（上場株式等（特定口座））		1面①へ 1,153,368,074	1面④へ 1,152,412,216	955,858	申告書第二表「所得の内訳」欄へ 146,387

【参考】　特定口座以外で譲渡した株式等の明細

区分	譲渡年月日（償還日）	譲渡した株式等の銘柄	数量	譲渡先（金融商品取引業者等）の名称・所在地等	譲渡による収入金額	取得費（取得価額）	譲渡のための委託手数料	取得年月日
一般株式等・上場株式等	・・		株（口、円）		円	円	円	・・ （・・）
一般株式等・上場株式等	・・							・・ （・・）
一般株式等・上場株式等	・・							・・ （・・）
一般株式等・上場株式等	・・							・・ （・・）
一般株式等・上場株式等	・・							・・ （・・）
合　計	一　般　株							
	上場株式等（一							

2面

特定口座がある場合

「特定口座年間取引報告書」（下記）の記載金額をそのまま転記する。そして、合計金額を「1面」の「上場株式等」の欄に転記する。

特定口座以外の場合

「特定口座以外で譲渡した株式等」がある場合には、自分で利益を計算したうえで、その結果を記載する。

年分　特定口座年間取引報告書

税務署長　殿　　　　年　月　日

特定口座開設者					
住所（居所）		フリガナ / 氏名		勘定の種類	1 保管　2 信用　3 配当等
		生年月日	明・大・昭・平　・　・	口座開設年月日	・　・
前回提出時の住所又は居所		個人番号		源泉徴収の選択	1 有　2 無

（譲渡の対価の支払状況）

種類	銘柄	株（口）数又は額面金額	譲渡の対価の額	譲渡年月日	譲渡区分
		株（口）・千円	千　円	・　・	
				・　・	
				・　・	
				・　・	
				・　・	
				・　・	

（譲渡に係る年間取引損益及び源泉徴収税額等）	源泉徴収税額（所得税）	千　円	株式等譲渡所得割額（住民税）	千　円	外国所得税の額	千　円

譲渡区分	① 譲渡の対価の額（収入金額）	② 取得費及び譲渡に要した費用の額等	③ 差引金額（譲渡所得等の金額）（①－②）
上場分	千　円	千　円	千　円
特定信用分			
合計			

（配当等の交付状況）

種類	銘柄	株（口）数又は額面金額	配当等の額（特別分配金の額）	源泉徴収税額（所得税）	配当割額（住民税）	外国所得税の額	交付年月日〔支払確定又は支払年月日〕
		株（口）・千円	千　円	千　円	千　円	千　円	・　・ （・　・）
							・　・ （・　・）
							・　・ （・　・）
							・　・ （・　・）

（配当等の額及び源泉徴収税額等）

種類	配当等の額	源泉徴収税額（所得税）	配当割額（住民税）	特別分配金の額	外国所得税の額
④株式…金	千	千	千		

特定口座年間取引報告書

1年分の損益を計算し、報告書としてまとめられたもので、証券会社から個人投資家のもとに送付されてきます。内容を確認し、「計算明細書」（2面）に転記します。

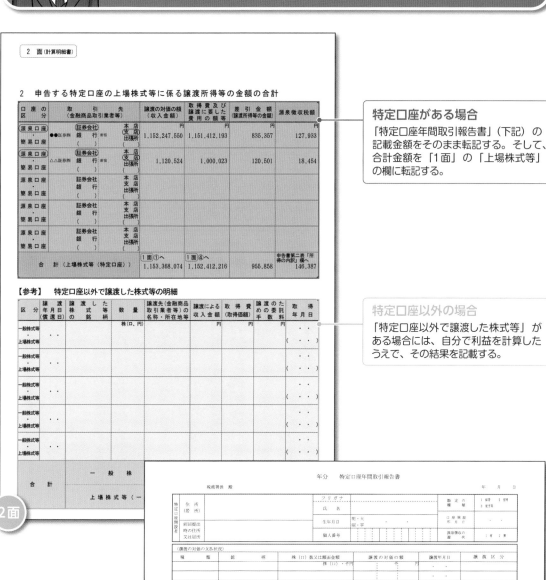

金融資産にかかる税金は？

POINT

投資の対象となる金融資産は、FX取引をはじめ、ゴルフ会員権や金・プラチナの譲渡取得など多岐にわたり、課税方法はそれぞれに用意されていますので十分な注意が必要です。

1 金融資産への投資には税金がついてまわる

公社債や株式以外にもいろいろな金融商品への投資があります。取扱いはそれぞれですが、**「投資した商品を手放したときには税金がかかることがある」**というのは重要なポイントです。何か新しい金融資産へ投資をする際には、どのように課税されるかを確認しておきましょう。

2 FX取引には独自の課税方法が採用される

最近、利用者が増えたために新しい制度ができるにまで至ったのが**FX取引（外国為替証拠金取引）**です。FX取引にかかる利益や損失は一定の先物取引などとともに**「雑所得」に分類**されますが、そのほかの所得とは分離して課税する**「分離課税」**となっています。

取引の結果、利益が生じた場合には、単独で所得税15・315％、住民税5％の税率で課税されます。また、損失が生じた場合にはFX取引にかかる利益と相殺をし、それでも損失が残る場合には翌年以降3年間のFX取引にかかる利益と相殺することができます。

また、FX取引に伴ってかかった必要経費を差し引くことができますので、忘れずに計上しましょう。

3 通常の譲渡所得となるそのほかの金融資産

ゴルフがお好きな方の中には、ゴルフ会員権をお持ちの方もいるでしょう。**ゴルフ会員権を売った場合には「譲渡所得」として税金がかかります。**

なお、通常の譲渡所得については、損失が生じた場合にはそのほかの所得と相殺することができますが、ゴルフ会員権を売ったことで損失が出た場合の損益通算はできません。

ほかに**「譲渡所得」とされるものに金やプラチナへの投資**がありますが、こちらは取引によって損失が出た場合には、ほかの譲渡所得の金額とのみ通算をすることができます。

また外貨預金の為替差損益、暗号通貨の売却益などもありますが、それぞれ違った取扱いが用意されていますので注意が必要です。

FX取引の課税関係

FX取引はその取引の形態にかかわらず、先物取引にかかる雑所得として分離課税とされています。なお、FX取引には店頭取引と取引所取引がありますが、取扱いは同じです。

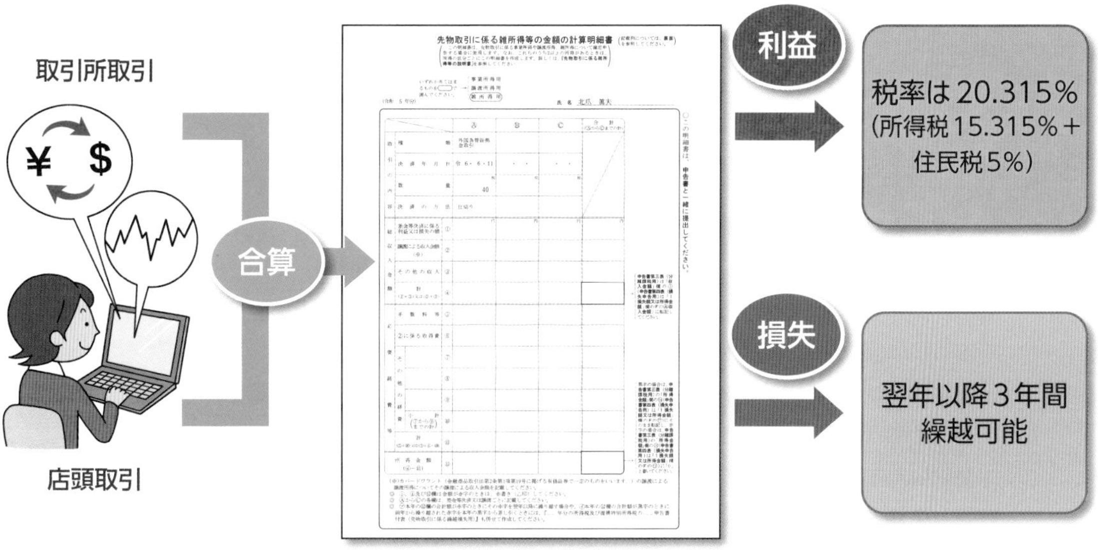

▲先物取引に係る雑所得等の金額の計算明細書

MEMO

取引でパソコンを利用したり、勉強のために書籍を購入したり、セミナーへ参加したりなどした場合は、それらがFX取引のために必要であったと証明できれば必要経費として計上できる。事前に税理士などに相談し、認められる範囲を確認しておくとよい。

その他の金融資産に対する課税方法

同じ金融資産でも課税関係はさまざまです。投資を行うときには、事前に課税方法までしっかり確認しておくことが大切です。

利益の種類	課税方法	税率
定期積金の給付補てん金	源泉分離課税	20.315%
抵当証券の利息		
金貯蓄口座の金売戻し利益		
一時払養老保険の満期保険金の差益		
金、プラチナの売却益※	譲渡所得として総合課税	15～55%
ゴルフ会員権の売却益※		
外貨建預金の為替差益	雑所得として総合課税	
暗号通貨の売却益等		
宝くじの当選金	非課税	―

※ほかの所得との損益通算はできない。

コラム❺

税法上は寄附となる「ふるさと納税」

最近よく耳にする「ふるさと納税」ですが、皆さんからの質問は「あれって得なの？」「いくらまでやっていい？」という2つに集中しています。たまに、「どこの自治体がお勧め？」ですとか「牛肉はどこのやつが美味しい？」などと聞かれることもありますが、そこは個人の趣味嗜好の問題でもあるので税理士なんかに聞いてもムダ。ここでお答えできるのは最初の2つの質問だけです。

まず、1つ目の質問にある「ふるさと納税は得なのか？」という点。

そもそもふるさと納税とは、①自治体に寄附をする、②自治体から返礼品をもらう、③寄附した金額に応じて今年分の所得税の還付、翌年分の住民税の減額が受けられる（合計で「寄附額－2,000円」）という3つがセットになったものです。「納税」と名乗ってはいますが、税法上の扱いは「寄附」になります。

たとえば50,000円を寄附して15,000円相当の牛肉をもらったとします。その場合に減る税金の合計額は48,000円ですから、50,000円の支出で「15,000円＋48,000円」分の得をすることになります。言い換えれば、実質2,000円の負担で15,000円分の牛肉を手に入れたわけです。それはもうお得ですよね、間違いなく。

次に2つ目の質問にある「いくらまでやっていいか？」という点。

ここまでの話から「300万円寄附して50万円分の物をもらい、299万8,000円の税金を減らそう……そうすれば350万円弱の得がある！」という錬金術《れんきんじゅつ》を考えつく人もいるでしょう。ですが、胸に手を当ててよく考えてみてください。あなたは300万円近くも税金を納めていますか？　あくまで税金については「還付」「減額」ですので、納めていない税金分まで戻ってくることはありませんよ！

納税額と寄附金のバランスをとって寄附額を考えないといけないのですが、その計算は自力でやるにはかなり複雑です。目安金額を計算できるWebサイトなどがありますので、それを使って試算してみるといいでしょう。

一見、得しかないようなふるさと納税ですが、問題点もあります。ふるさと納税はある意味景品をぶら下げて寄附を募っているような制度ですから、一定の制限がかかったとはいえ魅力のある返礼品を用意できない自治体にとってはマイナスしかありません。魅力的な返礼品を用意するためにかなり無理をしている自治体もあるようです。自治体間の消耗戦になってしまっては元も子もありませんので、私たちも「頑張っている自治体を応援する」という理念をいま一度思い返してもよいのかもしれません。たしかに、素敵な返礼品は魅力的ですけれど。

◆ふるさと納税サイト「さとふる」

http://www.satofull.jp/static/calculation01.php

第5章

年金にかかる税金

■公的年金と税金の関係は？

■個人年金にかかる税金は？

■もらった保険金にも税金がかかるの？

ふう・・・
……どうしたの？
大好きでしょ ここのケーキ
ウチのパパが今年から年金生活なんだけどやっぱり年金だけじゃ大変みたいで…
今から我が家の将来が不安になっちゃった？
私たちのときにいくら年金をもらえるかもわからないし…
だよなぁ…お金をもらう以上年金にも税金はかかるだろうし…
んー
優城くん！
それはゆゆしき問題よ！すぐにでも解決しなきゃ！
なっなんですか!?
ぐっ
あっこの流れは…

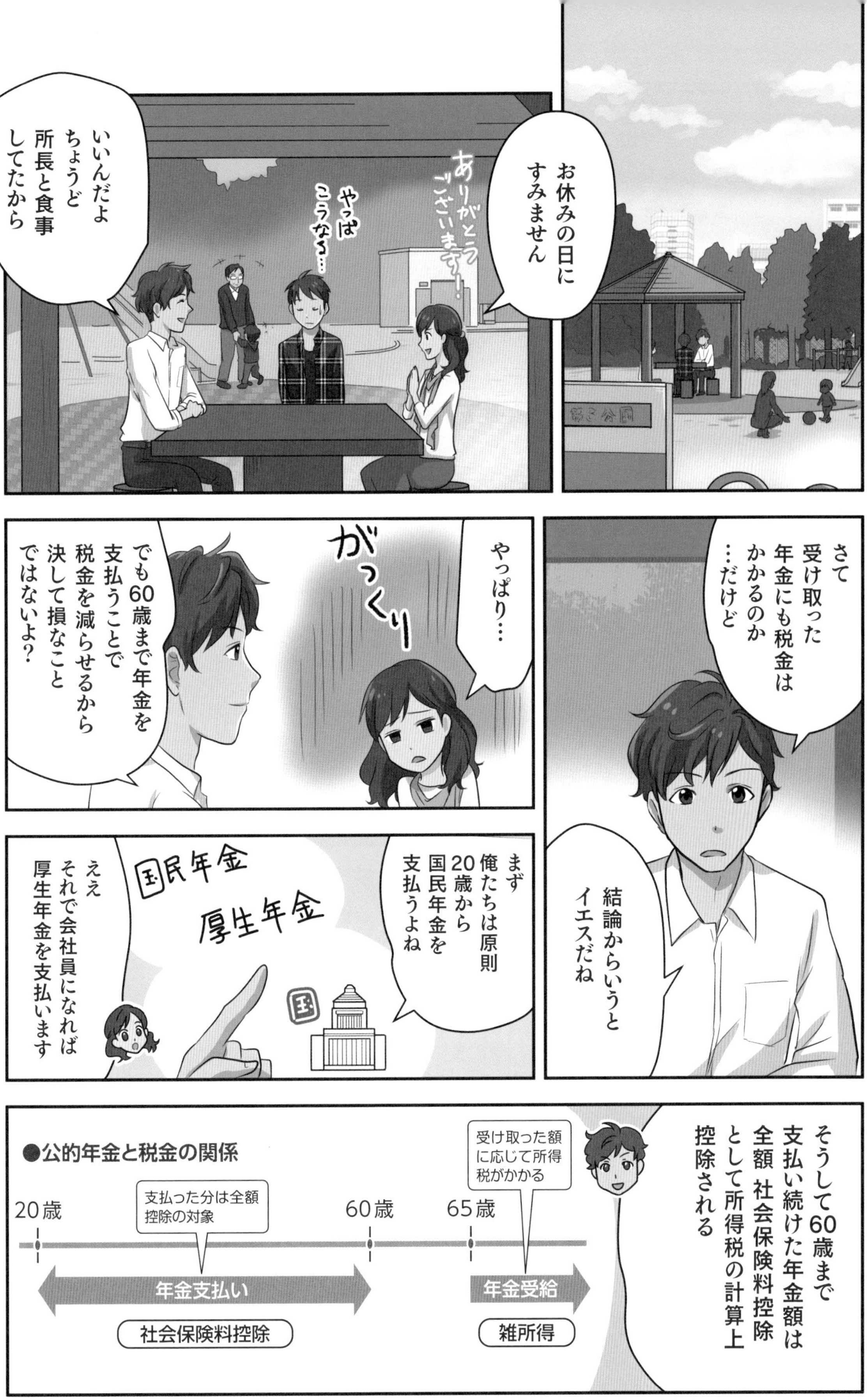
お休みの日にすみません
ありがとうございます!
やっぱこうなる…
いいんだよ ちょうど所長と食事してたから
さて受け取った年金にも税金はかかるのか…だけど
結論からいうとイエスだね
がっくり
やっぱり…
でも60歳まで年金を支払うことで税金を減らせるから決して損なことではないよ?
まず俺たちは原則20歳から国民年金を支払うよね
国民年金
厚生年金
国
ええ それで会社員になれば厚生年金を支払います
そうして60歳まで支払い続けた年金額は全額 社会保険料控除として所得税の計算上控除される
●公的年金と税金の関係
受け取った額に応じて所得税がかかる
支払った分は全額控除の対象
20歳
60歳
65歳
年金支払い
年金受給
社会保険料控除
雑所得

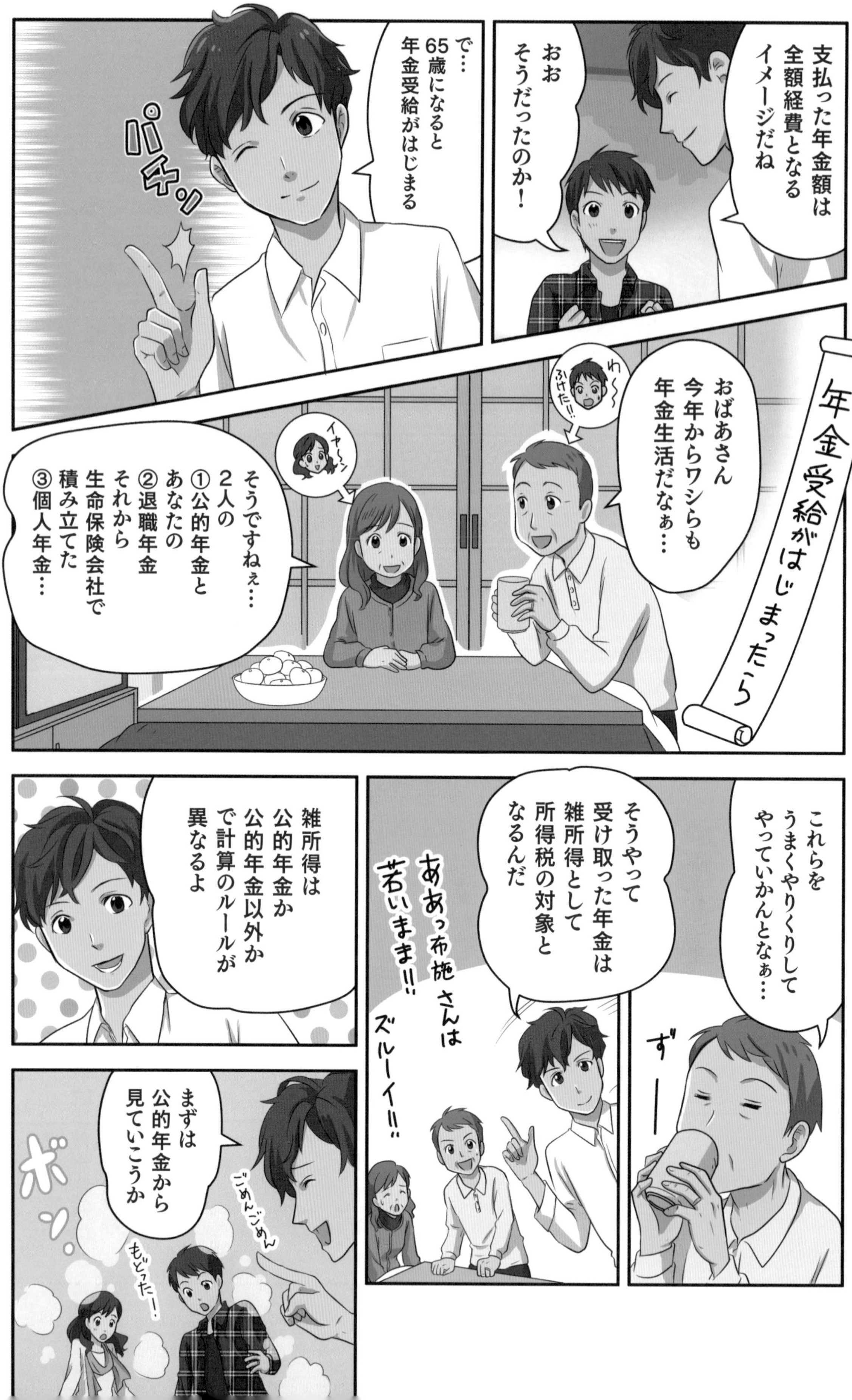

支払った年金額は全額経費となるイメージだね
おお そうだったのか!
で… 65歳になると年金受給がはじまる
パチッ
年金受給がはじまったら
おばあさん 今年からワシらも年金生活だなぁ…
わ〜〜
ふけた!!
イヤ〜ン
そうですねぇ… 2人の ①公的年金と あなたの ②退職年金 それから 生命保険会社で 積み立てた ③個人年金…
これらを うまくやりくりして やっていかんとなぁ…
ずーー
そうやって 受け取った年金は 雑所得として 所得税の対象と なるんだ
ああっ布施さんは 若いまま!!
ズルーイ!!
雑所得は 公的年金か 公的年金以外か で計算のルールが 異なるよ
まずは 公的年金から 見ていこうか
ごめんごめん
もどった-!
ボンッ

同じ公的年金でも課税対象になるものとそうでないものとがあるよ
●課税対象となる公的年金と非課税となる公的年金
課税対象となるもの
国民年金
厚生年金
共済年金
課税対象とならないもの
遺族年金
障害年金
年金だけで生活するのは大変なのに税金まで引かれたら…
だから公的年金にも一定の控除が認められている
公的年金の雑所得
＝
公的年金の収入金額 − 公的年金等控除額
「公的年金等控除額」って給与所得の給与所得控除額に似ていますねぇ
たしか決まった額を必要経費みたいに差し引くんですよね
そうだね公的年金の収入額に応じて一定額まで控除されるからその結果雑所得がゼロになる可能性もある
つまりその場合税金はかからないと?
そういうこと!
そうはいってもやっぱり心配だなぁ…
優城くんの会社のように公的年金以外の退職年金制度があれば受給額が増えるから少し余裕が出てくるんじゃないかな?

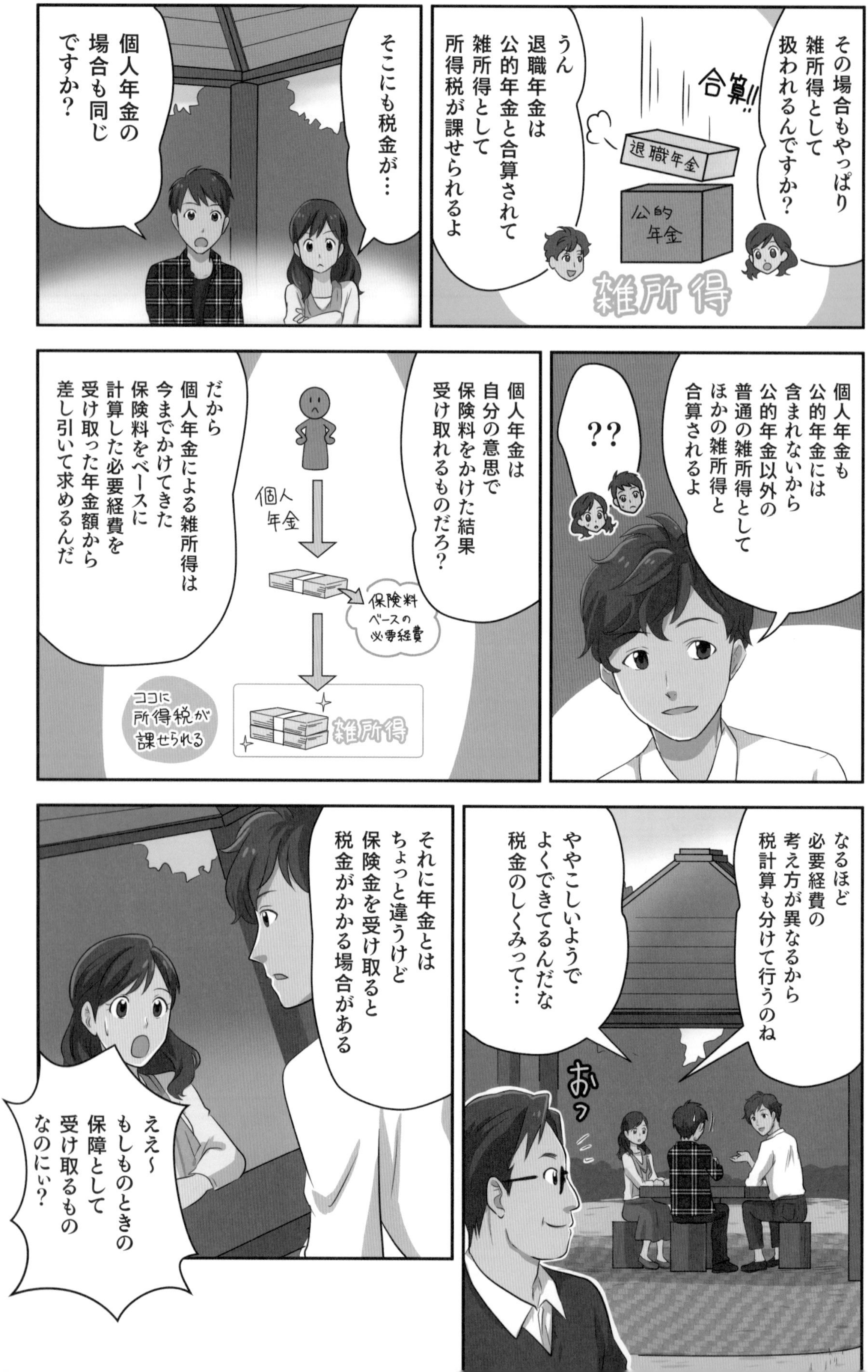
その場合もやっぱり雑所得として扱われるんですか？
合算!!
退職年金
公的年金
雑所得
うん 退職年金は公的年金と合算されて雑所得として所得税が課せられるよ
そこにも税金が…
個人年金の場合も同じですか？
個人年金も公的年金には含まれないから公的年金以外の普通の雑所得としてほかの雑所得と合算されるよ
??
個人年金は自分の意思で保険料をかけた結果受け取れるものだろ？
個人年金
保険料ベースの必要経費
雑所得
ココに所得税が課せられる
だから個人年金による雑所得は今までかけてきた保険料をベースに計算した必要経費を受け取った年金額から差し引いて求めるんだ
なるほど必要経費の考え方が異なるから税計算も分けて行うのね
ややこしいようでよくできてるんだな税金のしくみって…
おっ
それに年金とはちょっと違うけど保険金を受け取ると税金がかかる場合がある
ええ～もしものときの保障として受け取るものなのにぃ？

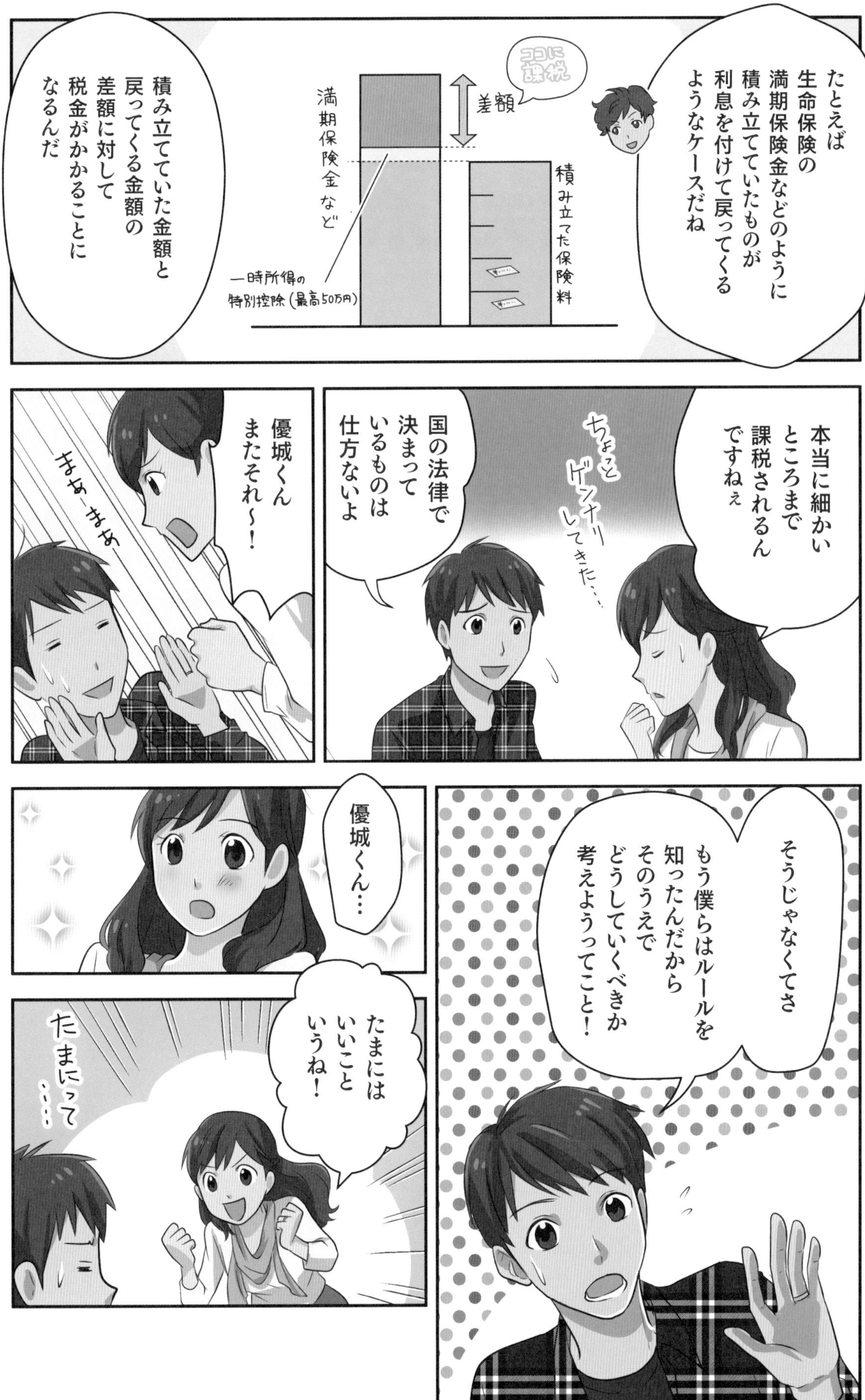
たとえば
生命保険の
満期保険金などのように
積み立てていたものが
利息を付けて戻ってくる
ようなケースだね
ココに課税
差額
積み立てた保険料
満期保険金など
一時所得の特別控除（最高50万円）
積み立てていた金額と
戻ってくる金額の
差額に対して
税金がかかることに
なるんだ
本当に細かい
ところまで
課税されるん
ですねぇ
ちょっとゲンナリしてきた…
国の法律で
決まって
いるものは
仕方ないよ
優城くん
またそれ～！
まぁまぁ
そうじゃなくてさ
もう僕らはルールを
知ったんだから
そのうえで
どうしていくべきか
考えようってこと！
優城くん…
たまには
いいこと
いうね！
たまにって
…

公的年金と税金の関係は？

POINT

国民年金や厚生年金など**公的年金の保険料は全額が控除の対象**となる一方で、**老後に受け取る公的年金は雑所得**となり、所得税が課されます。一定額を超える場合には確定申告が必要です。

1 20歳から支払う保険料が老後を支える公的年金に

公的年金は、私たちの老後を支えてくれる制度です。私たちは20歳から60歳までの間は保険料を支払うという形で、65歳からは年金を受給するという形でこの公的年金の制度に関わっています。

支払いや受給というお金の動きがありますので、そこには税金の問題も顔を出してきます。

2 国民年金も厚生年金も社会保険料控除となる

私たちは**原則として20歳から国民年金を支払う**ことになります。そして、その後サラリーマンになった場合には厚生年金を支払いますし、自営業などであれば引き続き国民年金を60歳まで払います。さらに上乗せをしたい場合には、国民年金基金を支払ったりもします。

この支払った年金額は年末調整や確定申告の際に**全額が「社会保険料控除」**として控除されます。支払った年金額は全額経費となるようなイメージです。

なお、この社会保険料控除は支払った年に計上されますので、過去数年分を今年一括で支払ったというような場合には全額がその年の控除対象となります。

3 受け取った年金は雑所得となり税金がかかる

これに対し**受給した公的年金**は、障害年金や遺族年金といった一部のものを除き**「雑所得」**として税金がかかります。

公的年金は、昔の法律では給与所得として取り扱われていた経緯から、ほかの雑所得と区分し、**受け取った年金額から国が定めた「公的年金等控除額」をマイナスするという給与所得に似たかたちで利益を求めます。**

その結果、利益が残る場合には、ほかの雑所得と合算して所得税の計算に組み込まれますが、受け取った年金額が控除額以下である場合には公的年金にかかる雑所得の金額はゼロとなります。

これらの計算の基礎となるのは**年金の支払元から送られてくる「公的年金等の源泉徴収票」**です。これによって受給額や源泉徴収された所得税の金額がわかることとなります。

公的年金と税金の関係

公的年金は、保険料を支払っている間も年金を受給するときも、ともに確定申告に影響があります。

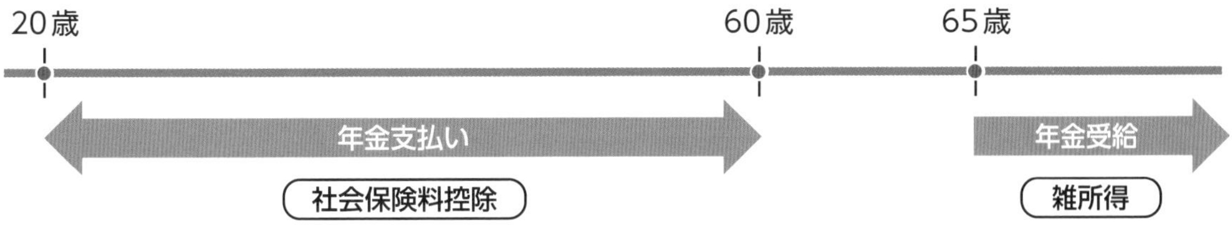
20歳
60歳
65歳
年金支払い
年金受給
社会保険料控除
雑所得

公的年金のほかに個人年金などがある場合については、次の項で説明します！

公的年金には、課税対象となるものと非課税のものがある。

課　税	国民年金
	厚生年金
	共済年金
非課税	遺族年金
	障害年金

公的年金などにかかる雑所得の計算方法

公的年金などにかかる雑所得は、受け取った年金額から公的年金等控除額を差し引いて計算します。この控除額は受給者の年齢に応じて2種類用意されています。

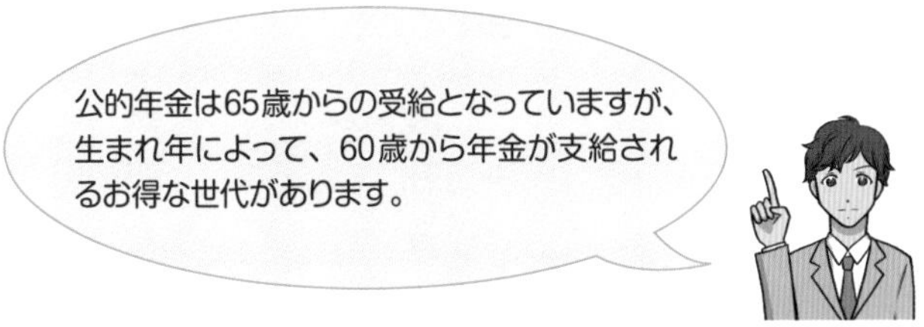
公的年金は65歳からの受給となっていますが、生まれ年によって、60歳から年金が支給されるお得な世代があります。

この金額に所得税がかかる。

公的年金の雑所得 ＝ **公的年金の収入金額** － **公的年金等控除額**

受給者が「65歳未満」か「65歳以上」かによって控除額が変わる。

公的年金等の収入金額		公的年金等控除額	
65歳未満	65歳以上	65歳未満	65歳以上
130万円未満	330万円未満	60万円	110万円
130万円以上 410万円未満	330万円以上 410万円未満	収入金額×25%＋275,000円	
410万円以上 770万円未満		収入金額×15%＋685,000円	
770万円以上		収入金額×5%＋1,455,000円	

個人年金にかかる税金は？

POINT

退職年金は公的年金に含まれますが、生命保険会社などと契約した個人年金は、その他の雑所得と合算して課税されます。また、年金の受け取り方によっても所得の区分が変わって課税されます。

1 退職後に受け取る退職年金は公的年金扱い

国民年金や厚生年金のほか、老後に年金で受け取れるものに退職年金があります。**退職年金は、退職の際の退職金を年金形式で受け取るもの**をいい、代表的なものとしては厚生年金基金や中小企業退職金共済などがあります。

退職年金の掛金は会社や事業主が負担しているものですので、取扱いについてはとくに考える必要はありません。ですが、受け取ったときには**公的年金と合算され、「雑所得」として所得税が課税されます。**

2 保険会社などの個人年金はほかの雑所得と合算される

そのほかにも**生命保険会社などが販売している個人年金**もあります。これは公的年金の区分には入りませんので、**公的年金以外の雑所得として、そのほかの雑所得と合算**されます。

こうした個人年金の場合、受け取った年金額から、これまで掛けてきた保険料をベースに計算した必要経費を引いて利益を求めることとなります。こういうと難しそうですが、たいていは保険会社から送られてくる資料にこれらの金額の記載がありますので心配は無用です。

なお、個人年金として生命保険会社に支払っていた金額はそれぞれ支払った年の生命保険料控除として年末調整や確定申告で控除されます。ですが、支払った額がすべて控除になるわけではなく限度額がありますので、公的年金に比べるとあまりお得な感じはしませんね。

3 一時金でもらった場合は区分が変わって税金がかかる

これらの個人年金を年金としてではなく一時金でもらった場合には、雑所得にはならず、**退職一時金は「退職所得」、保険会社の個人年金は「一時所得」**としてその利益に対し税金がかかります。

また、年金受給者が亡くなってその年金を遺族が引き継いだ場合には相続税が、保険料を払っていた人と年金をもらう人が違う場合には贈与税がかかるなど税目をまたいで面倒な部分もありますので、十分な注意が必要です。

公的年金以外の年金の区分

退職年金は公的年金と合算し、雑所得として所得税の課税対象となりますが、生命保険会社などの個人年金は、そのほかの雑所得と合算されて課税されます。

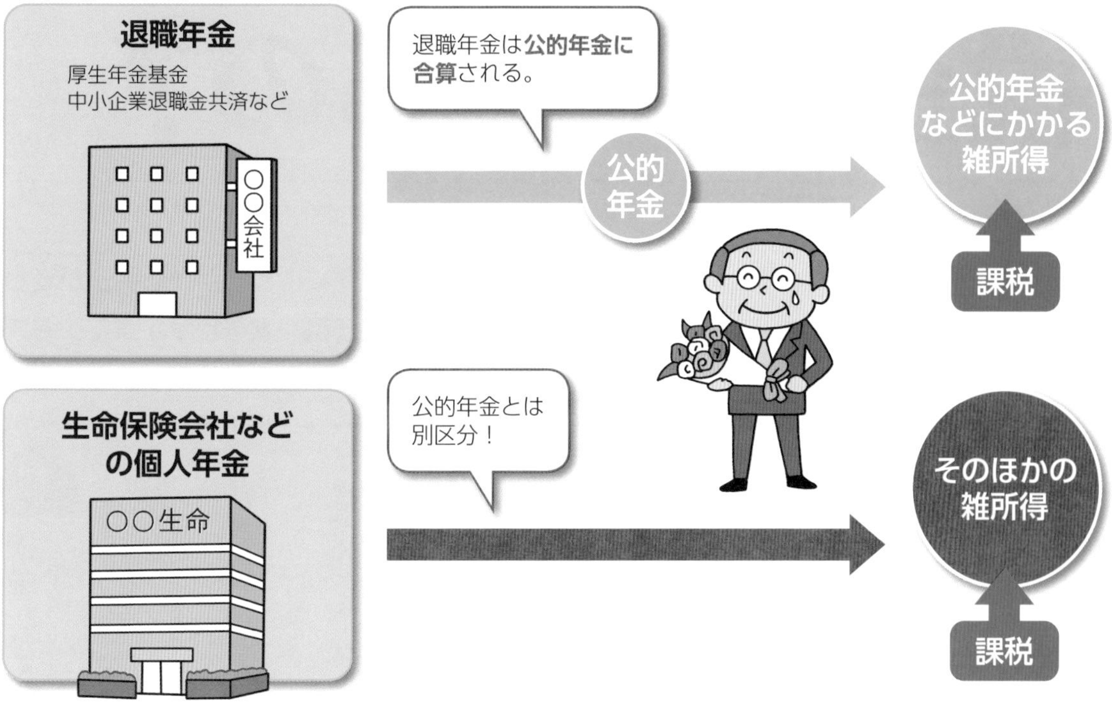

個人年金にかかる利益の計算

個人年金は、年金で受け取った場合には雑所得、一時金で受け取った場合には一時所得となります。いずれも「もらった金額から掛金の総額を差し引く」という考え方は同じです。

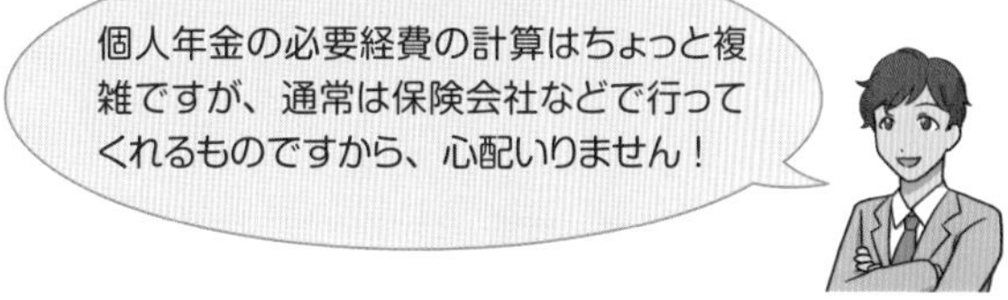

●年金で受給した場合

雑所得 ＝ 収入金額 － 必要経費

- 収入金額：その年に受ける年金額＋その年に分配される剰余金
- 必要経費：$\text{その年に受ける年金額} \times \dfrac{\text{掛金※総額} - \text{年金支払開始日前の分配された剰余金}}{\text{年金支給総額（見込額）}}$

●一時金で受給した場合

一時所得 ＝ 収入金額 － 必要経費 － 特別控除額（50万円）

- 収入金額：その年に受ける年金額＋その年に分配される剰余金
- 必要経費：掛金※総額 － 年金支払開始日前の分配された剰余金

※掛金総額とは、保険料の総額から事業者が負担した保険料のうち従業員の給与とされないものを差し引いた金額。

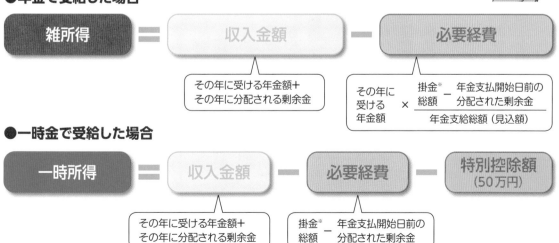

もらった保険金にも税金がかかるの？

POINT

保険金は、契約者と保険金受取人の関係によってかかる税金が変わります。所得税がかかるケースと、相続税や贈与税がかかるケースがあります。また、一部非課税になる保険金もあります。

1 税金がかかる保険金とかからない保険金がある

　積立型の保険が満期になったような場合を除き、人生において保険金を受け取る機会というのはなかなかありません。もともと保険金を受け取るような事態というのはあまり望ましいものではありませんので、そういう機会は少ないほうがよいのですけれど。

　保険金を受け取るということは入金があるということですので、そこには税金問題が発生する可能性があるわけですが、現在の制度では**税金がかかる保険金とかからない保険金**がありますので、それぞれ確認しておきましょう。

2 満期保険金や生命保険金は相続税や贈与税がかかる

　税金がかかる保険の代表格は、**生命保険の満期保険金や損害保険の満期返戻金**のように、積み立てていたものが利息をつけて戻ってくるようなケースです。

　さらに、このような契約を中途で解約し**解約返戻金を受け取るケース**も同様です。この場合、その差額は単純に利益となりますので税金がかかります。

　ただし、**誰が保険料を負担していたかによってかかる税金の種類が異なってきます。**自分が保険料を払っていた場合の保険金ならば一時所得として所得税がかかりますし、自分以外の人が保険料を払っていた保険金を受け取った場合には贈与税がかかります。

　また、人が亡くなったことで支払われる**死亡保険金にも税金はかかります。**こちらも保険料の負担者、保険金の受取人などの違いによってかかる税金の種類が違ってきますので注意が必要です。

3 けがや病気のときの損害保険金は原則非課税

　災害やけが、病気などによる、資産や身体に被害があったことにより受け取る**損害保険金には、原則として税金はかかりません。**そこにまで税金をかけるというのはさすがに酷ですからね。

　ただし、必要経費にする損害の額の計算や医療費控除の計算で使用することがありますので、資料などはしっかりとっておくようにしましょう。

もらった保険金にかかる税金の種類

どのような税金がかかるかの判断には、契約者と保険金受取人の確認が大切です。

●満期保険金等

契約者（保険料負担者）	被保険者	保険金受取人	受取人にかかる税金の種類
契約者本人	契約者本人	契約者本人	所得税 住民税 （一時所得）
契約者本人	契約者以外	契約者本人	所得税 住民税 （一時所得）
契約者本人	契約者本人	契約者以外	贈与税

●死亡保険金

契約者（保険料負担者）	被保険者（死亡）	保険金受取人	受取人にかかる税金の種類
契約者本人	契約者以外	契約者本人	所得税 住民税 （一時所得）
契約者本人	契約者本人	契約者以外	相続税

損害保険金を受け取ったときの税金

損害保険金については原則として税金がかかりませんが、保険金の種類によって、それぞれ違った名目で税金の計算上控除されます。

●資産に損害があった場合の保険金

自宅・家財

→ 雑損控除の計算上控除

事業用資産

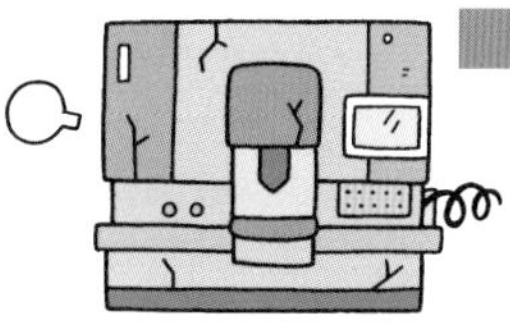

→ 資産損失の計算上控除

●けがや病気をした場合の保険金

→ 医療費控除の計算上控除

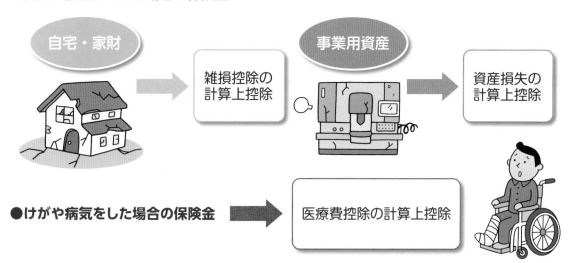

コラム❻

税制の基となった「シャウプ勧告」

税の歴史というものは歴史の教科書にはあまり出てきません。「租庸調《そようちょう》」や「年貢《ねんぐ》」といった言葉はかろうじて思い出せますが、誰がいつどうやって「租庸調」や「年貢」という制度をつくったかというとあまり知られていませんね。というか、私も知りません。では、現在の税制の基となったできごとは何なのでしょうか。これは教科書に載っています。「シャウプ勧告」というものです。

シャウプ勧告とは、戦後まもなくGHQの要請による日本税制使節団によって作成された日本の税制に関する報告書のことです。この使節団の団長がカール・シャウプ博士という学者であったため、この報告書はシャウプ勧告といわれます。

この報告書では、当時の日本の税制の問題点を指摘するとともに、税制改革の勧告がされています。もうだいぶ昔のことではありますが、勧告の内容が今の税制にも影響をおよぼしており、シャウプ博士は日本の税制の父であるともいえそうです。

シャウプ勧告の主な内容としては、以下のようなものがあります。

①直接税中心主義

日本の税制はもともと所得税を中心とした直接税中心でした。ところが、戦時中に戦費調達のために多くの間接税が設けられていましたのでそれらを整理しようとしたのです。実際は、消費税の導入まで直接税中心の考え方が続きました（今も中心ではありますが）。

②青色申告制度の導入

記帳に基づいて申告する納税者と記帳をしないで申告する納税者を区別するために、確定申告書を色分けすることを考えました。その色が「青色」になったことについては、シャウプ博士が視察のために乗った車の運転手に「日本人は青色をどのような感じで受け止めるのか」と聞いたところ、「青空のように青色は気持ちのよい色です」という答えが返ってきたことから青色に決めたという逸話が残されています。

③地方自治の独立性の強化

地方税収入を拡充することにより地方税制の自主性を強化し、地方自治の土台を作ることを目的としていましたが、当時はあまり機能しませんでした。これが事実上実現したのは半世紀後の小泉政権時だったといわれます。

2006年に廃止されてしまいましたが、高額所得者の所得金額公示制度（いわゆる長者番付）もシャウプ勧告によるものでした。なかなか面白いことを考えるものです。今となっては歴史の勉強のようになってしまいますが、こういう切り口から税に親しんでみるのもいいかもしれませんね。

第6章

土地・建物にかかる税金

■購入と所有ではかかる税金が違う？
■住宅ローンで税金が安くなる制度とは？
■資産を売ったら税金はどうなる？
■短期間での土地の売買は損になる？
■マイホーム限定で使える特例とは？

フンフーン
♪ ♪
何を見てるの?
不動産情報〜♪
都内のマンションもありだけど郊外に戸建ても捨てがたいよね〜
お庭つきとか♪
……
さすがにまだ早くない?
またそんなこといって〜…じゃあいつならいいのよ〜!
あっ
そうだ布施さんのところに行ってみない?
…なんで?
あの不思議な力で夢のマイホーム生活を味わえたらなって…
パチンってやつ
それは具体的に見てみよう!
もし株式投資をしたら
パチッ
おばあさん今年からワシらも年金生活だなぁ…
ご褒美…!?
税金の話は二の次かよ…
あれってそういう力だったのか

マイホームについて…だったね？
コクコクコク
すごい家〜
お安い御用さ♪さっそく行こうか
パチン
もしマイホームを購入したら
新築2階建て4LDKで各部屋日当たり良好…
動線や収納にこだわったシステムキッチンが人気で…
キラ
キラ
キラ
すごい最高の物件よ！ここにしましょう！
キッチン使いやすそ〜
うんそうだね
リビング広い〜
さっそく契約よ！
住宅ローンは無事に通ったとして…税金のほうは大丈夫そうですか？
お客様
ひょいっ
ひゃっ布施さん!?

●マイホームにかかわる税金

買ったとき	持っているとき	売ったとき
不動産取得税	固定資産税	所得税（譲渡所得）
登録免許税	都市計画税	
印紙税		
消費税		

ぜっ
税金…
マイホームに
かかわる税金は
大きく分けて
次の3場面に
分けられる
オ〜イ

え〜〜!!
買ったときにも
税金がかかるん
ですか!?
消費税
以外で

そう
不動産を取得
したときには
不動産取得税が
課せられるんだ
不動産取得税
バン!!
…いくらくらい
かかるんですか?
「買った
不動産の価格
×3%※」だよ

※平成20年4月1日〜令和9年3月31日までに購入した場合。ただし、要件に応じてさまざまな特例がある。

税金を安くする
方法はないん
でしょうか?
それでも
マイホームほしい〜
たとえば
4000万の家
だったら…
ブツブツ

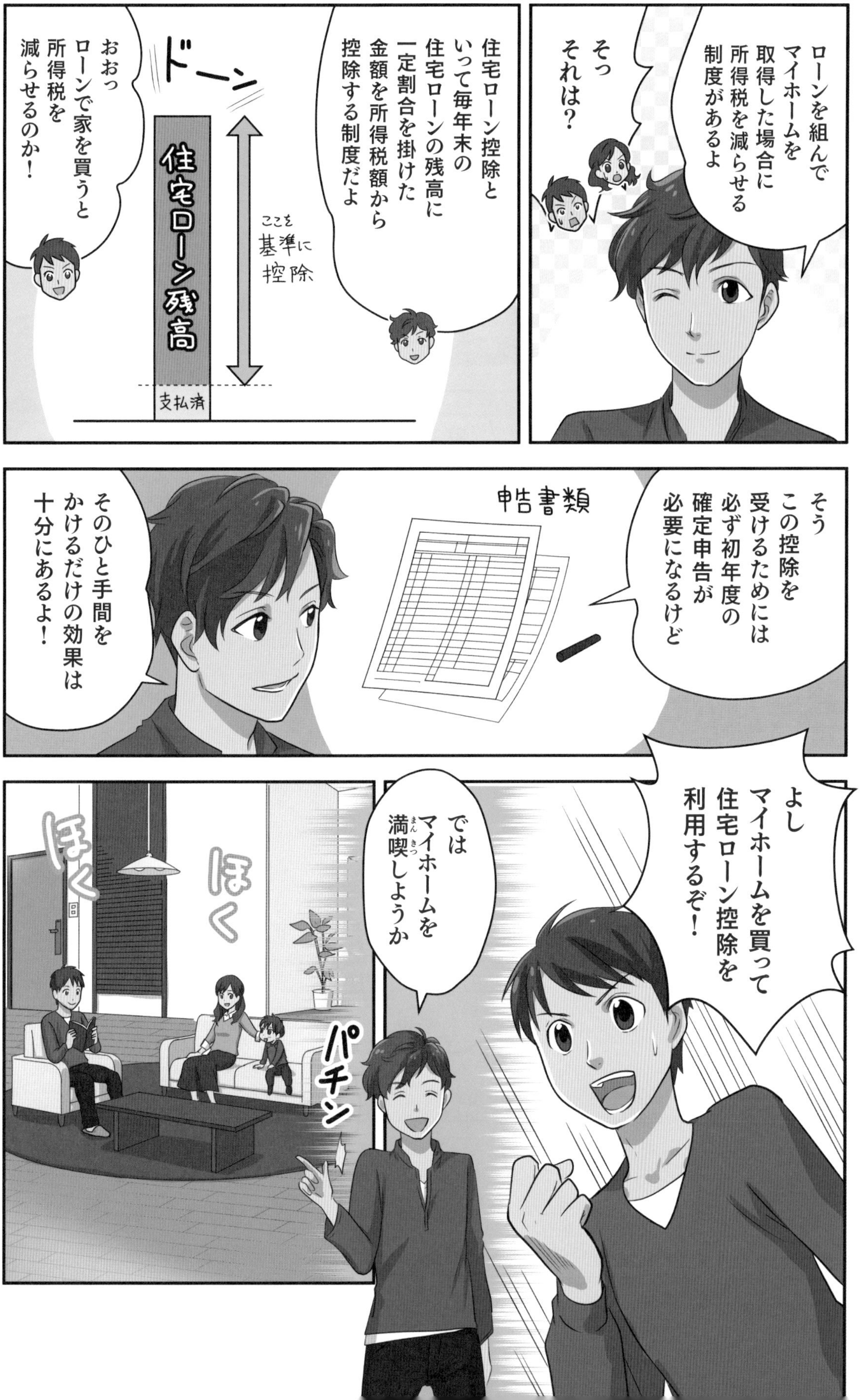
ローンを組んでマイホームを取得した場合に所得税を減らせる制度があるよ
そっそれは？
住宅ローン控除といって毎年末の住宅ローンの残高に一定割合を掛けた金額を所得税額から控除する制度だよ
ドーン
住宅ローン残高
ここを基準に控除
支払済
おおっローンで家を買うと所得税を減らせるのか！
そうこの控除を受けるためには必ず初年度の確定申告が必要になるけど
申告書類
そのひと手間をかけるだけの効果は十分にあるよ！
よしマイホームを買って住宅ローン控除を利用するぞ！
パチン
ではマイホームを満喫《まんきっ》しようか
ほくほく

どうだい
新居の
住み心地は？
最高！
じゃあ
税金の話を
するね
2人のように
不動産を持って
いる場合は
固定資産税と
都市計画税が
課されるよ
都市計画税
固定資産税
持っている
だけでも税金か…
さらに
売る場合には
当然 売って得た
利益に対して
税金がかかる
売約
譲渡所得の
所得税ですね…
そう
不動産売却の場合は
次のように計算するよ
譲渡所得
＝
収入金額 － 取得費 － 譲渡費用
購入代金や購入手数料等から、償却費相当額を差し引いた額
仲介手数料、測量費、立ち退き料、取り壊し費用、印紙税
このおうちを
売るなんて
いや〜！
不動産を
売った場合の
税率って…？

所有期間		控除後の金額に対する税率（所得税＋住民税）
5年以内		合計 約39%
5年超		合計 約20%
10年超	6,000万円以下の部分	合計 約14%
	6,000万円超の部分	合計 約20%

※10年超の税率に関しては、居住用財産についてのみ適用される。

購入と所有ではかかる税金が違う？

POINT

不動産を買うときには**不動産取得税**が、保有している間には**固定資産税と都市計画税**がかかります。マイホーム用の土地に対しては、税金が軽減される制度がありますので確認しておきましょう。

1 土地や建物を買うときには税金などの諸費用がかさむ

土地や建物を買うときに支払う金額は、その土地や建物本体の価格だけではありません。多くの場合、間に不動産会社が入っていますので、その仲介手数料や、登記をする際の司法書士への報酬といった諸費用が必要になります。そしてもちろん、税金も登場します。

売って利益が出たら税金を支払うというのはイメージしやすいものですが、**買うときにも税金を支払う**というのは、消費税を別とすると、あまりしっくりこないことかもしれませんね。

2 購入時にかかる主な税金は不動産取得税や登録免許税

土地や建物を買ったときには不動産取得税というものがかかります。これはその名の通り、不動産を取得した場合に課せられる税金ですが、通常の売買だけではなく贈与や増改築の際にも発生する点に注意が必要です。不動産取得税の納付は、取得後に各都道府県から届く「納税通知書」をもって行います。

このほか、**売買契約書などさまざまな契約書には印紙を貼る**必要がありますし、土地や建物の登記をする場合には**登録免許税**がかかります。これらも土地や建物を買うときには必ず登場するコストとして認識しておきましょう。

なお、マイホーム用の土地や建物の場合はこれらの税が軽減されることがありますので、その手続きもお忘れなく。

3 保有している間の税金は固定資産税と都市計画税

土地や建物を買った後、保有をしている期間に発生する税金もあります。**固定資産税と都市計画税**です。これらは毎年1月1日現在の土地や建物の所有者に対して課税されるもので、年4回（東京23区の場合には6月、9月、12月、翌年2月）に分けて納付します。年の途中で土地や建物を売却した場合であっても納税はしなければなりませんので、通常は売買代金にこれらの税金の額を加味して売買されています。

なお、これらの税についてもマイホームの場合には大きな軽減が用意されています。

土地や建物を買ったときの税金

不動産の購入に直接かかる税金は不動産取得税ですが、契約書作成の際の印紙代や登記の際の登録免許税も不動産を買ったときの税金といえます。

契約書を作成したとき納める！

印紙税

契約書にかかる税金。通常、売買契約書とローン契約書の2つある。

●収入印紙を貼付して納付する。

登記をしたとき納める！

登録免許税

住宅の権利やローンの抵当権設定でかかる税金。

●「登記申請書」に収入印紙を貼付して納付する。

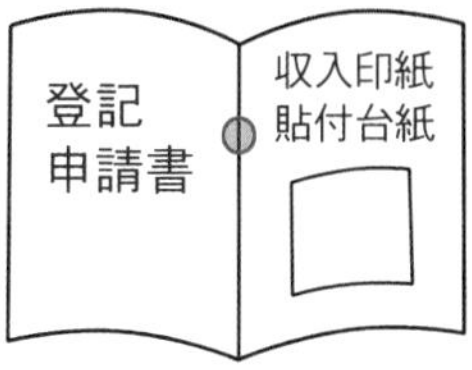

入居後に納める！

不動産取得税

住宅（建物と土地）の取得に対して課税される。

●「納税通知書」が届いたら金融機関より納付する。

土地や建物を保有しているときの税金

毎年1月1日における不動産保有者には、固定資産税と都市計画税が課されます。送られてくる「納税通知書」に基づいて、所有者自らが納めることになります。なお、税率は自治体によって異なります。

固定資産税

その年の1月1日現在で、**土地や家屋を所有している人**、および**業務用の償却資産を所有している人**に課せられる税金。

都市計画税

都市計画法で市街化区域に指定されている場所に土地や家屋を所有している場合には、固定資産税のほかに、この都市計画税がかかる。

このほかにも、原則として土地を買ってから10年間に限って課税される特別土地保有税というものがありましたが、経済状況を踏まえ平成15年以後は新たな課税は行われないこととなっています。

知っとく！ プラスワン

収入印紙で納付する「印紙税」とは？

領収書や契約書など経済取引にかかる書類（「課税文書」といいます）を作成した場合には、税金が課されます。その税金が印紙税です。普通の税金は現金で納付されるのに対し、印紙税は「収入印紙」を貼り付け、消印をすることで納付します。高額の買い物をしたときに領収書やレシートに貼ってある切手のようなもの、それが収入印紙です。

印紙税の金額は課税文書の種類、取引金額によって異なるためなかなか厄介なのですが、実際には収入印紙は書類を作成した側が貼付しますので、私たち消費者側が覚える必要はほぼありません。明治6年から存在する由緒正しき税金ではありますが、なかなかメジャーにならないのは複雑さが原因かもしれませんね。

住宅ローンで税金が安くなる制度とは？

POINT

ローンを組んでマイホームを購入する際には、**所得税が減税される住宅ローン控除**が受けられます。特例措置や適用範囲の変更がくり返されている制度ですから、事前に確認しておくことが大事です。

1 ローンを組んで買うと税金が減る？

土地や建物は大きな金額の買い物ですから、なかなか現金一括でという訳にはいきません。マイホーム購入と住宅ローンはセットのイメージですよね。

このとき、ぜひ利用したいのが**住宅ローン控除という制度**です。住宅ローン控除は、**毎年末の住宅ローンの残高に一定割合をかけた金額を所得税額から控除する**制度で、令和６年に新築で一般住宅のマイホームを購入して居住を開始した場合には、最大で年間31万５０００円が13年間にわたって所得税から減額されることになります。一般に、もっとも税額を減らすことができる制度といわれます。

2 住宅購入にかかる控除は近年どんどん増えている

それだけの効果がある制度ですので、適用するためにはいくつもの要件を満たす必要があります。マイホーム購入や増改築の際には十分な確認が必要です。

なお、住宅ローン控除の他にも、最近はたくさんの制度が新設されるなどして適用範囲も変わっています。これは**バリアフリーや省エネ、耐震、三世代同居、耐久性向上など、政策的に望ましい住宅への改修工事を支援する目的**を担っています。実際に利用する際は十分にご注意ください。

3 控除しきれない分は住民税から控除する

住宅ローン控除は毎年の控除額が多額となるため、その年の収入によっては控除するもとの所得税額よりも住宅ローン控除額のほうが大きくなってしまうことがあります。控除額が余ってしまうと、なんだかもったいない気がしてしまいますが、翌年分の住民税に余った分を反映してくれますので、ご心配なく。

なお、これらの控除を受けるためには**必ず初年度の確定申告が必要**です。サラリーマンの場合には2年目以降は勤務先が年末調整として行ってくれますので、1年目だけは頑張って申告をしましょう。そのひと手間をかけるだけの効果は充分にありますよ。

控除額の計算方法

住宅ローン控除（住宅借入金等特別控除）の計算には、ローンの年末残高証明書が必須です。ローンの借入金額によっては、13年間の所得税が全額戻ってくる場合もあります。

省エネ基準適合の新築住宅の場合

その年の年末ローン残高×0.7%

●対象の住宅ローン残高（借入限度額）**3,000万円**
各年の控除限度額…
3,000万円×**控除率0.7%**＝21万円
➡13年間での**最大控除額　273万円**

いずれか少ないほうの金額が13年間減る

その年の所得税額

※居住開始年の制度が適用され控除額が決まる。

●対象住宅ごとの住宅ローン控除額

住宅の環境性能等		2024（令和6）年・2025（令和7）年入居			
		借入限度額	控除率0.7%	控除期間	最大控除額
新築住宅 買取再販	認定住宅※1	4,500万円	31.5万円	×13年	409.5万円
	ZEH※2水準省エネ住宅	3,500万円	24.5万円		318.5万円
	省エネ基準適合住宅	3,000万円	21万円		273万円
	その他の住宅	0円（2,000万円）※3	0円（14万円）※3		0円（140万円）※3
既存（中古）住宅	認定住宅※1など	3,000万円	21万円	×10年	210万円
	その他の住宅	2,000万円	14万円		140万円

※1　長期優良認定住宅、認定低炭素住宅などのこと。
※2　ZEH（ゼッチ）…住まいのエネルギー収支をゼロにすることを目指した住宅（ネット・ゼロ・エネルギー・ハウス）のこと。
※3　2023（令和5）年12月31日までに新築の建築確認を受けているか、2024（令和6）年6月30日までに建築された新築住宅（50㎡以上に限る）については2,000万円で控除期間は10年。

住宅ローン控除の適用要件

住宅ローン控除を受ける場合の要件はかなり細かく決まっていますが、ほとんどの要件は通常のマイホームであれば簡単に満たせるものとなっています。

1. ローンの返済期間は**10年以上**
2. 自分が住む住宅の**購入・新築・増改築**
3. 住宅の床面積（登記簿面積）は**40㎡以上**
   ※40㎡以上50㎡未満については、その年の所得が1,000万円以下。
4. **取得後6か月以内**に住み始め、適用を受ける年の年末まで住み続けている
5. その年の所得が**2,000万円以下**
6. 入居した年とその前後2年間に、居住用財産について**3,000万円特別控除**、**買い換え特例**などを受けていない

【中古住宅の場合】
1982（昭和57）年以降に建築された**新耐震基準適合住宅**であること
【増改築の場合】
工事費用が**100万円を超えている**こと

すべての要件を満たしていることが条件となります。購入の際はもちろん、増改築の際にもよく確認しておきましょう。

申告書の記載例&ポイント

住宅借入金等特別控除額の計算明細書（一面）

控除対象となるマイホームについての情報や受けられる控除の金額などを計算し、記載します。

居住用部分の家屋又は土地等に係る住宅借入金等の年末残高
借入先から送られてくる「年末借入金残高証明書」から転記する。

新築又は購入した家屋等に係る事項
マイホームにかかる情報を住民票、売買契約書、登記事項証明書などを基に記入する。

■ 令和　05　年分(特定増改築等)住宅借入金等特別控除額の計算明細書　FA4025 ■

一面　提出用

○この明細書は、申告書と一緒に提出してください。

1 住所及び氏名

住所	郵便番号 168 － 0082 東京都杉並区久我山×-×-× 電話番号 03 (0000) 0000
フリガナ	キタヅメ マサオ
氏名	北爪 眞夫

整理番号

(共有者の氏名) ※共有の場合のみ書いてください。

フリガナ		フリガナ	
氏名		氏名	

2 新築又は購入した家屋等に係る事項

	家屋に関する事項		土地等に関する事項	
居住開始年月日	㋐	平成 令和 04 06 11		平成 令和
契約日 契約区分 区分 1	㋑	平成 令和 04 05 25		
補助金等控除前の取得対価の額	㋒	26082000	㋗	13918000
交付を受ける補助金等の額	㋓	0	㋘	0
取得対価の額 (㋒－㋓(㋗－㋘))	㋔	26082000	㋙	13918000
総(床)面積 ※小数点以下第2位まで書きます。	㋕	63 00	㋚	43 20
うち居住用部分の(床)面積	㋖	63 00	㋛	43 20

3 増改築等をした部分に係る事項

居住開始年月日	㋜	平成 令和
契約日	㋝	平成 令和
補助金等控除前の増改築等の費用の額	㋞	
交付を受ける補助金等の額	㋟	
増改築等の費用の額 (㋞－㋟)	㋠	
㋞のうち居住用部分の金額	㋡	
増改築等をした家屋の総床面積	㋢	

不動産番号	家屋	0000000000000	土地	0000000000000

4 家屋や土地等の取得対価の額　（Cの④－Eの⑧－Fの⑧）　40,000,000

		Ⓐ 家屋	Ⓑ 土地等	Ⓒ 合計	Ⓓ 増改築等
あなたの共有持分 ※共有の場合のみ書いてください。	①	1/1	1/1		/
		㋔(㋔×Ⓐの①)	㋙(㋙×Ⓑの①)	(Ⓐの②+Ⓑの②又はⒷの②+Ⓓの②)	㋠(㋠×Ⓓの①)
(㋔、㋙、㋠)×① ※共有でない場合は、㋔㋙㋠を書いてください。	②	26082000	13918000	40000000	
住宅取得等資金の贈与の特例を受けた金額等	③				
あなたの持分に係る取得対価の額等 (②－③)	④	26082000	13918000	40000000	

5 家屋の取得対価の額又は増改築等の費用の額に課されるべき消費税額等に関する事項

なし又は5%　8%　(10%)　税率が10%の場合に㋔、㋞に含まれる消費税額及び地方消費税額の合計額（契約書等に記載された消費税額）　2371090円

6 新型コロナウイルスの影響による入居遅延　あり

7 居住用部分の家屋又は土地等に係る住宅借入金等の年末残高

		Ⓔ 住宅のみ	Ⓕ 土地等のみ	Ⓖ 住宅及び土地等	Ⓗ 増改築等
新築、購入及び増改築等に係る住宅借入金等の年末残高	⑤			36460000	
連帯債務に係るあなたの負担割合 ((付表)の⑭の割合) ※連帯債務がない場合には、100.00%と書きます。	⑥			100 00	
住宅借入金等の年末残高 ((付表)の⑯の金額) ※連帯債務がない場合には、⑤の金額を書きます。	⑦			36460000	
④と⑦のいずれか少ない方の金額	⑧			36460000	
居住用割合 ※90%以上である場合には、100.0%と書きます。	⑨	㋖÷㋕ 100 0	㋛÷㋚ 100 0	100 0	㋡÷㋞
居住用部分に係る住宅借入金等の年末残高 (⑧×⑨)	⑩			36460000	

住宅借入金等の年末残高の合計額（Ⓔの⑩＋Ⓕの⑩＋Ⓖの⑩＋Ⓗの⑩）
※ ⑪の金額を二面の「住宅借入金等の年末残高の合計額⑪」欄に転記します。　⑪ 36460000

8 特定の増改築等に係る事項　（特定増改築等住宅借入金等特別控除の適用を受ける場合のみ書いてください。）

次の⑫欄から⑯欄に補助金等控除後の金額を書いてください。これらの金額が50万円を超えるときに特定増改築等住宅借入金等特別控除の適用を受けることができます。詳しくは、控用の裏面を参照してください。	⑫ 高齢者等居住改修工事等の費用の額	⑬ 断熱改修工事等の費用の額	⑭ 特定断熱改修工事等の費用の額 ⑮ 特定多世帯同居改修工事等の費用の額
⑯ 特定耐久性向上改修工事等の費用の額	⑰ 特定の増改築等工事の費用の合計額 (⑫＋⑭＋⑮＋⑯)	⑱ あなたの持分に係る特定の増改築等工事の費用の額 (⑰又は⑰×Dの①)	特定増改築等住宅借入金等、特定断熱改修住宅借入金等又は特定多世帯同居改修住宅借入金等の年末残高 ⑲

9 (特定増改築等)住宅借入金等特別控除額

(特定増改築等)住宅借入金等特別控除額　※ 二面の該当する番号及び金額を転記します。　番号 6　⑳ 255200円

※次に該当する場合に、書いてください。

同一年中に8%及び10%の消費税率が含まれる家屋の取得等又は増改築等をした場合は、右の欄に○をした上で、10%に係る部分の金額等を書いてください。　8%・10%同一年中取得　家屋:1 増改築等:2　㋔又は㋞の金額(10%に係る部分のみ) ㉑　Ⓐの④又はⒹの④の金額(10%に係る部分のみ) ㉒

重複適用を受ける場合は、右の文字に○をした上で、二面の㉓の金額を転記してください。　重複適用　㉓ 00円

10 控除証明書の交付を要しない場合

翌年分以後に年末調整でこの控除を受けるための、控除証明書の交付を要しない方は、右の「要しない」の文字を○で囲んでください。　○

整理欄　住民　台帳番号 一連番号

家屋や土地等の取得対価の額
共有者がいる場合に記入する。

年末残高の計算結果
借入金等年末残高の計算結果を「二面」の⑪欄に転記する。

住宅借入金等特別控除額
「二面」で計算した「住宅借入金等特別控除額」を転記する。

控除証明書の要否
控除証明書が必要かどうかをチェックする。翌年以降に年末調整で住宅ローン控除の適用を受けたい場合には「要する」に○を付ける。

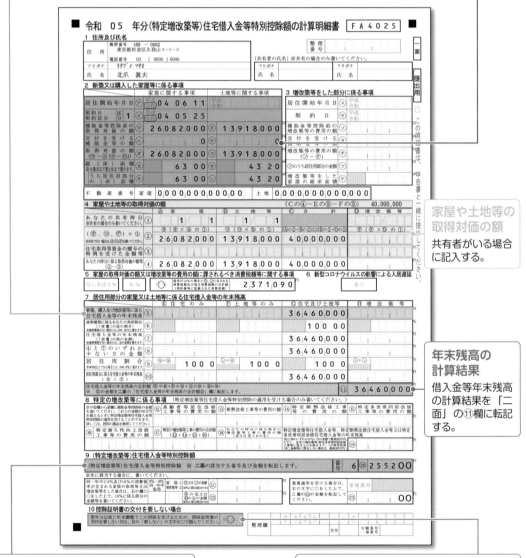

住宅ローン控除の適用を受けるためには、通常の確定申告書に加えて「住宅借入金等特別控除額の計算明細書」という書類の提出が必要となります。

住宅借入金等特別控除額の計算（二面）

「二面」は、控除額を算出するための具体的な算式が掲載されています。該当する箇所に金額をあてはめて計算しましょう。

住宅借入金等の年末残高の合計額
「一面」の⑪欄で計算した結果を転記する。

令和０５年分（特定増改築等）住宅借入金等特別控除額の計算
次の該当する算式のうち、いずれか一の算式により計算します。　　氏名 北爪　眞夫

住宅借入金等の年末残高の合計額　※　一面の⑪の金額を転記します。	⑪	円 36,460,000

番号	居住の用に供した日等				算式等		（特定増改築等）住宅借入金等特別控除額（100円未満の端数切捨て）
1	住宅借入金等特別控除の適用を受ける場合（4から12のいずれかを選択する場合を除きます。）		令和４年１月１日から令和５年12月31日までの間に居住の用に供した場合(※1)	住宅の取得等が(特例)特別特例取得に該当するとき	⑪×0.01=	⑳	(最高40万円) 円 00
2				新築住宅又は買取再販住宅に該当するとき	⑪×0.007=	⑳	(最高21万円) 円 00
				中古住宅又は増改築に該当するとき	⑪×0.007=	⑳	(最高14万円) 円 00
			平成26年１月１日から令和３年12月31日までの間に居住の用に供した場合	住宅の取得等が(特別)特定取得に該当するとき	⑪×0.01=	⑳	(最高40万円) 円 00
				住宅の取得等が(特別)特定取得に該当しないとき	⑪×0.01=	⑳	(最高20万円) 円 00
3							
4	認定住宅等の新築等に係る住宅借入金等特別控除の特例を選択した場合	認定住宅等が認定長期優良住宅又は認定低炭素住宅に該当するとき	令和４年１月１日から令和５年12月31日までの間に居住の用に供した場合(※1)	住宅の取得等が(特例)特別特例取得に該当するとき	⑪×0.01=	⑳	(最高50万円) 円 00
5				新築住宅又は買取再販住宅に該当するとき	⑪×0.007=	⑳	(最高35万円) 円 00
				中古住宅に該当するとき	⑪×0.007=	⑳	(最高21万円) 円 00
			平成26年１月１日から令和３年12月31日までの間に居住の用に供した場合	住宅の取得等が(特別)特定取得に該当するとき	⑪×0.01=	⑳	(最高50万円) 円 00
				住宅の取得等が(特別)特定取得に該当しないとき	⑪×0.01=	⑳	(最高30万円) 円 00
6		認定住宅等がZEH水準省エネ住宅に該当するとき(※5)	令和４年１月１日から令和５年12月31日までの間に居住の用に供した場合	新築住宅又は買取再販住宅に該当するとき	⑪×0.007=	⑳	(最高31万5千円) 円 255,200
				中古住宅に該当するとき	⑪×0.007=	⑳	(最高21万円) 円 00
7		認定住宅等が省エネ基準適合住宅に該当するとき(※5)	令和４年１月１日から令和５年12月31日までの間に居住の用に供した場合	新築住宅又は買取再販住宅に該当するとき	⑪×0.007=	⑳	(最高28万円) 円 00
				中古住宅に該当するとき	⑪×0.007=	⑳	(最高21万円) 円 00

番号	居住の用に供した日等			算式等		（特定増改築等）住宅借入金等特別控除額（100円未満の端数切捨て）
8	高齢者等居住改修工事等に係る特定増改築等住宅借入金等特別控除を選択した場合	平成31年１月１日から令和３年12月31日までの間に居住の用に供した場合	住宅の増改築等が特定取得に該当するとき ⑪の金額(最高1,000万円) ……ⓐ（　） ⑲の金額（　）×0.02 ＋（ⓐ－⑲）×0.01＝		⑳	(最高12万5千円) 円 00
			住宅の増改築等が特定取得に該当しないとき ⑪の金額(最高1,000万円) ……ⓐ（　） ⑲の金額（　）×0.02 ＋（ⓐ－⑲）×0.01＝		⑳	(最高12万円) 円 00
9	断熱改修工事等に係る特定増改築等住宅借入金等特別控除を選択した場合	平成31年１月１日から令和３年12月31日までの間に居住の用に供した場合	住宅の増改築等が特定取得に該当するとき ⑪の金額(最高1,000万円) ……ⓐ（　） ⑲の金額（　）×0.02 ＋（ⓐ－⑲）×0.01＝		⑳	(最高12万5千円) 円 00
			住宅の増改築等が特定取得に該当しないとき ⑪の金額(最高1,000万円) ……ⓐ（　） ⑲の金額（　）×0.02 ＋（ⓐ－⑲）×0.01＝		⑳	(最高12万円) 円 00
10	多世帯同居改修工事等に係る特定増改築等住宅借入金等特別控除を選択した場合	平成31年１月１日から令和３年12月31日までの間に居住の用に供した場合 ⑪の金額(最高1,000万円) ……ⓐ（　） ⑲の金額（　）×0.02 ＋（ⓐ－⑲）×0.01＝			⑳	(最高12万5千円) 円 00
11	震災特例法の住宅の再取得等に係る住宅借入金等特別控除の控除額の特例を選択した場合	令和４年１月１日から令和５年12月31日までの間に居住の用に供した場合(※1)	住宅の取得等が(特例)特別特例取得に該当するとき	⑪×0.012=	⑳	(最高60万円) 円 00
12			新築住宅又は買取再販住宅に該当するとき	⑪×0.009=	⑳	(最高45万円) 円 00
			中古住宅又は増改築に該当するとき	⑪×0.009=	⑳	(最高27万円) 円 00
		平成26年４月１日から令和３年12月31日までの間に居住の用に供した場合		⑪×0.012=	⑳	(最高60万円) 円 00
		平成26年１月１日から平成26年３月31日までの間に居住の用に供した場合		⑪×0.012=	⑳	(最高36万円) 円 00

二面　提出用

○ 二面は一面と一緒に提出してください。

※1　「令和４年１月１日から令和５年12月31日までの間に居住の用に供した場合」欄の「住宅の取得等が（特例）特別特例取得に該当するとき」欄は、令和４年中に居住の用に供した方のみが対象となります。
※2　⑳欄の金額を一面の⑳欄に転記します。
※3　⑳欄の括弧内の金額は、居住の用に供した日の属する年における住宅の取得等又は住宅の増改築等に係る控除限度額となります。

（再び居住の用に供したことに係る事項）

転居年月日	年　月　日	再居住開始年月日	年　月　日
居住の用に供していない期間の家屋の用途	□賃貸の用　年　月　日～　年　月　日 □空家　□その他（　）		
その家屋に係る（特定増改築等）住宅借入金等特別控除の適用	【再び居住の用に供した場合の再適用】 □ 再び居住の用に供したことにより、（特定増改築等）住宅借入金等特別控除の再適用を受ける	【再び居住の用に供した場合の適用】 □ 再び居住の用に供したことにより、初めてその家屋に係る（特定増改築等）住宅借入金等特別控除の適用を受ける	

※4　（特例）特別特例取得及び（特別）特定取得については、控用の裏面の「用語の説明」を参照してください。
※5　「ＺＥＨ水準省エネ住宅」又は「省エネ基準適合住宅」に該当し、（特例）特別特例取得に該当する場合は、番号「１」の「住宅の取得等が（特例）特別特例取得に該当するとき」欄にて計算してください。
※6　「(再び居住の用に供したことに係る事項)」欄は、再居住の特例の適用を受ける方が、転居年月日や再居住開始年月日などを記載します。

○ **重複適用を受ける場合**

二以上の住宅の取得等又は住宅の増改築等に係る住宅借入金等の金額がある場合（これらの住宅の取得等又は住宅の増改築等が同一の年に属するもので、上記の表で同一の欄を使用して計算する場合を除きます。）には、その住宅の取得等又は住宅の増改築等ごとに（特定増改築等）住宅借入金等特別控除額の計算明細書を作成し、その作成した各明細書の⑳欄の金額の合計額を最も新しい住宅の取得等又は住宅の増改築等に係る明細書の㉓欄に記載します。

重複適用を受ける場合	各明細書の控除額（⑳の金額）の合計額（住宅の取得等又は住宅の増改築等に係る控除限度額のうち最も高い控除限度額が限度となります。）を記載します。	㉓	円 ００

※ ㉓欄の金額を一面の㉓欄に転記します。

○ **不動産番号が一面に書ききれない場合**

(1)　　(3)
(2)　　(4)

※ （特定増改築等）住宅借入金等特別控除の対象となる家屋や土地が複数ある場合で、一面の「不動産番号」欄に書ききれない家屋や土地の不動産番号を記載します。

住宅借入金等特別控除の適用を受ける場合
居住の用に供した（入居した）年に応じた割合を乗じて「住宅借入金等特別控除額」を計算し、算出した控除額を「一面」の⑳欄に転記する。

資産を売ったら税金はどうなる？

POINT

資産のうち土地や建物、株式を売った場合の利益はほかの所得と合算しないで計算する「分離課税」ですが、そのほかの資産はほかの所得と合算して計算を行う「総合課税」となります。

1 譲渡所得の課税方法には分離課税と総合課税がある

所得税では、**資産（商品など一定のものを除く）を売ったことによる利益を「譲渡所得」として課税**します。

ただ、ひと口に譲渡所得といっても、現行の制度では、その中身はいくつかに分かれます。具体的には、土地や建物といった不動産や株式を売った場合には利益が出ても損失が出ても、ほかの所得とは合算せず独自の税率で課税されますが、それ以外の資産を売った場合には事業所得や給与所得などほかの所得と合算したうえで計算されます。

このようにほかの所得と区分する方法を「分離課税」、ほかの所得と合算する方法を「総合課税」と呼び、所得税の計算をするうえでは大事な区分となっています。

2 資産の譲渡による利益は収入から取得費を差し引く

資産の譲渡による利益は、**売ったことによる収入金額から、その資産の取得費**（購入費用や購入時の諸費用の合計額をいいます）と**売却の際の諸費用をマイナスして計算**します。

また、建物など期間の経過に応じて価値が下がるものの取得費については、減価償却費と同様の方法で計算した価値の減少分を考慮した金額となります。買ってから時間が経てば経つほど取得費の金額は少なくなるイメージです。

3 領収書などがない場合にも最低限の救済措置がある

ところが、いざ資産を売って税金を計算しようとするときになって、購入時や保有している途中の領収書や請求書がなくなってしまっているといったことが多くあります。

そこで、このような場合には、最低限の救済措置として**「売ったことによる収入金額×5%」を取得費としてマイナスすることができる**とされています。とはいえ、あくまで5%です。残りの95%が利益とされてしまうと税金の額はかなり大きくなってしまいますので、やはり売買契約書や請求書、領収書などは大切に保管しておくようにしましょう。

譲渡所得の計算方法

譲渡所得の計算では、取得費の算定が最大のポイントとなります。価値減少分の計算は少々難しいものですが、まずは計算の流れを把握しましょう。

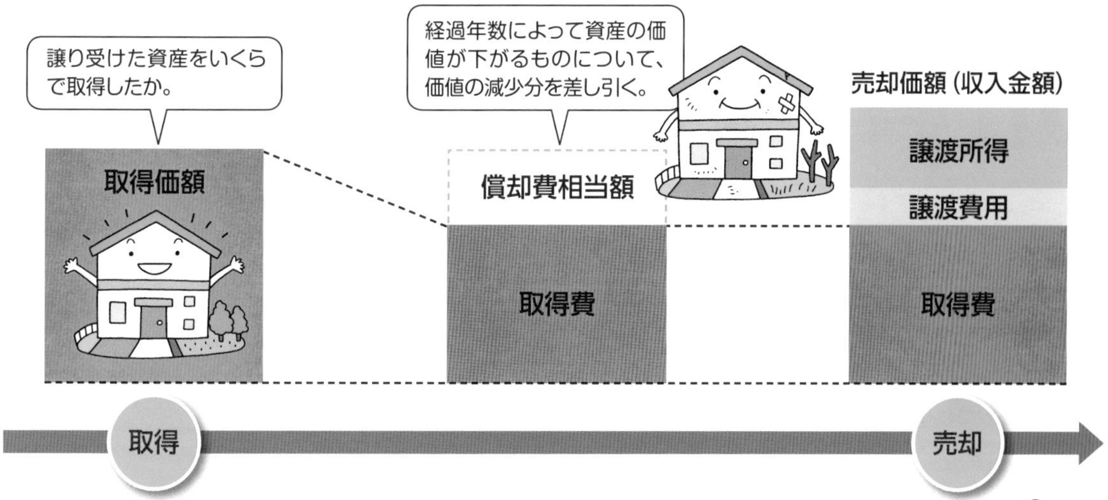
譲り受けた資産をいくらで取得したか。
取得価額
経過年数によって資産の価値が下がるものについて、価値の減少分を差し引く。
償却費相当額
取得費
売却価額（収入金額）
譲渡所得
譲渡費用
取得費
取得
売却

この金額に所得税がかかる。

取得費が不明な場合は、収入金額の5%で計算します！

譲渡所得 ＝ **売却価額（収入金額）** － **取得費** － **譲渡費用**

取得費 ＝ **取得価額** － 償却費相当額

譲り受けた資産の取得に要した金額。たとえば、購入代金、引取運賃、購入手数料、関税、据付費など。

償却費相当額 ＝ 取得価額×0.9×償却率※×経過年数

※同種の減価償却資産の耐用年数に1.5を乗じて計算した年数に対応する旧定額法の償却率。

資産を譲渡するためにかかった費用

たとえば、仲介手数料、測量費、立ち退き料、取り壊し費用、印紙税など。

知っとく！ プラスワン

譲り受けた資産の「取得費」がわからなかったら？

取得費がわからないというのは書類をなくしてしまったときだけではありません。たとえば、**父親から相続で取得した土地を売った場合**、父親はお金を払って買っているかもしれませんが、引き継いだ側はタダでもらっています。要するに購入費用はゼロです。が、それも酷な話ですので、父親などから相続などで引き継いだ財産を売った場合には、父親などがそ**の土地を買った際の購入費用を取得費として引き継ぐこと**とされています。しかし、遠い先祖が買った土地の場合で一族に伝わる古文書に「この土地は8代将軍のときに2両で買った」などと書いてあっても「では、取得費は2両です！」とはなりません。そういったときは、おとなしく**収入金額の5%を取得費とすること**となります。

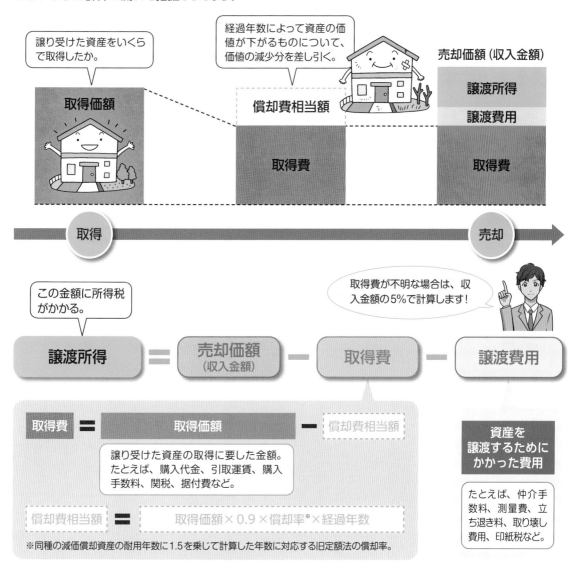

短期間での土地の売買は損になる?

POINT

土地や建物を売ることによって得た譲渡所得は、その土地や建物の所有期間や取得した年によって税率や控除に違いがありますので注意が必要です。

1 土地や建物を売ったときの税率は5年以内だとほぼ倍

土地や建物を売ったときの税率が、あまり高いと売買しづらくなってしまいます。かといって、税率が低いことで、いわゆる「土地転がし」をしやすくしてしまうのもバブルの再来のような状況を生み出してしまうのでよくありません。

そこで、現在の制度では**5年というラインを設け、そこで税率を大きく変えています。**5年を超えて所有していた場合は比較的低い税率（所得税15・315%、住民税5%）、一方、5年以内で売ってしまう場合は高い税率（所得税30・63%、住民税9%）としているのです。ほぼ倍です。

なお、この5年という基準は買った日から売った日までの期間ではなく、「売った年の1月1日時点」において判断するので注意が必要です。

2 特定の2年間に買った土地には特別控除がある

買った年に着目してみると、**平成21年、22年の2年間に買った土地を売った場合にのみ1000万円の特別控除があります。**この2年間に取得さえしていれば、書類を整えて確定申告をするだけで受けられる控除です。この2年だけというのは不思議な感じがしますが、これはこの制度が平成20年のリーマンショックにより国内の不動産市場が低迷したときに設けられたためです。

買った年についてはこの2年だけという縛りがあるのですが、売るタイミングはいつでもかまいません。

3 共有名義のマイホームの所得税計算は別々に行う

マイホームは夫婦での共有名義になっていることもあります。**共有名義の場合、「売る」という作業は1つなのですが、所得税の計算は個々で行わなければなりません**ので、譲渡所得の計算は夫婦がそれぞれの持ち分に応じて行います。「世帯主がまとめて納税」といった考え方ではありません。

なお、別々に計算をするので、住宅を売った場合の特例などはそれぞれが使えるというメリットもあります。

土地や建物の所有期間と税率

土地や建物を売ったときにかかる税率は所有期間によって違ってきます。売った年の１月１日における所有期間が５年を超えるかどうかで、短期譲渡所得と長期譲渡所得に分けられます。

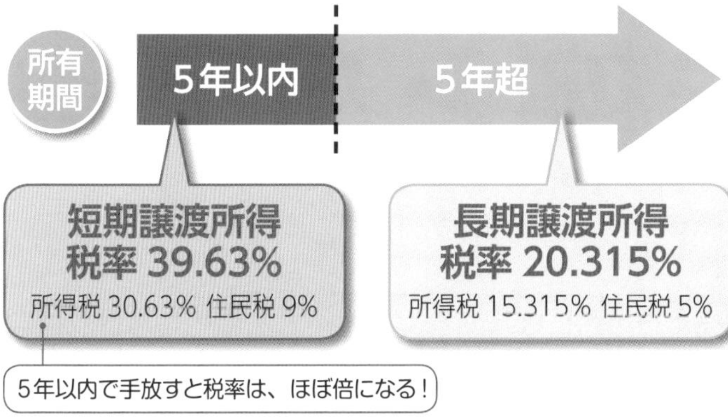

所有期間
５年以内
５年超
短期譲渡所得
税率 39.63%
所得税 30.63% 住民税 9%
長期譲渡所得
税率 20.315%
所得税 15.315% 住民税 5%
5年以内で手放すと税率は、ほぼ倍になる！

所有期間は、その土地や建物を売った年の1月1日時点で計算しますので、令和6年中に売却した場合には平成31年1月1日より前か以後かで判断することとなります。

マイホームを共有名義にした場合

マイホームを共有名義にすることには、メリットとデメリットがあります。購入するときから、このあたりを踏まえて共有にするかどうかを考えたいところです。

メリット

妻にも住宅ローンがある場合

➡ **住宅ローン控除が夫婦ともに受けられる。**

マイホームを売却して譲渡所得が生じた場合

➡ **3,000 万円の特別控除・軽減税率の特例または買換え特例を夫婦ともに受けられる。**

夫婦の一方が亡くなった場合

➡ **相続財産は片方の持分だけになるため、相続税の節税になる。**

デメリット

妻には住宅ローンがない場合

➡ **住宅ローン控除は夫の持分相当部分しか受けられない。**

妻に所得がない場合

➡ **マイホーム売却損の損益通算は、夫の持分相当部分しか適用されない。**

妻に所得がない場合

➡ **固定資産税の負担などにおいて贈与の問題が発生する可能性がある。**

マイホーム限定で使える特例とは?

POINT

マイホームを売った場合には新たなマイホームを取得しなければなりませんので、資金面のフォローをするため、3,000万円の特別控除などその売却による税額を減らす特例が多く設けられています。

1 マイホームを売るときには誰もが使える特別控除がある

マイホームを売った場合には、所有期間に関係なく**3000万円の特別控除**が用意されています。住んでいた家を売却して3000万円を超える利益が出ることはそれほど多くありませんから、この特別控除によって税金を支払わなくてすむケースは多くなります。

さらに、居住していた期間が10年超のマイホームの場合には、利益のうち6000万円以下の金額についての税率も軽減されます。

2 マイホームの買い換えにも税負担を減らす特例がある

マイホームを売って、新たなマイホームに買い換える場合には税金の負担を減らせる特例が用意されています。

計算方法はちょっと複雑なのですが、イメージとしては売った金額と新しいマイホームを買った金額を比較し、手元に残ったお金だけを収入金額として利益の計算をする感じです。その際に課税されなかった残りの部分は、将来マイホームを売ったときに精算されます。

トータルで見た税金はほぼ変わらないのですが、とりあえず税金を安くしたいというのであればよい制度です。買い換えた結果、手元にお金が残らなければ税金は発生しないわけですから。

なお、**3000万円の特別控除との併用はできません**ので、どちらが得か検討する必要はあります。

3 売却による損失を相殺できる救済規定も用意されている

マイホームを売る際には、当然ながら損失が出る場合もありますが、給与所得などの利益と相殺できないのが分離課税の原則的なルールです。

しかし、売却をした際に住宅ローンを完済できなかったり、新しいマイホームを住宅ローンで購入した場合には、**特例として、その年のほかの所得の利益と相殺したり、残った損失を翌年以降に繰り越して利益と相殺する制度**が設けられています。要件は複雑ですが、使えると効果の大きい制度ですので知っておくことが大事です。

マイホームの特別控除と税率の関係

マイホームを売ったときに使える特例にはさまざまなものがありますので、まずは所有期間別に使える控除と減税措置について整理してみましょう。

所有期間	5年以内	5年超	10年超		
	譲渡所得－特別控除3,000万円				
控除後の金額に対する税率	所得税 30.63% 住民税 9% 合計 39.63%	所得税 15.315% 住民税 5% 合計 20.315%	6,000万円以下の部分	所得税 10.21% 住民税 4%	合計 14.21%
			6,000万円超の部分	所得税 15.315% 住民税 5%	合計 20.315%

所有期間に関係なく使える。

マイホームの買い換え特例

買い換えの特例を受けるためには、売ったマイホーム（譲渡資産）と新しく買ったマイホーム（買換資産）のそれぞれに対して細かな要件が付されています。

売ったマイホーム（譲渡資産）

収入金額

売却

[条件]

1. 自分が住んでいた不動産である。
2. 売却した年の 1 月 1 日現在で、所有期間が 10 年超である。実際に居住した期間が 10 年以上である。
3. 売却代金が 1 億円以下である。

買ったマイホーム（買換資産）

取得金額

新居購入

[条件]

1. 自分が住む不動産である。
2. 建物の床面積が 50㎡以上、土地は 500㎡以下である。
3. 売却した年の前年から翌年までの 3 年間に購入すること。
4. 中古マンションなど（耐火建築物）の場合、建築後 25 年以内か、一定の耐震基準を満たしていること。

売ったマイホーム（収入金額）と買ったマイホーム（取得金額）の価額を比較する。

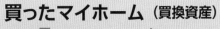

- 収入金額＜買換資産の取得金額 ➡ 譲渡所得の計算なし
- 収入金額＞買換資産の取得金額 ➡ 手元に残る金額を収入金額として譲渡所得の計算あり

3,000万円の特別控除との併用はできません！しっかり検討して得になる方策を考えましょう。

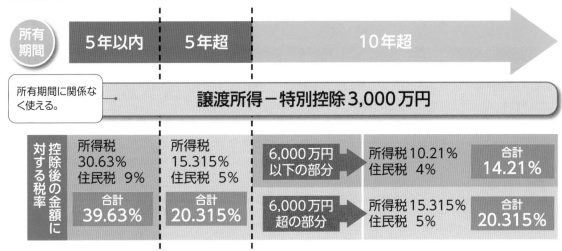

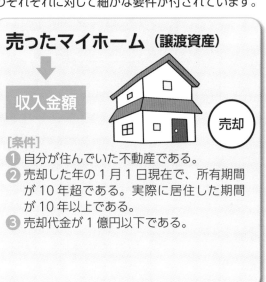

申告書の記載例＆ポイント

譲渡所得の内訳書（土地・建物用）（1面～3面）

「1面」には住所・氏名等を記入し、売却した不動産の詳細については「2面」「3面」に記載します。

土地・建物
売却した土地・建物の状況などを記入する。

売買契約日
売却にかかる契約日、引き渡した日を記載する（原則的には、引き渡した日が譲渡所得が発生した日になる）。

1 面

【令和 5 年分】

名簿番号

提出＿＿枚のうちの＿＿

譲渡所得の内訳書
（確定申告書付表兼計算明細書）【土地・建物用】

この内訳書は、土地や建物の譲渡（売却）による譲渡所得金額の計算用として使用するものです。「譲渡所得の申告のしかた」（国税庁ホームページ【https://www.nta.go.jp】からダウンロードできます。税務署にも用意してあります。）を参考に、契約書や領収書などに基づいて記載してください。
なお、国税庁ホームページでは、画面の案内に沿って収入金額などの必要項目を入力することにより、この内訳書や確定申告書などを作成することができます。

現住所 （前住所）	〒168－0082 東京都杉並区久我山×－×－× （　　　　）	フリガナ	ｷﾀﾂﾞﾒ ﾏｻｵ
		氏名	北爪　眞夫
電話番号 （連絡先）	03-0000-0000	職業	洋服店

※ 譲渡（売却）した年の1月1日以後に転居された方は、前住所も記載してください。

関与税理士名
（電話　　　　）

記載上の注意事項

○ この内訳書は、一の契約ごとに1枚ずつ使用して記載し、「確定申告書」とともに提出してください。
また、譲渡所得の特例の適用を受けるために必要な書類（※）などは、この内訳書に添付して提出してください。
※ 譲渡所得の特例の適用を受けるために必要な書類のうち、登記事項証明書については、その登記事項証明書に代えて「譲渡所得の特例の適用を受ける場合の不動産に係る不動産番号等の明細書」等を提出することもできます。

○ 長期譲渡所得又は短期譲渡所得のそれぞれごとで、二つ以上の契約がある場合には、いずれか1枚の内訳書の譲渡所得金額の計算欄（3面の「4」各欄の上段）に、その合計額を二段書きで記載してください。

○ 譲渡所得の計算に当たっては、適用を受ける特例により、記載する項目が異なります。
● 交換・買換え（代替）の特例、被相続人の居住用財産に係る譲渡所得の特別控除の特例の適用を受けない場合
……1面・2面・3面
● 交換・買換え（代替）の特例の適用を受ける場合
……1面・2面・3面（「4」を除く）・4面
● 被相続人の居住用財産に係る譲渡所得の特別控除の特例の適用を受ける場合
……1面・2面・3面・5面
（また、下記の 5面 □ に○を付してください。）

○ 土地建物等の譲渡による譲渡損失の金額については、一定の居住用財産の譲渡損失の金額を除き、他の所得と損益通算することはできません。

○ 非業務用建物（居住用）の償却率は次のとおりです。

区分	木造	木骨モルタル	（鉄骨）鉄筋コンクリート	金属造①	金属造②
償却率	0.031	0.034	0.015	0.036	0.025

（注）「金属造①」……軽量鉄骨造のうち骨格材の肉厚が3mm以下の建物
「金属造②」……軽量鉄骨造のうち骨格材の肉厚が3mm超4mm以下の建物

5面 □

（令和5年分以降用）

1面

2 面

名簿番号

1 譲渡（売却）された土地・建物について記載してください。

(1) どこの土地・建物を譲渡（売却）されましたか。

所在地	所在地番　東京都八王子市狭間町××－× （住居表示）　東京都八王子市狭間町××－×

(2) どのような土地・建物をいつ譲渡（売却）されましたか。

	種類	面積	利用状況	
土地	☑宅地　□田 □山林　□畑 □雑種地　□借地権 □その他（　　）	（実測）78.52㎡ （公簿等）78.52㎡	□ 自己の居住用 （居住期間　年　月～　年　月） □ 自己の事業用 □ 貸付用 ☑ 未利用 □ その他（　　）	売買契約日 R 6 年 5 月 25 日
建物	□居宅　□マンション □店舗　□事務所 □その他 （　　）	㎡		引き渡した日 R 6 年 6 月 11 日

○ 次の欄は、譲渡（売却）された土地・建物が共有の場合に記載してください。

あなたの持分 土地	あなたの持分 建物	共有者の住所・氏名	共有者の持分 土地	共有者の持分 建物
3/4		（住所）東京都杉並区久我山×－×－×　（氏名）北爪　かつい	1/4	
		（住所）　（氏名）		

共有の場合
土地・建物が共有名義の場合に記入する。

(3) どなたに譲渡（売却）されましたか。

買主	住所（所在地）	東京都杉並区宮前×－×		
	氏名（名称）	山上　彦二	職業（業種）	会社員

(4) いくらで譲渡（売却）されましたか。

① 譲渡価額
$(16,000,000円 \times \frac{3}{4})$　12,000,000 円

譲渡価額
売却した金額を「譲渡所得の収入金額」として「3面」の「4－A欄」から転記する。

【参考事項】

代金の受領状況	1回目	2回目	3回目	未収金
	R 6年 5月25日	R 6年 6月11日	年　月　日	年　月　日（予定）
	$(750,000円 \times \frac{3}{4})$ 562,500円	$(11,250,000円 \times \frac{3}{4})$ 8,437,500円	円	円

お売りになった理由
☑ 買主から頼まれたため
□ 他の資産を購入するため
□ 事業資金を捻出するため
□ 借入金を返済するため
□ その他（　　　　）

「相続税の取得費加算の特例」や「保証債務の特例」の適用を受ける場合の記載方法
○ 「相続税の取得費加算の特例」の適用を受けるときは、「相続財産の取得費に加算される相続税の計算明細書」（※）で計算した金額を３面の「2」の「②取得費」欄の上段に「㊊×××円」と二段書きで記載してください。
○ 「保証債務の特例」の適用を受けるときは、「保証債務の履行のための資産の譲渡に関する計算明細書（確定申告書付表）」（※）で計算した金額を３面の「4」の「B必要経費」欄の上段に「㊌×××円」と二段書きで記載してください。
○ ４面を記載される方で、「相続税の取得費加算の特例」や「保証債務の特例」の適用を受ける場合には、税務署に記載方法をご確認ください。
○ 配偶者居住権の目的となっている建物又はその敷地の譲渡など一定の場合は、「配偶者居住権に関する譲渡所得に係る取得費の金額の計算明細書《確定申告書付表》」（※）で計算した金額を３面の「2」の「②取得費」欄に転記してください。
※ これらの様式は、国税庁ホームページ【https://www.nta.go.jp】からダウンロードできます。なお、税務署にも用意してあります。

2面

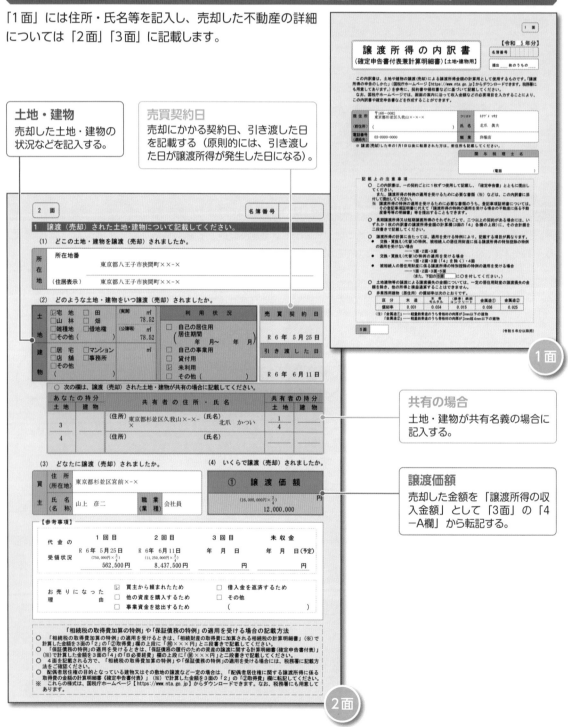

マイホームを売却したときには、通常の確定申告書に加えて、譲渡所得が分離課税の対象となるため「第三表」を使います。そして、譲渡内容については「譲渡所得の内訳書」という書類にまとめて提出します。

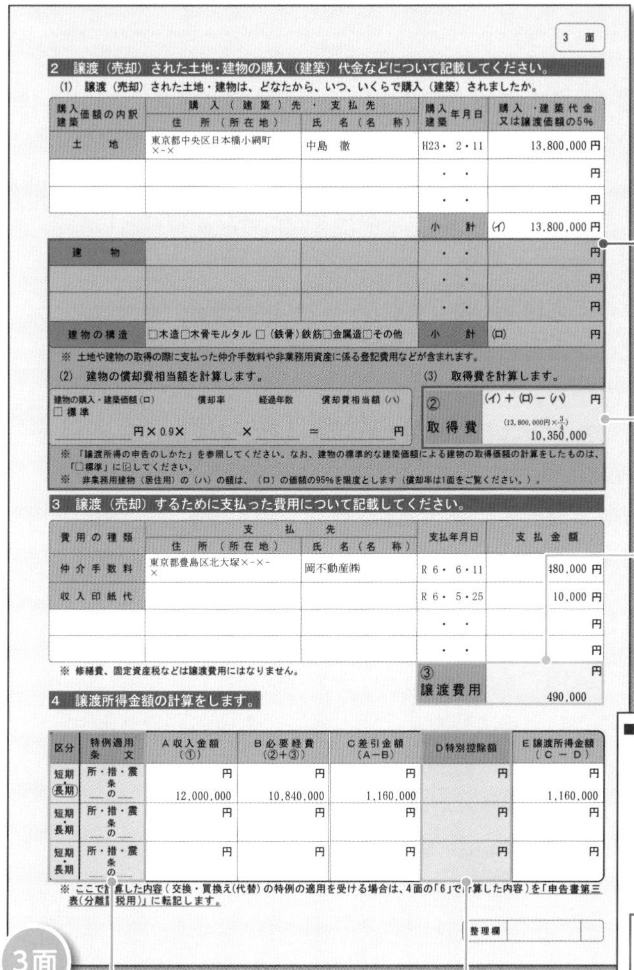

3 面

2 譲渡（売却）された土地・建物の購入（建築）代金などについて記載してください。

(1) 譲渡（売却）された土地・建物は、どなたから、いつ、いくらで購入（建築）されましたか。

購入建築 価額の内訳	購入（建築）先・支払先 住所（所在地）	氏名（名称）	購入建築 年月日	購入・建築代金又は譲渡価額の5%
土地	東京都中央区日本橋小網町×-×	中島 徹	H23・2・11	13,800,000 円
			・ ・	円
			・ ・	円
			小 計	(イ) 13,800,000 円
建物			・ ・	円
			・ ・	円
			・ ・	円
建物の構造	□木造□木骨モルタル□（鉄骨）鉄筋□金属造□その他		小 計	(ロ) 円

※ 土地や建物の取得の際に支払った仲介手数料や非業務用資産に係る登記費用などが含まれます。

(2) 建物の償却費相当額を計算します。

建物の購入・建築価額（ロ） □標準 ＿＿円×0.9× 償却率＿＿×経過年数＿＿＝償却費相当額（ハ）＿＿円

(3) 取得費を計算します。

② 取得費 (イ)＋(ロ)－(ハ) 円 (13,800,000円×$\frac{3}{4}$) 10,350,000

※「譲渡所得の申告のしかた」を参照してください。なお、建物の標準的な建築価額による建物の取得価額の計算をしたものは、「□標準」に☑してください。

※ 非業務用建物（居住用）の（ハ）の額は、（ロ）の価額の95%を限度とします（償却率は1面をご覧ください。）。

3 譲渡（売却）するために支払った費用について記載してください。

費用の種類	支払先 住所（所在地）	氏名（名称）	支払年月日	支払金額
仲介手数料	東京都豊島区北大塚×-×-×	岡不動産㈱	R6・6・11	480,000 円
収入印紙代			R6・5・25	10,000 円
			・ ・	円
			・ ・	円

※ 修繕費、固定資産税などは譲渡費用にはなりません。

③ 譲渡費用 490,000 円

4 譲渡所得金額の計算をします。

区分	特例適用条文	A 収入金額（①）	B 必要経費（②＋③）	C 差引金額（A－B）	D 特別控除額	E 譲渡所得金額（C－D）
短期（長期）	所・措・震 条の	12,000,000 円	10,840,000 円	1,160,000 円	円	1,160,000 円
短期・長期	所・措・震 条の	円	円	円	円	円
短期・長期	所・措・震 条の	円	円	円	円	円

※ ここで計算した内容（交換・買換え（代替）の特例の適用を受ける場合は、4面の「6」で計算した内容）を「申告書第三表（分離課税用）」に転記します。

整理欄

3面

建物

建物は、購入価額から償却費相当額をマイナスした金額が取得費となる。

取得費・譲渡費用

取得費、譲渡費用についてそれぞれ合計額を算出し、合算した金額を「4－B欄」に記載する。

税金を計算する

譲渡所得の内訳書で出した金額の1,000円未満を切り捨てた額が「対応分（⑱⑲欄）」となる。これに税率をかけて税額を出し㊱㊲欄に記入する。

区分・特例適用条文

短期譲渡所得、長期譲渡所得の区別を記入し、特別控除がある場合には適用条文と特別控除額を記載する。

土地・建物の譲渡にかかる収入金額・所得金額

譲渡所得の内訳書（土地・建物用）で計算した金額を転記する。

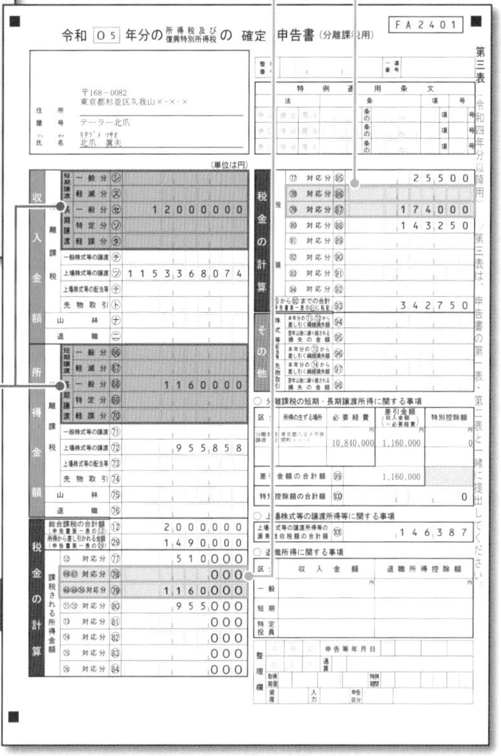

令和 05 年分の所得税及び復興特別所得税の確定申告書（分離課税用） FA2401 第三表（令和四年分以降用）

住所 〒168－0082 東京都杉並区久我山×-×-×
屋号 テーラー北爪
氏名 北爪《ｷﾀﾂﾞﾒ》 眞夫《ﾏｻｵ》

（単位は円）

区分			金額
収入金額	分離課税 短期譲渡 一般分	㋛	
	短期譲渡 軽減分	㋜	
	長期譲渡 一般分	㋝	12000000
	長期譲渡 特定分	㋞	
	長期譲渡 軽課分	㋟	
	一般株式等の譲渡	㋠	
	上場株式等の譲渡	㋡	115336874
	上場株式等の配当等	㋢	
	先物取引	㋣	
	山林	㋤	
	退職	㋥	
所得金額	分離課税 短期譲渡 一般分	㊻	
	短期譲渡 軽減分	㊼	
	長期譲渡 一般分	㊽	1160000
	長期譲渡 特定分	㊾	
	長期譲渡 軽課分	㊿	
	一般株式等の譲渡	71	
	上場株式等の譲渡	72	955858
	上場株式等の配当等	73	
	先物取引	74	
	山林	75	
	退職	76	
税金の計算	総合課税の合計額（申告書第一表の⑫）	⑫	2000000
	所得から差し引かれる金額（申告書第一表の㉙）	㉙	1490000
	課税される所得金額 ⑫対応分	77	510000
	㊻㊼対応分	78	000
	㊽㊾㊿対応分	79	1160000
	71 72対応分	80	955000
	73対応分	81	000
	74対応分	82	000
	75対応分	83	000
	76対応分	84	000

区分			金額
税金の計算	税額 77対応分	85	25500
	78対応分	86	
	79対応分	87	174000
	80対応分	88	143250
	81対応分	89	
	82対応分	90	
	83対応分	91	
	84対応分	92	
	85から92までの合計（申告書第一表の㊺に転記）	93	342750
その他	株式等 本年分の71、72から差し引く繰越損失額	94	
	翌年以後に繰り越される損失の金額	95	
	配当等 本年分の73から差し引く繰越損失額	96	
	先物取引 本年分の74から差し引く繰越損失額	97	
	翌年以後に繰り越される損失の金額	98	

○ 分離課税の短期・長期譲渡所得に関する事項

区分	所得の生ずる場所	必要経費	差引金額（収入金額－必要経費）	特別控除額
分離長期譲渡 一般	東京都八王子市狭間町×-×-×	10,840,000 円	1,160,000 円	0 円
差引金額の合計額	99		1,160,000	
特別控除額の合計額	100			0

○ 上場株式等の譲渡所得等に関する事項

上場株式等の譲渡所得等の源泉徴収税額の合計額 101 146387

○ 退職所得に関する事項

区分	収入金額	退職所得控除額
一般	円	円
短期		
特定役員		

○ 第三表は、申告書の第一表・第二表と一緒に提出してください。

確定申告書（分離課税用）・第三表

手順としては、「譲渡所得の内訳書」に必要事項を記入した後で、この確定申告書の「第三表」を作成していくとスムーズです。

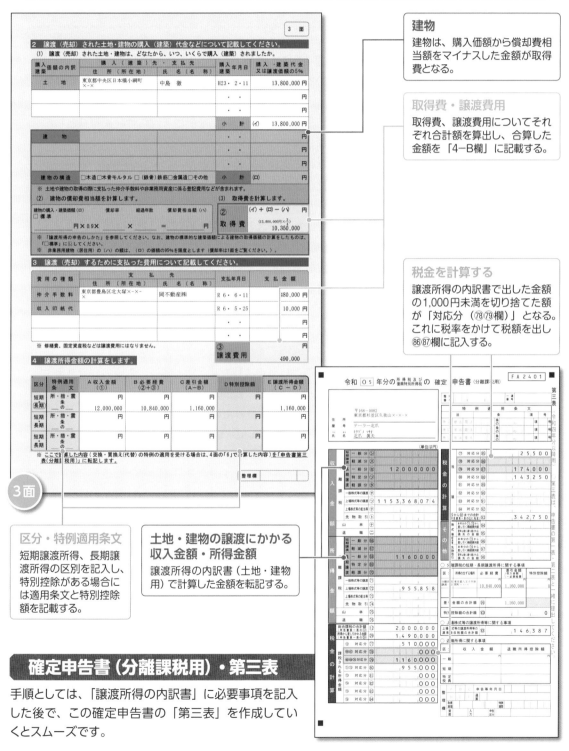

コラム⑦

居住していることの
証明方法

住宅ローン控除にせよ、居住用財産を譲渡した場合の3,000万円の特別控除にせよ、マイホームについての特例を受けるのであればその家が本当にマイホームだったのかということを証明しなければなりません。特例を受けて税金が少なくなるわけですからそれくらいはしないとまずいですよね。そこでこれらの特例を受ける際には証拠資料としてさまざまな書類を添付することになります。

具体的には、金額を証明するものとして売買契約書ですとか、ローンの残高証明書とか。これらの添付書類については、提出する書類や適用を受ける特例ごとに定められているのですが、詳しくは国税庁のホームページで確認できます。

ところで、そのマイホームに住んでいたことはどう証明すればよいでしょうか。マイナンバー法の施行にともない、添付書類ではなくなりましたが、一番信憑性が高いのは、住民票です。ですが、住民票が証拠となると別のところに住んでいても住民票だけを特例の適用を受けたい家に置いておけばいいのではないかという作戦を考える方も出てきそうです。いや、3,000万円の控除が受けられるとなれば、それくらいの偽装はさほどの悪気なく誰もが考えることかもしれません。では、これは有効なのでしょうか。

何も調べられることなくスルーされれば別ですが、税務署にチェックをされた場合には実態に関する厳しい調査が行われることもあるようです。たとえば、近所の聞き込み調査や郵便物の有無、ガス・光熱費などの使用量、通勤定期の確認など、調べようと思えばいくらでも調べられますからね。「そんな探偵みたいなことを？」と思われるかもしれませんが、過去における税務署と納税者の争いの記録の中にこういう記述が残っています。

> 母Ｍが日常生活に必要な買物などを通常１人で行っていたとの近隣住民の答述、本件家屋の電気の使用量、勤務先からの通勤手当の受給状況および給与振込口座からの出勤状況などからして、請求人が本件家屋を居住の用に供した事実は認められない。（国税不服審判所平成10年4月30日裁決）

そのような調査によって居住実態がないことが明らかになってしまった場合には、やはり特例の適用は取り消されてしまううえに加算税も付いてしまいますので、調査されてわかりそうなことははじめからやらないほうが得策です。

第7章

離婚や海外出国時、災害時にかかる税金

- 離婚時に税金がかかることもある？
- 海外移住の前に必要な手続きは？
- 海外に住んでいても日本の税金を払うの？
- 災害時にはどんな特例があるの？

カチャ…
カチャン
あっ おかえり
…って どうしたの？
優城くん
ゴゴ
ゴゴ
もし私たちが 離婚したら きっちり財産は もらいますからね!!
きっ 急に何 いってんの!?
へえ お客さんに 離婚問題を 抱えている人が いるんだ？
そう！ 旦那さんの 浮気が原因で…
それなのに 財産分与や 養育費の支払いで 揉めちゃってるんだって！
「財産分与したら 税金もかかるし」 とかいろいろ 言い訳してくるって
もー 他人事ながら 腹立っちゃって
ふ～ん 財産分与って 税金がかかるんだ
？
気になるよね？
そっ そうっすね…
これは 布施さんコース かな…？

いい子にしててね
あっちで遊ぼうか
離婚のときにかかる税金かぁ…
俺はあまり見たくない世界だけど…
パチッ
もし離婚することになったら
どーーん
裁判所
もう我慢なりません！こんな安月給の旦那とは別れます！
もーっ
僕だって我慢の限界だ！家事に育児何でもやってて落ち度はない！
ごめんなさい！！！
まあまあ…
協議離婚ってことで慰謝料はなし親権は奥様で旦那様はお子さんの教育費は相当額を毎年負担…

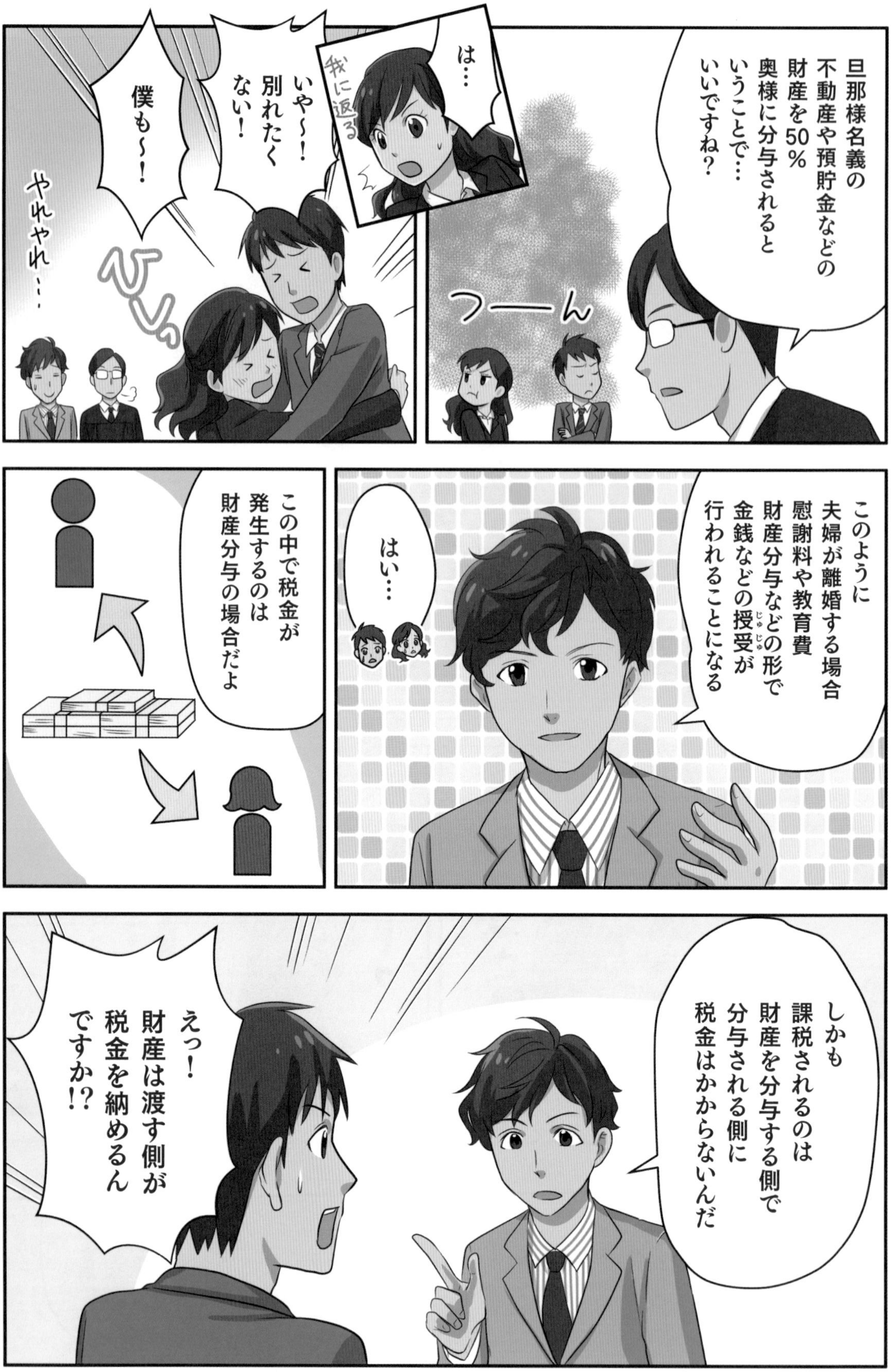
旦那様名義の不動産や預貯金などの財産を50％奥様に分与されるということで…いいですね？
フーーん
は…
我に返る
いや〜！別れたくない！
僕も〜！
やれやれ…
このように夫婦が離婚する場合慰謝料や教育費財産分与などの形で金銭などの授受《じゅじゅ》が行われることになる
はい…
この中で税金が発生するのは財産分与の場合だよ
しかも課税されるのは財産を分与する側で分与される側に税金はかからないんだ
えっ！財産は渡す側が税金を納めるんですか!?

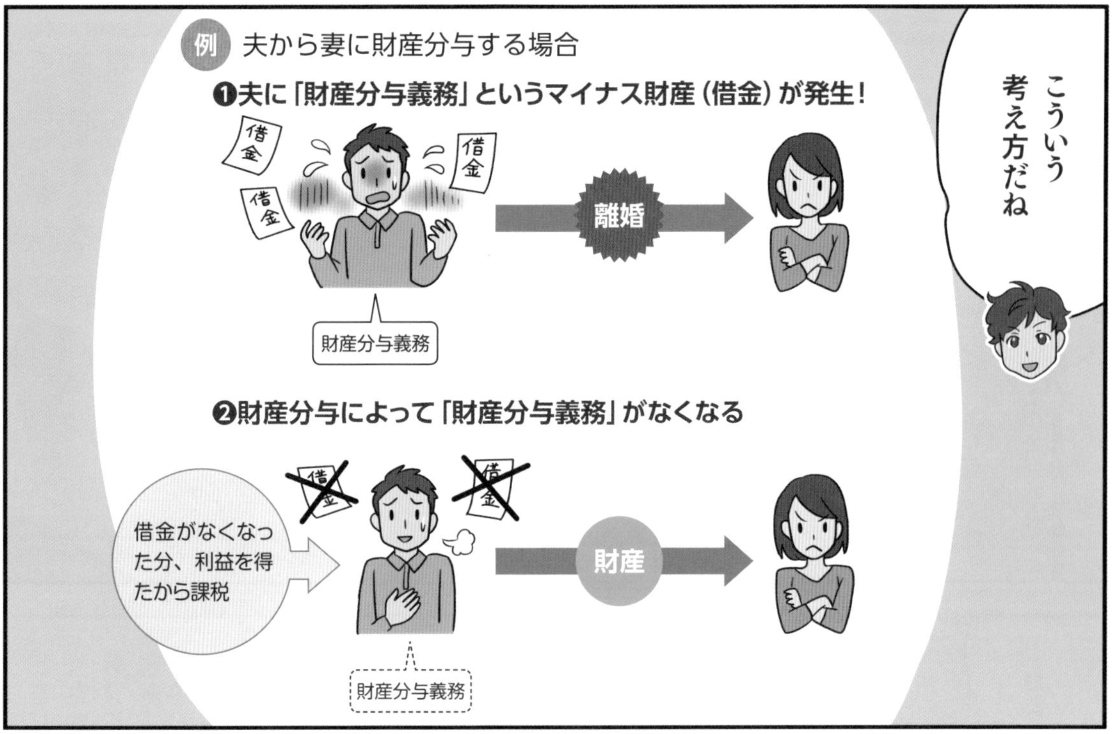
例 夫から妻に財産分与する場合
❶夫に「財産分与義務」というマイナス財産（借金）が発生！
借金
離婚
財産分与義務
❷財産分与によって「財産分与義務」がなくなる
借金がなくなった分、利益を得たから課税
財産
財産分与義務
こういう考え方だね

夫は離婚によって財産分与義務という借金が発生し…
財産を分与することでその借金がなくなる…
借金がなくなった分利益を得たから課税するってことだね

財産を渡して税金までとられるのか…
でも夫婦の財産は夫婦が協力してつくったものなんだから当然妻も受け取る権利があるわ

だからこういうルールになっているんだね
パチッ
ポン！
あっもどった

それにしても
離婚のときにまで
税金がかかるとは
思いませんでした
そうだよね
あと特殊な
例としては
災害時の税金かな
災害時も
税金を納める
んですか!?
ただいま〜
というより
税負担を
軽くするための
さまざまな特例が
あるんだよ
日本は地震大国だし
大型台風なども
頻《ひん》繁《ぱん》にあるから
税制でもそうした
災害に備えたものに
なっているんだ
おお〜!
まず
災害で損失が
生まれたときは
雑損控除といって
所得から相当額を
控除できるんだ
地震
火災
台風
雑損控除
災害による
被害を受けた分
所得税を安く
できるんですね!

ただし東日本大震災のような大災害の場合それだけではとても間に合わないこともある
そもそも確定申告とかをする余裕すらないでしょうからね…
そのため金額だけじゃなくもっとトータル的な措置を設けることもあるんだ
へえ〜
●東日本大震災後に実施された主な特例
・申告・納付期限の延長
・所得税の軽減や免除
・源泉所得税の徴収猶予、還付
・納税の猶予
など
ふむ
ふむ
国も被災者の税負担を軽くしようといろいろ動いてくれるんだね
当事者となってしまうとなかなか余裕はないけど普段からこのようなしくみがあることを知っているだけで安心感が増えるわね
何事も助け合いということだね
よいしょ
それにしても…
離婚の税金の勉強なんてこの2人にはいらないかもね
ほのぼの

離婚時に税金がかかることもある？

POINT

離婚の際に発生する慰謝料や養育費は非課税です。しかし、財産分与をした場合には、もらった側ではなく分与をした側に所得税がかかることとなりますので注意が必要です。

1 結婚による変化は所得税の配偶者控除

人生の大きな節目として結婚や出産などがありますが、現在の日本の税制において家族が増えることによって影響があるのは、**所得税の配偶者控除**です。結婚相手のその年の所得が48万円以下であれば受けられます。

なお、控除の対象となるかどうかは、その年の12月31日の現況によって判定しますので、年末年始を挟んで「いつ入籍しようかな」と迷うくらいであれば、年内にしたほうが税金を減らせる可能性はあります。入籍日を税金の関係で決めるというのはあまりロマンチックな話ではありませんが。

2 離婚時に発生する慰謝料や養育費は非課税

これに対して、離婚をした場合はもう少し複雑です。

まず、浮気や暴力などが原因で離婚する場合に出てくる**慰謝料**。これは一種の損害賠償金になりますので、税金はかかりません。

また、子どもがいる場合には月々の**養育費**が出てくることがあります。こちらについては生活費や教育費として妥当な金額であれば税金はかかりません。ですが、**一括で大きな金額を受け取るような場合には、贈与税が発生する可能性があります**ので注意が必要です。

3 財産分与の際の税金は分与する側に課せられる

離婚をした場合で**税金が発生してしまうのが財産分与**があった場合。さて、分与で財産を渡した側、分与で財産をもらった側、どちらが税金を支払うことになるのでしょう。

離婚をすると、**分与する側に「財産分与義務」というマイナスの財産が発生**し、分与をすることによってそのマイナスがなくなると考えます。つまり、マイナス分（実際には分与時の時価）を収入として**譲渡所得**の計算をすることになります。イメージとしてはもらったほうが得したように見えますので税金を負担しなければいけないような気がしますが、実際は逆なのです。

財産分与と税金の関係

財産分与とは、婚姻期間中に夫婦が形成してきた共有財産を離婚の際に分ける制度のことをいい、財産の受け渡しがあってもそれを贈与とは考えません。

夫から妻へ財産分与した場合

夫　分与した側

【金銭の場合】
➡ 税金はかからない。

【不動産の場合】
➡ 時価で譲渡があったものとみなされ、譲渡所得として所得税と住民税がかかる。

妻　分与された側

【財産を無償で取得した場合】
➡ 税金はかからない。

譲渡された財産について、通常は贈与税の対象となるのですが、それが離婚に伴う財産分与として行われる限り、贈与とはなりませんので、贈与税はかかりません。

MEMO

離婚によって発生するお金には、ほかに**慰謝料**や**養育費**がある。どちらか一方が、もう一方に支払うものであり、譲渡された財産ともとれるが、いずれも原則として税金はかからない。

●**慰謝料**
相手により被った損失に対する補てんとして受け取るもの。一種の損害賠償金。
➡**原則、税金はかからない。**

●**養育費**
扶養義務に基づき履行されるもの。
➡**「通常、必要と認められる」範囲内であれば、税金はかからない。**
ただし、将来分まで一括でもらうようなときは、**贈与税がかかるケースもある。**
なお、扶養控除はどちらが受けてもかまわない。

知っとく! プラスワン

財産分与で居住用財産の特別控除は受けられる?

財産分与をした場合には分与した側に譲渡所得が発生する可能性がありますが、自宅を分与したような場合には、**居住用財産の譲渡の場合の3,000万円特別控除の適用**は受けられるのでしょうか。

特別控除には「売り手と買い手が、親子や夫婦など特別な関係でないこと」という要件もありますので、**配偶者に対する譲渡に該当してしまうと特別控除を受けることはできません**。ですが、離婚が成立していれば、特別控除を受けることが可能となります（その後も内縁関係が続くような場合は受けられません）。ですから、特別控除を受けたい場合には離婚が成立した後に分与することをお勧めします（…というのも変な話ですが）。

海外移住の前に必要な手続きは？

POINT

年の途中で海外に移住をする際、納税管理人を置くことで出国時の確定申告を引き継ぐことができます。また、1億円以上の株式などを持っている場合は国外転出課税制度の対象となります。

1 特殊なタイミングで確定申告する場合もある

所得税は1月1日から12月31日までの期間をベースに計算し、翌年3月15日までに確定申告をするというのが基本です。ですが、年の途中で計算を打ち切り、翌年の確定申告時期まで待たずに確定申告をしてしまう場合があります。**年の途中で亡くなった場合と年の途中で海外へ出国をする場合**です。

亡くなった場合については相続税のところ（第8章）でお話するとして、ここでは年の途中で海外に出国する場合について説明します。

2 納税管理人がいれば通常通りの申告でよい

年の途中で海外に移住した場合でも、**移住するまでの期間に国内で収入がある方や、移住した後も国内に不動産収入などがある方は日本国内での確定申告が必要**とされます。

まずは出国の日までに、その年の1月1日から出国日までの間の利益について確定申告を行います。**出国するタイミングでいったん精算する**わけです。そして翌年の確定申告期間にもちゃんと確定申告を行います。

しかし、この取扱いには例外があります。それは**自分の代わりに申告作業をする納税管理人を選任し、税務署に届け出た場合**です。納税管理人が引き続き手続きを行うことになるため、この作業は省略されます。

3 国外転出時に譲渡があったとみなして課税する

また、平成27年7月1日以後に**1億円以上の株式などを保有している方が海外に転出するときは、転出時に株式の譲渡があったものとみなして譲渡所得を計算する制度が創設**されました。

これは、含み益の出ている株式を香港やシンガポールといった株式の譲渡益に課税をしない国に持っていき、そこで売却することにより所得税を免れるという方法を阻止するためのものです。「そこまでして…」と思う部分もありますが、制度の抜け穴をふさぐためには仕方がないのかもしれません。

海外に移住する人の確定申告

海外に移住する人が納税管理人を選定していない場合には、出国の日までに確定申告をしなければなりません。出国後にも国内に収入がある場合には、通常の確定申告も行います。

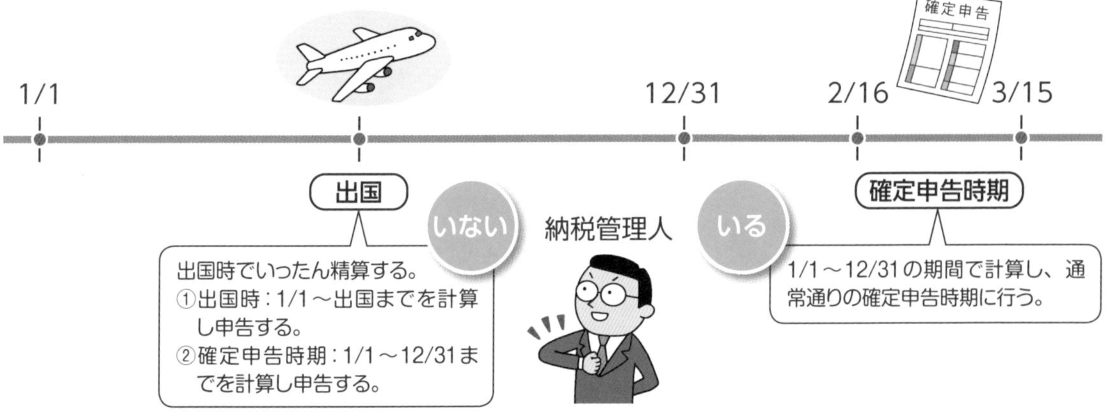

確定申告
1/1
12/31
2/16
3/15
出国
確定申告時期
いない
納税管理人
いる
出国時でいったん精算する。
①出国時：1/1～出国までを計算し申告する。
②確定申告時期：1/1～12/31までを計算し申告する。
1/1～12/31の期間で計算し、通常通りの確定申告時期に行う。

国外転出時課税制度

日本在住の人が国外に移住する際に、1億円以上の株式などを保有している場合には、その移住の際にその株式などの譲渡があったものとして課税される制度です。

対象者

株
株
株
株
株

- 国外転出時に保有している**有価証券などの評価額が1億円以上**である者。
- 国外転出の日前10年以内において**5年を超えて国内の居住者**（住所や居住のある人）であった者。

課税される有価証券の範囲

株券
$

- 有価証券（上場株式や非上場株式、外国株式、投資信託など）や匿名組合契約の出資の持分。
- 先物取引、オプション取引などのデリバティブ取引や信用取引で未決済のもの。

MEMO

国外転出時課税制度は、たとえば香港やシンガポールなど株式の譲渡益に課税をしない国（キャピタルゲイン非課税国）で含み益のある株式を売却することにより所得税を免れるなどといったことを阻止するため、平成27年7月1日に創設された新しい制度。

売ってもいないものを売ったことにして課税するというなかなか独特な方法ですので、負担が大きくなりすぎないような手当も用意されています。

知っとく！ プラスワン

「タックスヘイブン」とは？

国外転出時課税制度ができた背景には、「パナマ文書」でもお馴染みになりました「タックスヘイブン」というものの存在があります。**タックスヘイブンとは特定の課税が著しく軽減されたり完全に免除されたりする国や地域のこと**です。法人税率の違いや課税制度の違いをうまく利用すれば合法的に税金を抑えることもできるのですが、「ちょっとやりすぎなのでは？」ということが問題視されています。決して悪事を働いているわけではないんですけどね。近年ではタックスヘイブンを利用することによるメリットを減らす方向での税制改正が進んでいるというわけです。

ちなみに「タックスヘブン=税金天国」ではなく「**タックスヘイブン=租税回避地**」ですので、お間違いなく。

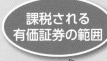

海外に住んでいても日本の税金を払うの？

POINT

日本国内に1年以上住んでいない人は非居住者と呼ばれ、それぞれの滞在国で税金を納めることになります。ただし、日本国内で発生する利益がある場合には日本の所得税も課せられます。

1 海外に住んでいるとは日本に1年以上居所がない人

原則として、海外に住んでいる方に日本の税金がかかることはありません。日本には縁もゆかりもないわけですからね。ですが、**海外に住んでいながらも日本国内で利益が発生するような場合には日本の所得税が課される**ことがあります。

「海外に住んでいる方」とは「日本国内に住所や1年以上の居所を有しない個人」と定められます（「非居住者」という）。たとえば、サラリーマンの海外赴任であっても、赴任期間が1年以上であれば非居住者となります。

2 海外赴任中のボーナスに所得税がかかることも

とはいえ、通常は海外赴任中の給与は海外で働いたことによるものですよね。では、海外に赴任しているのに国内で利益が生じるのはどういうことなのか考えてみます。

考えられるパターンとしては、1月から6月の期間にかかるボーナスを7月に支払う会社に勤めている場合です。その会社に勤める方が4月から海外赴任となったときに7月に受け取るボーナスは、国内勤務によるもの3か月分、国外勤務によるもの3か月分と考えられます。海外赴任中に受け取るボーナスの半分は国内で働いたことによるものというわけです。

3 非居住者の税金は源泉徴収で完結する

ほかにも国内の会社から配当を受けたり、国内の賃貸不動産の家賃収入があったりするパターンも考えられます。ですが、確定申告のためにわざわざ帰国するというのも大変ですので、**非居住者についての所得税の大部分は源泉徴収（給与の場合は20・42%）だけで手続きが完了**します。

なお、赴任先の国にはその国の課税方法があります。その結果、両国で二重に税金をとられてしまうような事態も想定されます。それを避けるために多くの国との間で結ばれているのが**租税条約**というものです。詳しくは税務署や税理士にご相談ください。

居住者と非居住者の課税対象となる利益

居住者か非居住者かは、海外での滞在期間が１年未満かどうかによって区分されます。それぞれの課税対象となる利益について確認しておきましょう。

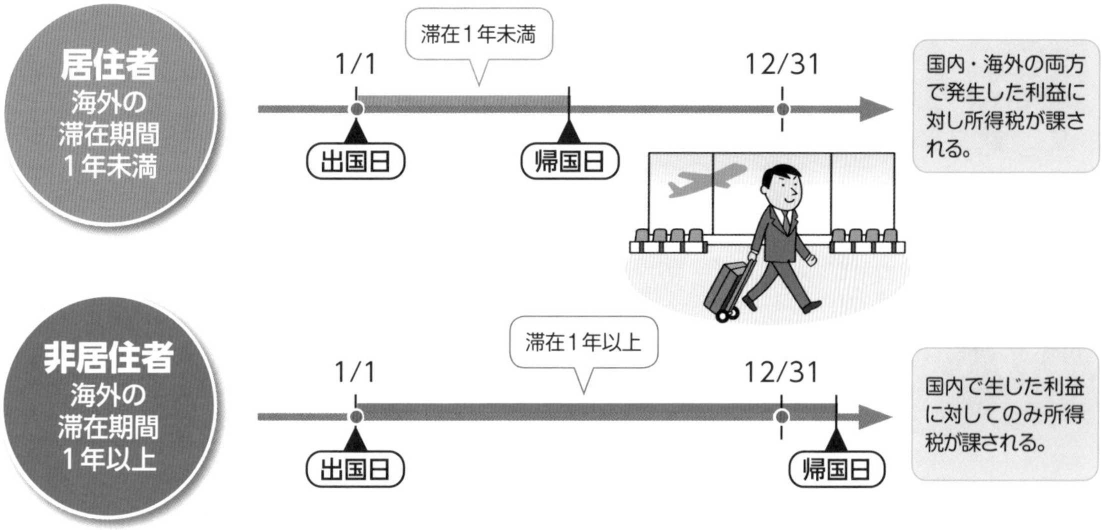
居住者
海外の
滞在期間
１年未満
滞在１年未満
1/1
12/31
出国日
帰国日
国内・海外の両方で発生した利益に対し所得税が課される。
非居住者
海外の
滞在期間
１年以上
滞在１年以上
1/1
12/31
出国日
帰国日
国内で生じた利益に対してのみ所得税が課される。

非居住者に対する課税方法

課税方法は国内に拠点（恒久的施設という）を持っているかどうかに応じて変わります。拠点がある場合には総合課税、ない場合には源泉分離課税が原則となります。

<table>
<tr><th>国内における所得の種類</th><th>国内に恒久的施設あり</th><th>国内に恒久的施設なし</th><th>源泉徴収税率</th></tr>
<tr><td>事業の所得</td><td>総合課税</td><td>非課税</td><td>なし</td></tr>
<tr><td>土地などの譲渡対価</td><td rowspan="2">源泉徴収のうえ総合課税</td><td>非課税</td><td>10.21％</td></tr>
<tr><td>人的役務の提供の対価</td><td>源泉徴収のうえ総合課税</td><td rowspan="3">20.42％</td></tr>
<tr><td>不動産などの貸付け対価</td><td>総合課税</td><td>総合課税</td></tr>
<tr><td>給与、年金</td><td>源泉徴収のうえ総合課税</td><td>源泉分離課税</td></tr>
</table>

知っとく!
プラスワン

二重課税を防ぐための「外国税額控除」とは？

海外に住んでいても国内で生じた利益があれば日本の所得税が課税される、ということは裏を返すと日本に住んでいる私たちも海外で生じた利益がある場合には、海外で所得税が課税される可能性があるわけです。そして、日本に住んでいる限りは海外で生じた利益には日本の所得税もかかります。つまり、**1つの利益に対して海外の所得税と日本の所得税がダブルでかかるわけです。**

それはさすがにおかしな話ですので、**二重課税を防ぐべく「外国税額控除」という制度が設けられています。**実際の計算方法はかなり複雑になっていますし、為替レートも絡んで厄介なのですが、簡単にいうと、海外で払った所得税相当額を確定申告の際にマイナスして国内で納税するようなイメージです。

災害時にはどんな特例があるの?

POINT

災害に遭った場合には雑損控除などの適用がありますが、東日本大震災のような大きな災害の場合にはさらなる特例が設けられます。特例の情報は国税庁のホームページで確認できます。

1 災害時にはさまざまな特例が発せられる

日本は地震大国ですし、台風などの被害も頻繁にあります。近年でも、東日本大震災や能登半島地震で大きな被害が出ました。税金面でもそのあたりは踏まえた制度となっており、**災害による損失が生じたときのために「雑損控除」が用意されています。**

しかし、雑損控除はあくまで所得税の計算上控除するというだけの制度です。大きな災害があったときには、金額の問題だけではなく、もっと包括的な軽減措置や支援策が設けられます。もちろんケースバイケースではあるのですが、ここでは東日本大震災での代表的な措置を紹介します。

2 申告期限の延長や税額の軽減措置などを実施

まずは、**申告・納付の期限延長**です。東日本大震災は3月11日でした。あれだけの災害の後、本来の申告期限である3月15日までに申告書を提出するといっても不可能なことですよね。同様に、源泉徴収税額の徴収猶予や還付、納税の猶予など税金の申告・納付作業はひと通り猶予されました。

このほかにも、住宅ローン控除を受けているマイホームに被害を受けた方のための優遇措置や、自動車を買い換えなければならなくなった方への手当、津波で被害を受けた地域への固定資産税の免除なども用意されました。

災害の場合だけでなく、令和2年からの新型コロナウイルスの流行時にも確定申告の納付期限が延長されるなど、不測の事態への対応が適宜図られています。

3 情報は国税庁ホームページで確認することができる

災害後に受け取ることとなった**見舞金や義援金は課税対象とはなりません。**一方、災害義援金などを寄附した側は寄附金控除を受けられます。こうした情報は国税庁のホームページで適宜公表されることとなるのですが、被災直後はなかなか確認するのも難しいかもしれません。すこし落ち着いたころに確認できるといいですね。

災害により被害を受けたときの軽減措置

自然災害などにより、次のような状況に陥ったときは税金にかかわる軽減措置が用意されています。雑損控除と災害減免法による所得税の減免についても知っておきましょう。

期限までに申告・納税ができない! → 期限を延長できる!

財産に莫大な損失を受けた! → 納税の猶予を受けられる!

住宅や家財に損害を受けた! → 雑損控除または災害減免法のいずれかにより税金が減額される!

MEMO

●災害減免法

自然災害による損失で、次の条件を満たす場合に適用される。

①災害金額が、住宅や家財の価格の半分以上であること。保険金などにより補てんされた金額を除く。
②その年の合計所得金額が1,000万円以下。
③雑損控除の適用を受けていないこと。
④確定申告書に、被害の状況や損害金額等の記載があり、期限内に申告していること。

その年の合計所得金額	減免額
500万円以下	所得税額の全額
500万円超750万円以下	所得税額×50%
750万円超1,000万円以下	所得税額×25%

災害被害金額の計算方法

雑損控除の計算は、その損失発生直前における資産の価額を基に計算することとされていますが、個々の損失額を計算することはむずかしいため、次のような方法による計算が認められています。

●たとえば、災害により「住宅家屋」が損害を受けた場合

取得価額が明らか

損失額 ＝ 住宅の取得価額－減価償却費 × 被害割合※

取得価額がわからない

損失額 ＝ （1㎡当たりの工事費用×総床面積）－減価償却費 × 被害割合※

※被害割合は「全壊100%」「半壊50%」「一部破壊5%」など被害の程度に応じて決められている。

コラム8

給付金などの調べ方

コロナ禍における一律10万円の「特別定額給付金」や商売をやっている方への「持続化給付金」など、ここ数年すっかり身近なものとなったのが各種の給付金や助成金です。私の周りにも、そういった制度によって助けられた方が数多くいらっしゃいます。

広く一般の方を対象とするものに関しては、新聞やテレビでも大きく取り上げられていましたので必要な情報を手に入れるのは難しいことではありませんでした。しかし、ちょっとマイナーものは、その制度があること自体を知ることが難しく、要件を満たしているにもかかわらず受けられなかった方もいるようです。では、受給した方々はどうやってそういう情報にアクセスしているのでしょうか。

国や地方自治体からの給付金などは、各省庁や市区町村のホームページで公表されています。

ただし、これらの給付金や助成金は申請期限が設けられていますので、期限までに申請をしないと受け取ることができません。「気づかないあいだに申請期限が終わっていた……」といったことにならないよう、情報収集は怠らないようにしたいものです。

また、「新規に事業を始めよう！」というようなときにも助成金などは役に立ちます。商売に絡むような支援策は経済産業省や中小企業庁も名を連ねる中小企業向け補助金・総合支援サイト「ミラサポplus」（https://mirasapo-plus.go.jp/）などでチェックできます。情報量の多いサイトですので必要なことを探すのには苦労しますが、根気強く頑張ってみてください。きっと有益な情報が手に入るはずです。

最後にひとつ注意点。「国がお金をくれた」というと税金がかからないような気がしますが、実際には多くの場合が所得税の課税対象です。受給した給付金などが課税の対象かどうかも調べておくようにしましょう（ちなみに、特別定額給付金は非課税、持続化給付金は課税対象でした）。あとから不意に襲ってくる税金は怖いものですから。

第8章

相続・贈与でかかる税金

- ■相続するってどういうこと？
- ■どんな財産に相続税はかかるの？
- ■相続税を軽くする税額控除って何？
- ■生きているうちに財産をもらったら？
- ■贈与税が軽くなる特例って何？
- ■多額の贈与をしたいときに得なのは？
- ■亡くなった人の申告は誰がするの？

ただいま～
おかえり
しゅん…
あれ…
どうしたの？
せっかく
パパの誕生日の
お祝いに行ったのに…
最後は
もしも俺が
死んだ
ときは…
とかって
相続の話を
はじめるんだもん！
わっ
そっ
それは
それは…
でも
相続税って
大変だって聞くし…
よよよ…
たしかに
知っておく
べきかも…
行きますか…
布施さんの
ところ…
ころっ
うん♪

たしかに
相続については
早めに準備して
おいたほうが
得することも
あるからね
相続って
亡くなった人の
財産を引き継ぐ
ことですよね？
そうだね
亡くなった人を
被相続人
財産を引き継ぐ人を
相続人というよ
で…
相続人は
もらった財産の
一部を相続税として
国に納めると…
うん
見方によっては
国も相続人の
1人みたいに
見えるね
相続財産
相続税
国
相続人
でも相続って
ルールが
小難しくて
よくわからないん
ですよね…

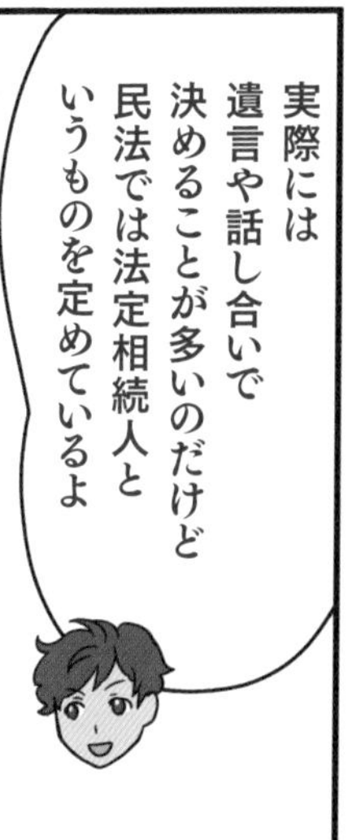
実際には
遺言や話し合いで
決めることが多いのだけど
民法では法定相続人と
いうものを定めているよ

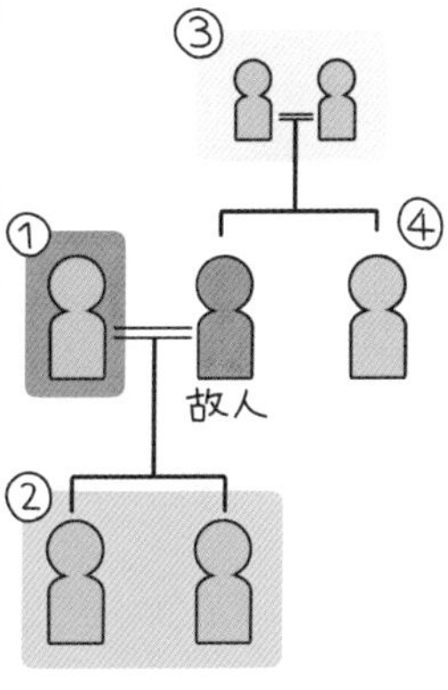
③
①
④
故人
②

●**法定相続人のルール**

①**配偶者**：常に相続人になる。

②**子や孫**：すべての子が相続人となる（子がすでに亡くなっていれば、その子=孫が相続人となる）。

③**父母や祖父母**：「子や孫」が1人もいない場合、相続人となる（父母がすでに亡くなっていれば、その父母=祖父母が相続人となる）。

④**兄弟姉妹**：「子や孫」「父母や祖父母」が1人もいない場合、相続人となる。

だから
もし優城くんが
亡くなった場合は
①配偶者である
真里奈ちゃんと
②子である
大輝ちゃんが相続人
となる
③親
④兄弟
×
①
②
大輝がいるから
僕の両親や
兄弟は相続人とは
ならないわけですね
こうして相続人が
決まったら
相続する財産を
洗い出していく
●主な相続財産
プラスの財産
現金、預貯金
不動産（土地、建物）
有価証券（株式など）
自動車、美術品
など
マイナスの財産
借入金
住宅ローン
連帯債務
など
マイナスの
財産も
引き継ぐ
のか…
こうした被相続人の
財産を漏れなく
洗い出さないと
ダメなんだ
もし見落として
いたものが
あったら…？
見落としていたら
全部の作業が
やり直しになって
しまうよ
にっこり
ひゃ～
それは大変！

こうして
相続人と相続財産が
確定したら
どのように分配するか
決めていく
①
②
どうやって
決めれば
いいんですか？
遺言書
エンディングノート
遺言書があれば
それに従えばいいし
相続人同士の
話し合いで決めてもいい
エンディングノートを
参考にしてもいいかも
ただ…
悲しいことに
遺産をめぐる
争いは絶えない
故人が遺思を
書きとめてても
だから
誰がどのくらいの
割合で引き継ぐべきか
という目安が
民法で定められて
いるんだよ
民法
揉めそうなときは
それを参考に
すればいいのか
優城くん家族を例にいうと
真里奈ちゃん（配偶者）は
全財産の50％
大輝ちゃん（子）も
50％となる
50%
50%
?
妻
子
子
そのとき
大輝ちゃん以外にも
子どもがいたら？
子の取り分
である50％を
子の人数で
等分するんだ
50%
等分
等分
子
子
なるほど～

ちなみに相続税の計算の流れは次のとおり
●相続税の計算
❶被相続人の財産の評価をし、財産の総額を計算する。
❷相続財産の総額から基礎控除をマイナスし、
その金額に法定相続分と税率を考慮して相続税の総額を求める。
基礎控除＝3,000万円＋（600万円×法定相続人の数）
❸相続税の総額を財産の取り分に応じて、各相続人に振り分ける。
いったん相続税の総額を求めてから各人に割り振るというのはかなり珍しいシステムだね
もし相続財産の総額が基礎控除を下回ったら…？
相続税はかからない
おお！
実際はそんな単純じゃないけど相続税がかかるかどうかの目安になるよ
くいっ
あのぉ…相続税をなくすために亡くなる直前に誰かに財産をあげちゃうこととかできないんですか？
残念！そうした抜け道をふさぐために個人間で財産を受け渡した場合には贈与税がかかるんだ
贈与税
やっぱりダメかぁ…

贈与税を払うのは
財産を受け取った側で
1年の間に
贈与によって得た
財産が課税対象と
なるよ
1月
贈与
贈与
12月
これを
暦《れき》年《ねん》課《か》税《ぜい》という
ただし
毎年コツコツ
贈与をしていれば
税金がかからず
財産を受け渡す
ことができるんだよ?
ちょこっとずつね
本当ですか!?
ああ
贈与税には
年間110万円の
基礎控除が設け
られているからね
控除額を
下回れば
課税されない!
1年間で
110万円以下の
贈与なら贈与税は
かからないのか
生前贈与については
相続時精算課税制度を
選択するという手もあるし
ほかにも
さまざまな特例が
用意されているので
税理士などの専門家に
相談するほうが安心かもね
控除から
税額の軽減まで
いろいろあるよ
生前贈与が
節税になるのか!
大輝のためにも
はじめようか!
いいじゃん
これ!!
ズバ
その前に相続税が
かかるくらいの
財産をつくらないと
だけどね!
うっ…
ハイ…

相続するってどういうこと？

POINT

亡くなった方の財産を相続した人は、亡くなった日から10か月以内に相続税の申告と納付をしなければなりません。また、もし相続を放棄する場合には、3か月以内に手続きを行うことが必要です。

1 相続とは亡くなった人の財産を引き継ぐことをいう

相続とは、人が亡くなったときに、その人が持っていた財産や債務を誰かが引き継ぐことをいいます。民法では、その**亡くなった人のことを被相続人、財産を引き継いだ人のことを相続人**といい、引き継いだ財産について、**相続人が国に支払うこととなる税金を「相続税」**といいます。相続人は、実質何もせずに財産をもらっていますので、そのうちの一部は税金として国に払ってください、というわけです。見方によっては、国も相続人の1人のようなものといえますね。

2 相続に関するルールは民法で定められている

被相続人が誰にいくら財産を遺すのか、また遺された財産を誰がどのように分配するのかは、被相続人の遺言や相続人同士の話し合いに基づくものなのですが、遺産を巡る争いは絶えません。

そこで民法では**「誰が引き継ぐべきか（法定相続人《ほうていそうぞくにん》）」と「どのような割合で引き継ぐべきか（法定相続分《ほうていそうぞくぶん》）」についてルールを定めています。**遺言がある場合や話し合いで決まった場合には、必ずしもそのルールに則る必要はありませんが、1つの基準として覚えておきたいところです。

なお、民法上の相続人となっていても、家庭裁判所に申し出ることによってその**地位を放棄すること**もできます。放棄は被相続人に大きな借金がある場合などには効果的なものですが、被相続人が亡くなってから3か月以内に手続きしなければなりません。

3 相続税の申告と納付は10か月以内に行う

財産を相続した場合には、**被相続人が亡くなってから10か月以内に相続税の申告と納付をしなければなりません。**

仮に、財産の分け方が未確定であっても10か月以内にはいったん申告をし、その後、正確に決まり次第、改めて修正の申告をすることになります。10か月というと長いような気もしますが、意外とあっという間です。時間に余裕を持って進めていくことが大事です。

相続に関するスケジュール

相続に関する税金の手続きは時間との闘いとなります。とくに3か月をすぎると、相続放棄ができなくなってしまいますので注意が必要です。

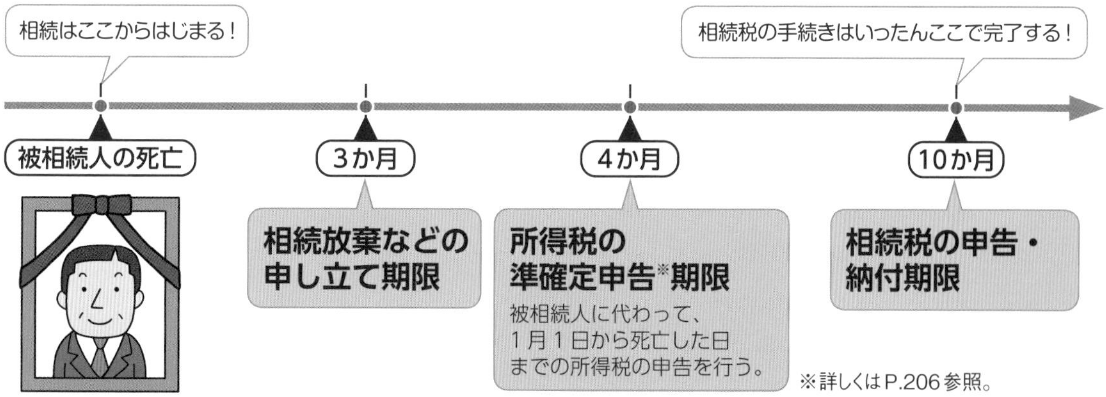

※詳しくはP.206参照。

相続人の順位と法定相続分

相続分は「配偶者+法定相続人のうち誰か」というかたちで分けられます。法定相続人の優先順位は第1順位から第3順位まで定められていて、相続分も順位によって異なります。

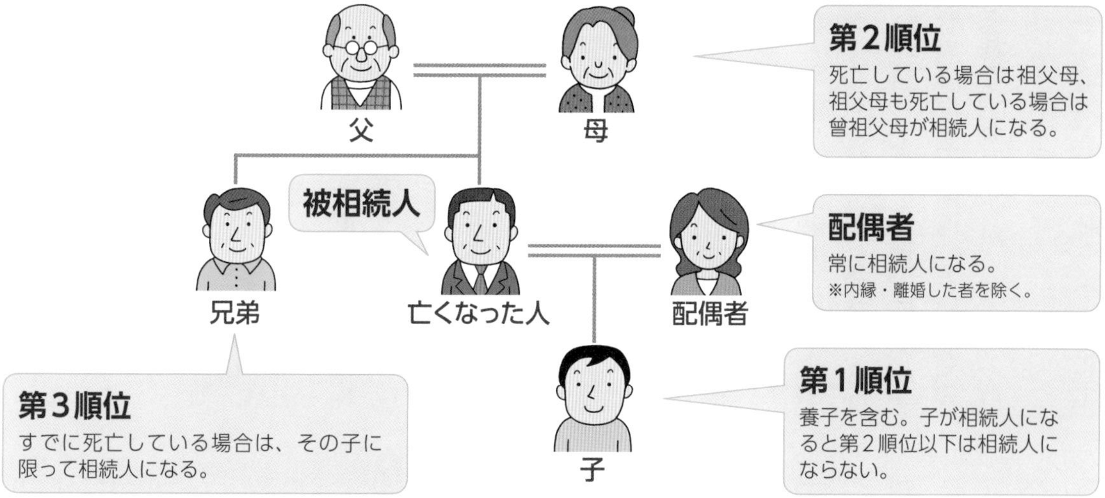

●法定相続分の代表的なケース

	配偶者	第1順位(子)	第2順位(父母)	第3順位(兄弟姉妹)
子がいる場合	1/2	1/2※	—	—
子がいない場合	2/3	—	1/3	—
子・父母(祖父母)がいない場合	3/4	—	—	1/4

※子が複数人いる場合は1/2を等分する。

どんな財産に相続税はかかるの？

POINT

相続税の計算で最大のポイントは、財産の評価です。すべての資産をピックアップしたうえで、ルールに則って計算しなければなりません。生命保険金や退職金も相続財産となるなど注意が必要です。

1 相続税は総額を求めてから各相続人に振り分ける

相続税の計算の骨組みだけを抜き出すと、①被相続人の財産の評価をして**財産の総額を計算する**、②財産の総額から基礎控除をマイナスし、その金額と法定相続分を基に全体の相続税を求める、③全体の相続税を**財産の取り分に応じて各人に振り分ける**、という流れになります。いったん総額を求めてから各人に割り振るというのは珍しいシステムです。

2 すべての財産の価格をルールに則って算定する

相続税の計算でもっとも頭を悩ますのが財産の評価です。相続税は**墓地や仏壇など限られたものを除くすべての財産を対象**としており、それらについて「被相続人が亡くなった時点での価格」を算定しなければなりません。**基本的なルールは「財産評価基本通達」というもので定められている**のですが、財産が多いときなどはかなり大変です。

なかでも宅地と有価証券（とくに上場されていないもの）の評価は厄介です。ただでさえ計算方法が複雑なうえに、さまざまな特例（評価額が減るようなありがたいものも多いのですが）が存在するので判断に困ることも多くあります。ですから、相続財産にこれらのものが含まれているようなときは、税理士にご相談いただくことをお勧めします。

3 亡くなった後に生じる財産も相続財産とみなされる

被相続人が亡くなったことで支払われることとなった**生命保険金（被相続人が保険料を支払っていた場合に限る）や退職金も相続財産**となります。被相続人が遺してくれたものに変わりはないのですが、亡くなった時点では存在しないものですから通常の相続財産ではなく**「みなし相続財産」と呼ばれます。**ほかの財産とは別枠で計算され、「５００万円×法定相続人」という非課税枠を超える部分のみが対象となります。

多岐にわたる財産をピックアップするだけでもひと苦労ですが、漏れがないよう十分注意したいところです。

相続税がかかる財産

相続税の対象となる財産には次のようなものがあります。ほとんどのものが対象となりますので、すべての財産をピックアップすることが必要です。

動産
貴金属、書画、骨とう品など。

不動産
土地、建物など。

金額に見積り可能な権利
貸付金、特許権など。

金融資産
預貯金、有価証券など。

みなし相続財産
死亡保険金、死亡退職金など。

相続税の計算の流れ

相続税の計算方法はかなり複雑です。❶から❸で全体の税額を求め、❹で各相続人に振り分け、❺で各相続人の個人的事情を考慮するという流れになっています。

1 遺産の総額を出す
相続税の対象となる資産を調べて金額に換算して合計、債務などを差し引く。

2 課税遺産総額を出す
基礎控除額を差し引く。
3,000万円+（600万円×法定相続人の数）

3 相続税の総額を出す
②を法定相続分で分割し、税率をかけて法定相続分に基づいて税額を算出し、後で合計する。

4 各人の相続税額を出す
実際の取得財産の割合に応じて③の税額を按分する。

5 各人の納付税額を出す
それぞれ当てはまる税額控除（未成年者控除、配偶者の税額軽減など）を差し引く。

MEMO

各人の法定相続分に応じた税率をかけ、そこから一定の控除額を引いて各人の相続税額を算出する。

●相続税の速算表

法定相続分による取得財産額	税率	控除額
1,000万円以下	10%	—
1,000万円超3,000万円以下	15%	50万円
3,000万円超5,000万円以下	20%	200万円
5,000万円超1億円以下	30%	700万円

相続税を軽くする税額控除って何？

POINT

相続税の負担が重くなりすぎないよう、**基礎控除をはじめ、相続人の立場に応じたさまざまな控除**が設けられています。とくに配偶者に対してはほとんど税金がかからないような控除となっています。

1 相続した財産からまず控除できるのは基礎控除

相続税では、**「最低限この金額までは税金をかけません」という趣旨で基礎控除**が設けられています。現在は**「3000万円+600万円×法定相続人の数」**という算定の仕方となっています。法定相続人が妻と子2人の場合であれば「３０００万円＋６００万円×３＝４８００万円」となり、相続財産の評価額がこの金額を超えない限りは、相続税は課されません。

この基礎控除は数年前に引き下げられ、その結果、亡くなったすべての方の中に相続税の対象となる方の占める割合は、平成26年の４・４％から令和４年は９・６％と倍以上に増えました。

2 相続人の立場に応じた控除が用意されている

基礎控除に次いで相続税に大きな影響を与えるのが**配偶者の税額軽減**です。被相続人の財産は夫婦共同で築いてきたものであるという考え方や、配偶者の今後の生活保障などの意味から、**遺産総額のうち配偶者の法定相続分と1億6000万円のいずれか多い金額**の控除が設けられています。つまり、最低でも1億６０００万円の控除ですから、ほとんどのケースで配偶者は相続税の心配はいらないわけです。ほかにも**相続人が未成年者や障害者である場合**にも控除が設けられています。

同様に、**被相続人の債務や葬式費用**はいわばマイナスの財産ですから、引き継いだ場合には相続税の計算上控除できます。葬式費用などを支払った際の領収書やレシートは保存しておきましょう。

3 現金納付できないときには「延納」や「物納」という方法も

なお、**相続税は現金による一括納付を原則**としていますが、多額の税額が発生する可能性があること、土地を相続した場合には現金納付が難しいことなどの事情を考慮し、**最長20年の分割納付である「延納」や現物での納付である「物納」**を認めています。適用条件は簡単ではありませんが、困ったときには検討してみてもいいでしょう。

相続税の基礎控除

相続税の申告が必要かどうかを判定するうえで基礎控除額は基準の数値となります。基本の計算方法を覚えておきましょう。

基礎控除額 ＝ 3,000万円 ＋ 600万円 × 法定相続人の数

相続財産の総額が基礎控除額を超えた分に対して相続税がかかる。

配偶者はいるか、子はいるかなどによって法定相続人の数は変わる。ルールに則って数える。

そのほかの主な税額控除

配偶者には破格ともいえるほどの控除が用意されているほか、相続人が未成年や障害者の場合にも使える控除がありますので知っておくことが大事です。

●配偶者の税額軽減

配偶者の相続する財産が、次のいずれか大きいほうの額まで相続税はかからない。

①配偶者の法定相続分　②１億6,000万円

●たとえば…相続人が配偶者と子１人の場合、
次のような配分で配偶者が相続をすると、配偶者の税負担がゼロになる。

遺産額	配偶者の取り分
遺産額≦１億6,000万円	配偶者が全遺産を相続する。
１億6,000万円＜遺産額≦３億2,000万円	配偶者が法定相続分（遺産の1/2）にかかわらず、１億6000万円を相続する。
遺産額＞3億2,000万円	配偶者が法定相続分（遺産の1/2）を相続する。

➡ **配偶者の税負担なし！**

●そのほかの主な控除

未成年者控除
相続人が18歳未満の場合は、年齢に応じて控除を受けることができる。
未成年者控除額＝（18歳－相続開始の日の年齢）×10万円

障害者控除
相続人が85歳未満の障害者の場合、年齢に応じて控除を受けることができる。
障害者控除額＝（85歳－相続開始の日の年齢）×10万円※
※特別障害者の場合は20万円

贈与税額控除
原則として亡くなる前7年以内※に贈与された財産は相続税の計算上、相続財産に加算される。ただし、1つの財産に対して贈与税と相続税の両方を支払うことのないよう、**相続税からすでに支払っている贈与税相当額をマイナス**することができる。

相次相続控除
夫が亡くなって相続財産を取得した妻が、それから短期間の間に亡くなってしまったような場合には、**短期間で同じ財産に2度相続税がかかってしまうので、その負担を軽減するために一定の金額をマイナス**することができる。

外国税額控除
同じ相続に関し海外で課された相続税がある場合には、**日本の相続税から外国相続税額をマイナス**することができる。

※段階的措置あり。詳しくはP.6参照。

生きているうちに財産をもらったら？

POINT

贈与税の税率は相続税よりも高く設定されているのですが、年間110万円以下の贈与であれば税金はかかりません。この金額を超えて贈与を受けた場合にのみ贈与税の申告・納税が必要です。

1 贈与税は相続税逃れを防ぐための補完税

相続税は、被相続人が亡くなった日における遺産を基に計算します。ですから、亡くなる直前に誰かに財産をあげてしまえば相続税がかからないのでは、と考える方も出てきます。しかし、そこには手が打たれています。個人間の贈与の場合には、相続税よりも税率の高い贈与税がかかることとされ、相続税逃れのための贈与という抜け道はふさがれています。そういったことから、**贈与税は相続税の補完税**ともいわれています。

2 もらった人が期限までに申告・納税を行う

贈与税を払うのは贈与を受けた側です。「もらって得したのだから税金を払ってください」ということですね。原則として、**その年の1月1日から12月31日の間に贈与によって取得した財産が課税対象**となります。複数の人から贈与を受けている場合には、その総額を一括して計算し、その翌年2月1日から3月15日までの間にまとめて申告・納税します（これを「暦年《れきねん》課税《かぜい》」といいます）。

贈与というと現金など現物をもらうイメージですが、土地や自動車の名義を変えた場合や借金を免除してもらった場合などにも贈与税の課税対象となってしまう可能性がありますので注意が必要です。逆に、生活費としての仕送りなどには贈与税はかかりません。

3 毎年110万円ずつの贈与は非課税となる

贈与があった場合に課税するといっても、ちょっとした金銭や物品の贈与まで把握するのは困難です。そこで**年間110万円の基礎控除**を設け、贈与を受けた金額のうち１１０万円を超える部分にだけ税金をかけることとしています。つまり、１１０万円という金額の範囲内で毎年贈与をしていくのは相続税の節税の王道となっています。

なお、これまで相続開始前3年間の贈与は、相続税の計算の際に相続財産に加算されていましたが、令和6年から、**相続開始前7年間に延長**されますので、少々使い勝手は悪くなりそうです。

贈与税の計算方法

贈与税の計算式自体は非常に簡単ですが、「一般贈与財産」と「特例贈与財産」とがあり、税率も分かれていますので注意が必要です。

贈与税額 ＝ （その年の1年間に贈与を受けた財産の評価額 － 基礎控除額110万円）× 税率

基礎控除額を超えた分に対して贈与税がかかる。

「贈与税の申告書」の書き方については P.208 で説明しています。

MEMO

税率には**基本となる「一般税率」**のほか、**父母や祖父母による18歳以上の子や孫への贈与税を優遇する措置として「特例税率」**が設けられている。

●贈与税の速算表

一般税率

課税価格	税率	控除額
200万円以下	10%	—
200万円超 300万円以下	15%	10万円
300万円超 400万円以下	20%	25万円
400万円超 600万円以下	30%	65万円
600万円超 1,000万円以下	40%	125万円
1,000万円超 1,500万円以下	45%	175万円
1,500万円超 3,000万円以下	50%	250万円
3,000万円超	55%	400万円

特例税率

課税価格	税率	控除額
200万円以下	10%	—
200万円超 400万円以下	15%	10万円
400万円超 600万円以下	20%	30万円
600万円超 1,000万円以下	30%	90万円
1,000万円超 1,500万円以下	40%	190万円
1,500万円超 3,000万円以下	45%	265万円
3,000万円超 4,500万円以下	50%	415万円
4,500万円超	55%	640万円

こんな場合にも贈与税がかかる

財産を受け取ったわけではないのに贈与税がかかる場合もあれば、財産を受け取っているけれど贈与税がかからない場合もあります。

名義を変更した不動産

免除してもらった借金

契約者（保険料負担者）以外の人が受け取った保険金

著しく低い金額で譲り受けた財産

これらには贈与税がかからない!

- 扶養義務者から生活費や教育費としてもらったもので、社会通念上相当なもの。
- 祝い金や香典など儀礼的なもの。

贈与税が軽くなる特例って何？

POINT

贈与税の特例では、配偶者控除のほか、子や孫への贈与については教育資金、結婚・子育て資金、マイホーム取得資金などお金の使い道を限定することによって控除額を設定しています。

1 配偶者にマイホームをあげる場合の優遇制度

年間110万円を超える贈与があった場合には贈与税が課されますが、さまざまな理由から大きな控除や非課税枠が設けられているものもあります。

まず、**20年以上連れ添った夫婦間でマイホームやマイホーム購入資金の贈与があった場合には、最高2000万円の配偶者控除が設けられています。**同じ配偶者に対しては一生に一度だけ、マイホームを取得したら翌年3月15日までに居住しなければならないなどの要件はありますが、なかなかお得な制度です。

相続税にせよ贈与税にせよ、配偶者は特別に優遇されているといえます。

2 教育資金や結婚資金の贈与には非課税枠がある

最近では、お金を持っている高齢者から若年層へ早めに財産を移して消費を促進しようという政府の方針から、その流れを支援する制度がいくつもできています。

具体的には、**子や孫へ教育資金として贈与した場合1人につき1500万円まで非課税になる制度**（令和8年3月31日まで）や、**子や孫の結婚・子育て資金としての贈与であれば1000万円まで非課税になる制度**（令和7年3月31日まで）が設けられています。

これらは、信託銀行などを利用した制度であるうえに、お金の使い道の要件も細かく定められていますので少し厄介ではあります。しかし、うまく使えばかなり便利な制度ですので、検討する価値は十分にあるかと思います。

3 子や孫のマイホーム取得を支援する制度もある

教育費や結婚など以外で若い世代がまとまったお金を必要とする代表的なケースはマイホームの購入ですね。

親や祖父母からマイホーム取得のための資金として一括で贈与を受け、翌年3月15日までにマイホームを取得した場合には最高1000万円まで非課税になる制度（令和8年12月31日まで）が設けられています。これは次項で紹介する「相続時精算課税」とも併用できます。

贈与税の特例

贈与税の特例を受けるためには、誰への贈与なのか、どのような目的かなど、適用要件が細かく決められています。しっかり検討することが必要です。

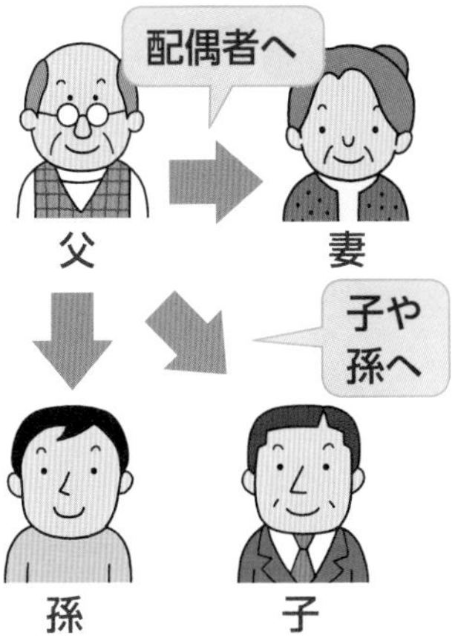

●配偶者控除

配偶者からの贈与について、次の5つの条件を満たす場合に利用することができる。

❶婚姻期間が**20年以上**である。
❷マイホーム（居住用不動産）の**取得資金**、または**現物**の贈与である。
❸マイホームを**取得した年の翌年3月15日まで**に入居、その後引き続き居住すること。
❹贈与の**翌年3月15日までに確定申告**を行うこと（贈与税額がゼロである場合も）。
❺同じ配偶者の間で、過去にこの特例の適用を受けていないこと。

配偶者控除の適用によって贈与税額がゼロになる場合であっても申告が必要である点がポイントです。

●教育資金や結婚・子育て資金の特例

教育資金や結婚・子育て資金として一括で贈与された場合、以下の要件に当てはまる分については非課税となる制度。教育資金は令和8年3月31日、結婚・子育て資金は令和7年3月31日まで。

課税価格	教育資金の場合	結婚・子育て資金の場合
贈与を受ける人※（受遺者）	30歳未満の子や孫など	18歳以上50歳未満の子や孫など
贈与をする人	父母や祖父母など	
非課税金額	受贈者1人につき1,500万円まで（学校以外への支払いは500万円まで）	受贈者1人につき1,000万円まで（ただし、結婚費用は300万円まで）

※贈与を受ける前年の合計所得金額が1,000万円以下の人に限る。

学習塾・家庭教師・習いごと・通学定期券代・留学渡航費などがこれに含まれる。

挙式・披露宴費用のほか、新居の住居費や引越し費用を含む。

●マイホーム取得資金の特例

マイホーム取得資金として一括で贈与された場合、以下の要件に当てはまれば一定額が非課税となる制度。配偶者控除よりだいぶ要件は軽くなっている。令和8年12月31日まで。

❶**両親や祖父母**などからの贈与である。
❷**自分の居住用**の住宅の取得、または増改築のための資金である。
❸住宅の床面積は**40㎡以上240㎡以下**である。

●**住宅用家屋**の場合の非課税金額
令和2年4月～令和8年12月　500万円まで

●**耐震など一定条件を満たす質の高い住宅**の場合の非課税金額
令和2年4月～令和8年12月　1,000万円まで

多額の贈与をしたいときに得なのは？

POINT

60歳以上の方から18歳以上の子や孫への贈与には一生で2,500万円が控除できる特例があります。この制度を選択した場合には、相続が発生したときに相続財産として計算し直す必要があります。

1 世代間の財産移動を促す相続時精算課税制度

上の世代から下の世代への財産の移動を促す制度の元祖といわれているのが**「相続時精算課税制度」**です。

これは相続よりも早期に財産を子や孫に移転させるために創設された制度で、**60歳以上の親や祖父母から18歳以上の子や孫へ贈与があった場合には総額2500万円まで贈与税を課さない**というものです（２５００万円を超える部分は一律20％の税率で課税されます）。

そこだけ見ると大サービスに思えますが、そんなサービスを無条件でしてくれるほど国は優しくはありません。

2 贈与時に課税されない分は相続時に精算する

相続時精算課税制度を利用した贈与に関しては、のちの**相続の際にその贈与財産を相続財産に加え、改めて相続税を計算する**こととなります。つまり、将来の相続財産を前借りしているイメージで、相続の際に税額が発生しないような方であれば、贈与のときも相続のときも税金がかからないまま**前倒しで子や孫に資金を移転できる**というメリットがあります。さらに、令和6年からは**相続時精算課税にも基礎控除額110万円**が控除されます。この１１０万円には相続税も贈与税もかからないこととなっているため、相続時精算課税を利用する方は増えそうです。

なお、相続時精算課税制度の適用を受けるためには「相続時精算課税選択届出書」という書類を提出したうえで贈与税の申告を行わなければなりません。そして、いったんこの制度を選択すると途中で取り消すことができませんので注意が必要です。

3 相続時精算課税制度にもマイホーム特例がある

暦年課税と同様に相続時精算課税制度でも**マイホーム購入のための贈与の特例**は受けられます。この特例の場合、贈与者が60歳以上という制限が外れ、贈与者の年齢にかかわらず、18歳以上の子や孫への贈与であれば適用を受けられることとなっています。

相続時精算課税制度の流れ

相続時精算課税は、贈与時に相続時精算課税として贈与税の申告をすることと、相続時に相続財産に加えて相続税の計算をすることがセットとなった制度です。

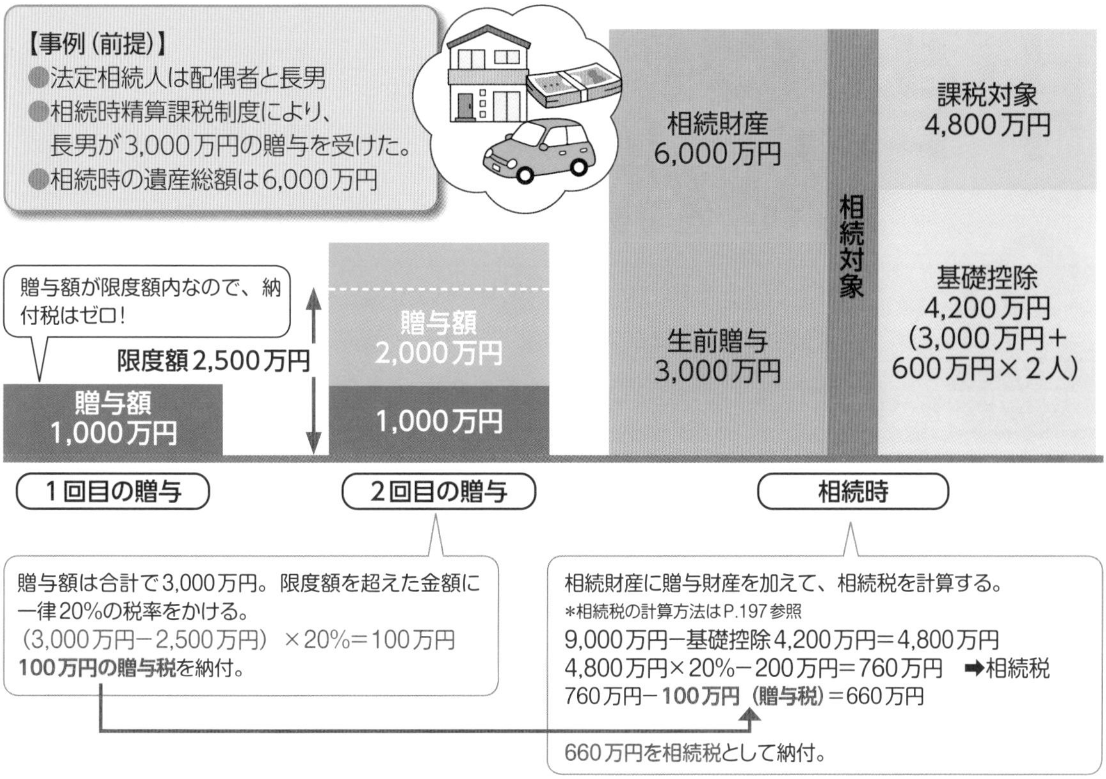
【事例（前提）】
●法定相続人は配偶者と長男
●相続時精算課税制度により、長男が3,000万円の贈与を受けた。
●相続時の遺産総額は6,000万円
贈与額が限度額内なので、納付税はゼロ！
限度額2,500万円
贈与額 1,000万円
贈与額 2,000万円
1,000万円
相続財産 6,000万円
生前贈与 3,000万円
相続対象
課税対象 4,800万円
基礎控除 4,200万円（3,000万円＋600万円×２人）
１回目の贈与
２回目の贈与
相続時
贈与額は合計で3,000万円。限度額を超えた金額に一律20%の税率をかける。
（3,000万円－2,500万円）×20%＝100万円
100万円の贈与税を納付。
相続財産に贈与財産を加えて、相続税を計算する。
＊相続税の計算方法はP.197参照
9,000万円－基礎控除4,200万円＝4,800万円
4,800万円×20%－200万円＝760万円 ➡相続税
760万円－100万円（贈与税）＝660万円
660万円を相続税として納付。

暦年課税と相続時精算課税制度の違い

2つの制度を並べてみるとまったく違うものに見えますが、どちらも贈与税の計算です。相続時精算課税制度は、いわば相続税と贈与税の一体化したものともいえます。

	暦年課税	相続時精算課税制度
控除額	年**110万円の基礎控除**	一生で**2,500万円の特別控除** 年**110万円の基礎控除**
使いみち	制限なし	制限なし
贈与の回数	制限なし	限度額まで何回でも可
贈与をする人	条件なし	**60歳以上**の父母または祖父母
贈与を受ける人	条件なし	**18歳以上**の子または孫
手続き	贈与額が年110万円の基礎控除を超えたら確定申告。	**最初の贈与時に選択届出。** 贈与があった翌年に確定申告。
ポイント	原則として**贈与時に課税は完結する。**	**途中で取り消しはできない。** 将来の相続税と合計される。

相続時精算課税制度は、マイホーム取得等資金の贈与税の非課税特例（P.203参照）と併用できます。

亡くなった人の申告は誰がするの？

POINT

亡くなった年分の所得税の申告は**準確定申告**と呼び、**4か月以内**に行わなければなりません。相続した財産をすぐに売った場合には特例がありますので確認しておきましょう。

1 亡くなった人のその年の所得税の申告は必要

人が亡くなったことに伴い発生する税金関係の問題は主に相続税関係ですが、中には所得税に関するものもあります。

年の途中で亡くなった場合、亡くなるまでは経済活動をしているわけですから、**1月1日から亡くなった日までを1つの期間として確定申告（準確定申告といいます）**をします。亡くなったところで期間を打ち切るわけです。準確定申告は本来の期限（翌年3月15日まで）ではなく、**亡くなった日から4か月以内に申告と納税**をしなければなりません。これは相続人が行うこととされています。

相続人は、被相続人が亡くなってから10か月以内に相続税の申告と、4か月以内に準確定申告をしなければならないわけです。なお、相続人が2人以上いる場合には、連署により申告書を提出することとなります。

2 土地や建物を相続してすぐ売った場合には救済がある

土地や建物を相続しても、それが不要な資産である場合などは相続後短期間のうちに売ってしまうこともあります。

すると、相続したときには相続税、売ったときには所得税がかかることとなります。これはさすがに負担が大きくて気の毒ということで、亡くなってから3年10か月以内に相続した財産を売った場合には、**相続時に支払った相続税額のうち、その財産に相当する部分を譲渡所得の計算上「取得費」に加算**することで所得税の負担を少しでも減らそうという救済措置が設けられています。

3 空き家の発生を防ぐため特別控除が創設された

また、被相続人が居住していた土地や建物を、亡くなってから3年目の年の年末までに売った場合には、**譲渡所得の計算上3000万円の控除を受けることができるという制度**が平成28年4月よりスタートしました。

これは居住者が亡くなったことによる空き家の発生を防ぐため、相続人が税金の負担なくその財産を処分できるようにと創設された制度です。

準確定申告の期限

亡くなった年に所得があった場合には、相続人は被相続人に代わって4か月以内に確定申告を行わなければなりません。なお、相続人が複数人いる場合は連署で行います。

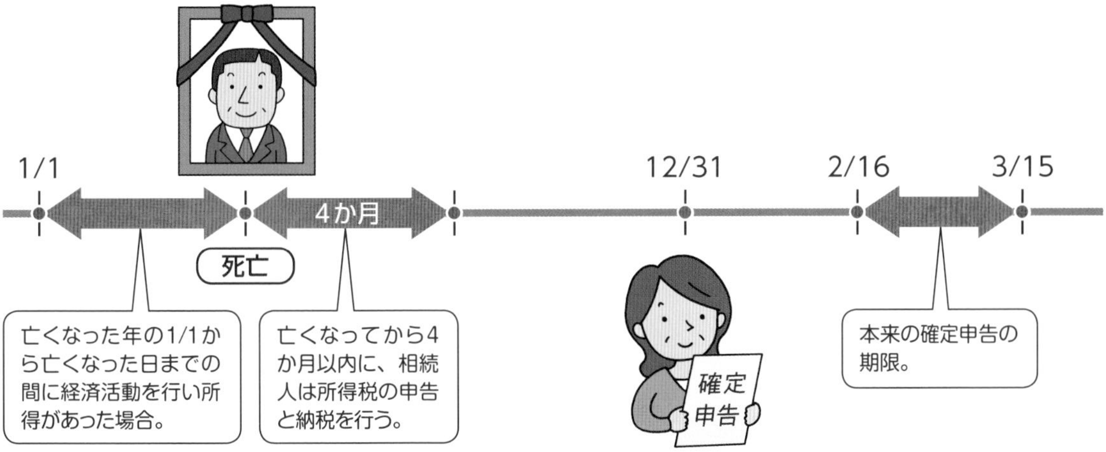
1/1
12/31
2/16
3/15
4か月
死亡
亡くなった年の1/1から亡くなった日までの間に経済活動を行い所得があった場合。
亡くなってから4か月以内に、相続人は所得税の申告と納税を行う。
確定申告
本来の確定申告の期限。

空き家にかかる譲渡所得の特別控除の要件

特別控除の適用要件はかなり厳しいものがありますが、空き家対策という明確な理由がありますので仕方がないところではあります。

3,000万円の特別控除受けられる?

譲渡期間

- **相続があった日から3年目**の年の年末（12月31日）まで。

対象となる資産

- 売却した人が相続等により取得したものであること。
- **昭和56年5月31日以前**に建築された家屋およびその敷地として使っていた土地であること。
- 相続の直前、被相続人以外に居住していた人がいなかったこと。
- 相続発生時から譲渡時までに、事業用、貸付用または居住用に用いられたことがないこと。
- 家屋を譲渡する場合は、地震に対する安全性にかかる規定またはこれに準ずる基準に適合していること。

金額制限

譲渡対価の額が **1億円以下**であること。

※特別控除の適用には、市区町村長の発行する証明書が必要となる。

知っとく！ プラスワン

「相続税額の取得費加算」とは?

相続により取得した資産を短期間のうちに譲渡すると、相続税と所得税の負担が相次いでやってきます。それ自体は制度として仕方がないのですが、負担する側としてはちょっと厳しくも感じますので、負担を軽減する措置として設けられているのが**相続税額の取得費加算**です。名称は何やら難しそうですが、**相続によって取得した際の相続税相当額を譲渡所得の計算上マイナスする**ようなイメージです。これにより譲渡所得が減りますので、それに伴って所得税の負担が減少するわけです。なお、具体的な算式は以下になります。

$$\text{相続税額} \times \frac{\text{その譲渡した財産の価額}^{※}}{\text{その者の相続税の課税価格} + \text{その者の債務控除額}} = \text{取得加算額}$$

※相続税の課税価格の計算の基礎となったもの。

申告書の記載例＆ポイント

人から資産を無償でもらった場合には「贈与税の申告書」の提出が必要となり、相続時精算課税制度を選択すると、申告書の第二表への記入も必要となります。

贈与税の申告書（暦年課税の場合）

「贈与税の申告書」の第一表に必要事項を記入し申告します。

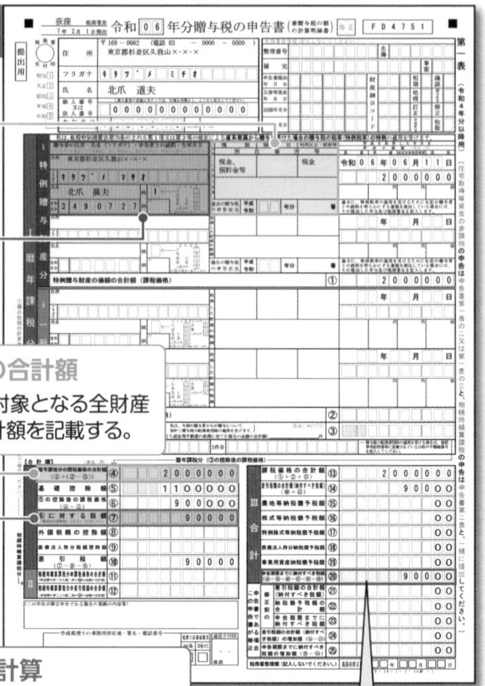

贈与者の氏名など
贈与者の住所・氏名・生年月日・続柄を記載する。

財産の明細
贈与された財産の明細などを記載する。

暦年課税の合計額
暦年課税の対象となる全財産の価額の合計額を記載する。

贈与税額の計算
「贈与税の速算表」（P.201参照）をもとに贈与税額を計算する。

贈与税の申告書（相続時精算課税の場合）

「贈与税の申告書」の第一表に必要事項を記入し申告します。

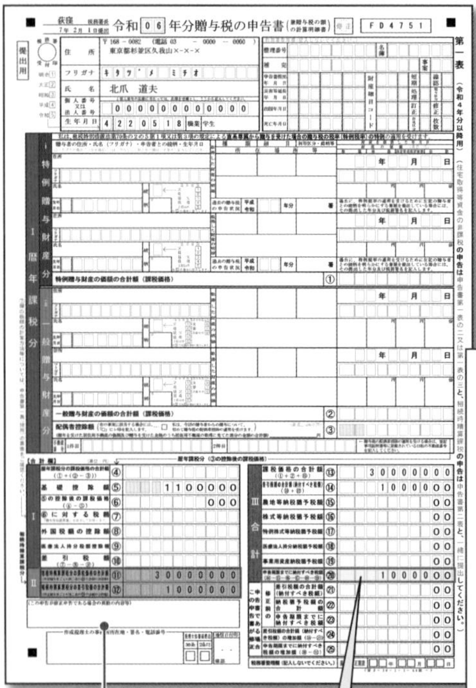

相続時精算課税分
第二表「相続時精算課税の計算明細書」から転記する。

この金額を納付する。

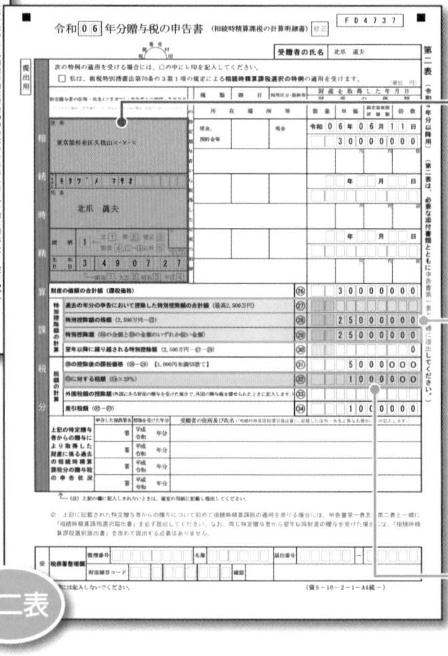

贈与者の氏名など
贈与者の住所・氏名・生年月日・続柄を記載する。

特別控除額の計算
過去に相続時精算課税を適用している場合には、過去の申告の際に控除した特別控除額は使えないため、過去の使用分を差し引く計算をする。

税額の計算
20%の税率をかけて税額を算出する。

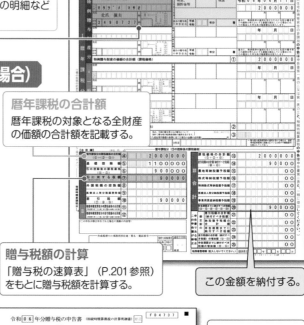

コラム⑨

相続を「争続」にしない遺言

相続のことを「争続」と呼ぶことがあります。身内のこととはいえ、財産などが絡むとどうしてもそれぞれの主張がぶつかってしまうのかもしれません。ですが、財産を遺す側としては、遺した財産が原因で身内同士で争うことになるというのは望んでいないでしょうから、そうならないよう自分の意思を遺すことがあります。それが「遺言《いごん》」です。

相続の世界には法定相続分というものがあります。「法定」というと絶対的なルールなように思えますが、遺言は法定相続分より優先されます。意外な気もしますが、相続財産というのはあくまでも亡くなった人の財産ですから、亡くなった人の意思が最優先となるのはある意味当然ともいえます。

この遺言には一般に３種類のものがあり、それぞれに特徴がありますので簡単にご紹介しておきます。

	自筆証書遺言	公正証書遺言	秘密証書遺言
作成方法	本人がすべて自筆する (財産目録など、 一部ワープロ可)	本人が口述して 公証人が筆記する	自筆代筆を問わない (ワープロ可)
証人	不要	必要	必要
公証人	不要	２人以上	２人以上
署名押印	本人	本人、証人、公証人	本人、証人、公証人
保管	本人	原本は公証役場	本人

私も公正証書遺言の証人となったことがありますが、公証役場でのムードと「亡くなった後の遺族のことをしっかり考えているんだな」という気持ちが相まってとても厳かな心境になったことを覚えています。

しかし、世の中にはそういった遺言だけでなく、「愛人に全財産を渡すように！」といった、ちょっと微妙な遺言も存在します。そういった困った事態に対応できるよう、相続のルールでは「遺留分《いりゅうぶん》」というものを設け、兄弟姉妹以外の法定相続人については遺言の内容がどのようなものであっても最低限保障される相続分を定めているのですが、この遺留分を確保するためには期限内に手続きをとる必要がある点には注意が必要です。

ドラマの世界ですと、相続で揉めるのはお金持ち一族というイメージがありますが、一説によるとそれほど相続財産がない家のほうが揉めやすいともいわれます。「財産が少ないから大丈夫だろう」などと考えないほうがいいかもしれませんよ。

ただいま〜♪
おかえりなさい♪
ゴルフ場利用税！
びしっ
酒税！
びしっ
あら特上肉！すごいじゃな〜い！
大輝ちゃん今夜は焼き肉よ〜♪
コンペ入賞
黒毛和牛
だ…だから何なんだ…
楽しそうだね・・・
フンフーン

ふふっ
今月は
いつもより
貯金できそう♪
布施さんに
いろいろ教わってから
まるで税金マニア
みたいになっちゃって…
はは
真里奈ちゃんらしいね
でも
僕も前よりかなり
税金を身近に
感じられるように
なりました
それはよかった
ちょっと～
何の話？
真里奈ちゃんって
聞こえたー
ははは…
税金の話だよ
パパー！

ただただ面倒なだけのものかと思ったら…
1つ1つ私たちの生活の実態とかに合わせて細かくルールが決められていたり…
災害時のような特例があったりね…
うん 優城くんたちが感じたように…
税金は俺らのずっと身近な場所で生きているしくみなんだよ
私たちの生活に根ざして考えつくられているということだね
公共サービスを支える「会費」であることをはじめとしてさまざまな社会的な意義もある
そうですね！

さらには大輝ちゃんのような子どもたちが幸せに暮らせる未来をつくるための大事な資金でもある
なんてね、
布施さんと所長のおかげで税金をすごく身近に感じられるようになりました！
僕も！
そういってくれてこちらも嬉しいよ！
我々税理士は税金について気軽に相談できる存在でありたいと思っているからね
はい知識が増えたことで相談しやすくなりましたし！
相談の内容も充実すると思います！
さてみんなでご飯でも食べにいこうか！
はい！
END

おわりに 税金アレルギーをなくしましょう

税理士という仕事をやっていて一番残念に思うのが、「税金」も「税理士」もやたらと敷居が高いような、できれば触れたくないような、そういう存在になってしまっていると感じるときです。そうなってしまっているがゆえに、税理士に相談さえしてもらえれば簡単に解決できるような問題でいつまでも悩んでしまっていたり、税法に関する特例の存在を知らずに申告をして損をしてしまったりしているようなケースをいくつも見てきました。

税理士は相談していただいてナンボの仕事ですから、まずは相談してもらわないことには何のアドバイスもできませんし、力にもなれません。私たち税理士はもっと気軽に相談してほしいと思っていますし、税金のことで悩んでいる方たちはきっともっと気軽に相談できるほうがいいと思っているに決まっています。本来であれば〝相思相愛(?)〟であるはずなのですが、なぜこんなことになってしまっているのでしょう。

ひとつは、税理士のあり方に問題があるのかもしれません。私たちはどうしたことか「先生」と呼ばれることが多く、そのために私たち自身が必要以上に構えてしまい、その結果として敷居が高いものと感じさせてしまっているところがあるように思います。

これは改めていかなければならないところですが、そもそも税理士はそんなに敷居が高いものでも、ましてや怖がられるような存在でもありません。何かお困りのときは、ぜひお近くの税理士に相談してみてください。案外みんな気さくないい人たちだと思いますよ。

　そしてもうひとつの理由は、やはり「税金」というものが持つ「負」の存在感です。「税金＝支払わないといけない嫌なもの」というイメージで見られてしまっていますので、とにかくもう考えたくないという方が多いように思います。ですが、その結果、不利益を被ってしまっているとしたらもったいない話です。「はじめに」でもお話ししましたが「税金を払うこと」と「税金を知ること」は別なのだと考えて、もう少し税金に親しみを持っていただければと思います。

　また、税金については、「何か質問したくても、難しくて何をどう聞いたらいいかわからない」といったところもあるようです。これは、逆にいえば私たち税理士に「こんな変な質問をしたら怒られるんじゃないか」といった懸念を抱かせてしまうようなところがあるともいえますので、反省すべき点ではありますが。

　でもそう考えると、皆さんと税金、そして私たち税理士の関係をより円滑にしていくためには、皆さんに税金についてより深く知っていただくことが一番の近道かもしれません。

　この本が、皆さんの税金アレルギーを少しでも払拭し、興味を持っていただくきっかけとなれたならばとても喜ばしく思います。

税理士　髙橋　創

付録 税金に関することの調べ方

調べる方法は大きく分けて2つ

この本では、個人のさまざまな税金についてご紹介してきました。税金の世界はとても奥が深いですし、たくさんのルールがありますので、これだけですべてを知っていただくのは難しいですが、多少なりとも税金というものを身近に感じていただけたのではないでしょうか。

皆さんが実際に税金に関する問題を抱えたときに、それを解消する方法は大まかに分けて2つあります。

1つは自分で調べること。もう1つは本書のマンガで登場する布施さんのような詳しい人に相談すること。「そりゃそうだよね」という感じですが、いざ調べよう、相談しようと思ってもどこからどう進めるかはなかなか難しいところです。そもそも身近に布施さんのような方がいることは稀です。

そこで、ここでは**「知りたいことをどうやって調べたらよいか」**と**「どういう人に相談したらよいか」**についてご紹介します。何かのヒントになれば。参考程度の話にはなってしまいますが、何かのヒントになれば。

Q 税金について知りたいこと どうやって調べたらいいの？

A

税金に関する情報を調べるときに
一番頼りになるのは
国税庁のホームページです！
https://www.nta.go.jp/

国税庁のホームページでとくに役立つページ

とても頼りになるとはいえ、専門用語がたくさん並んでいるホームページですのでなかなか親しみづらくもあります。もちろん、すべてを見て理解する必要はありませんが、以下のページは何かあったときに役に立つかと思います。

1 パンフレット・手引き

税金に関するパンフレットや手引きの冊子がPDFファイルで公開されています。「暮らしの税情報」（右参照）などはとても便利です。

「令和５年度版　暮らしの税情報」の表紙。

2 申請・届出様式

税金に関する申請書や届出書の様式がＰＤＦファイルで公開されています。これらの様式は頻繁に変更がありますので、こちらから最新版を入手するのが一番お勧めです。

3 タックスアンサー（よくある税の質問）

タックスアンサーでは、よくある税の質問に対する一般的な回答を税金の種類ごとに調べることができます。また、キーワードによる検索もできます。法令を基にした記述ですのでちょっと難しめではありますが、正確な情報ですので有用です。

タックスアンサーの回答ページ。

4 確定申告書作成コーナー

画面の案内に従って金額等を入力し、確定申告書等を作成することができます。作成した確定申告書等は印刷して税務署へ提出することができますし、電子申告データを作成すれば、e-Taxにより申告を行うこともできます。

信用できる情報を見極めることが大事

国税庁のホームページは情報量が多すぎて求めている情報を探しづらいこともあります。そういった場合には、検索サイトに求めている用語を入れてヒントとなる情報を探してみるのもいいでしょう。

ただし、ここで一点注意です。税法は毎年改正がありますが、インターネット上には古い情報もたくさん残ってしまっています。ベストアンサーだと思ってうっかり信じてしまうと痛い目に遭うことも。ですから、最終的にはやはり国税庁のホームページなど、信用できる情報で確認するようにしてください。

役所のホームページよりも個人の方が発信しているブログやYouTubeなどのほうが読みやすかったり、わかりやすかったりもしますが、税金に関することについては情報の正しさが一番重要です。そこだけは忘れないようにしてくださいね。

Q 税金について悩んだら どういう人に相談したらいいの？

A

税金に関して相談をする相手は、基本的に

❶税務署か、❷税理士かの2択です！

●税理士以外の方に相談するときの注意点

詳しい方が近くにいれば簡単な相談はできるでしょうが、お金に関することでもありますので、やはり専門家をご利用いただくほうがよいように思います。

ちなみに、税理士以外の人がお金をもらって税金についての具体的な相談にこたえることは税理士法で禁じられてもいますのでご注意ください！

① 税務署への相談

単に書類の記載方法を聞くくらいの話であれば、管轄地域の税務署や税務課にご相談いただくのがよいと思います。直接足を運んでも対応はしてくれますし、電話でも質問には答えてくれます。お役所相手になるとちょっと敷居が高い気もしますが、必要がない限り名乗らなくてもいいですし、相談料も無料です。気後れせず、気軽に質問してみましょう。

●国税庁ホームページ「税についての相談窓口」

② 税理士への相談

書類の記載などに関する質問は税務署に聞くほうがよいと思うのですが、「税金が安くなる方法あるかな」といった感じのご相談であれば税理士がよいと思います。税務署はそういうことを考えて工夫するようなところではありませんので。

とはいえ税理士もたくさんいますので、誰に相談したらよいかは悩みどころです。そこで、まずお勧めしたいのが**「無料相談」**です。税理士会や自治体が主催しているものもありますので、まずはそこからはじめてみるのがいいように思います。

でも、何の心構えもなくその場に臨むのはちょっと怖いという方もいらっしゃるでしょう。そこで、税理士選びについて、私がこれまで受けたことのある質問をいくつかご紹介しておきます。ぜひ参考にしてみてください。

Q「よい税理士」とはどういう税理士か?

税理士は、基本的には法律に則って処理をしたり計算をしたりしますので、もしすべての税理士が最善を尽くしてベストな選択をしたのであれば計算結果はそれほど変わることはないはずです。そう考えると**「よい税理士」というのは「(自分にとっての)よい税理士」ということ**だと思います。「説明がわかりやすい」とか、「親切だ」とか、あるいは「趣味が合う」ということでも何でもよいのですが、**「いろいろと気軽に話せて安心して仕事を任せることができる税理士」**というのが理想的なように思います(明らかに最善を尽くさないような人はもってのほかですけれど)。

Q 税理士を探すときの注意点は?

気が弱い方は、一度相談に行くとその人に依頼をしないといけないような気になってしまうかもしれません。もちろん一度会って「この人だ!」と思うこともあるでしょうが、しっくりこないことも当然あると思います。そういう場合には即決せず、ほかの税理士にも話を聞いてみてください。ある意味、恋愛みたいなもので、**一目ぼれすることもあればいろんな人を見ていく中でベストなパートナーが見つかることもある**わけです。

皆さんが思っているより税理士はたくさんいますので、妥協せず探してみてください。私たち税理士も「あいつ相談には来たくせにほかの税理士に依頼しやがって」などとは思いませんよ、たぶん。

Q 税理士との上手な付き合い方とは?

依頼者と税理士という関係であっても、要するに**人と人とのコミュニケーション**です。ですから、**普通の人付き合いと同じ**だと考えていただければ、上手にお付き合いできるはずです。私たちは「先生」といわれることが多い職業ではありますが、とくに何が偉いわけでもありません。変に構えることなく接していただければと思います。

私は「嘘をつかれたり隠しごとをされたりすると仕事になりませんので、それだけはやめてくださいね」と最初にお話しすることがあるのですが、これは普通の人付き合いでも当たり前のことですよね。

さくいん

さ行

た行

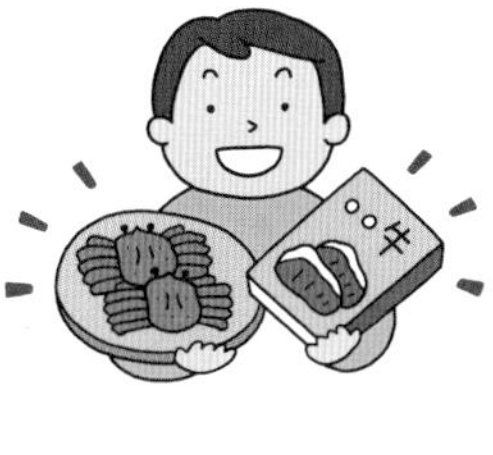

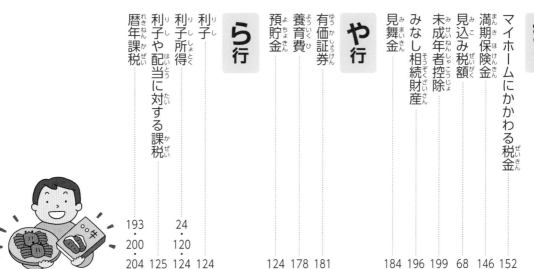

●著者

髙橋 創（たかはし・はじめ）

1974年東京生まれ。東京都立大学経済学部卒業。
税理士受験専門学校講師、会計事務所勤務を経て髙橋創税理士事務所を開設。新宿ゴールデン街のバー『無銘喫茶』（https://mumeikissa.hp.peraichi.com/）のオーナーでもある。
主な著書・監修書に『税務ビギナーのための税法・判例リサーチナビ』『フリーランスの節税と申告　経費キャラ図鑑』（以上、中央経済社）、『桃太郎のきびだんごは経費で落ちるのか？』（ダイヤモンド社）、『「知りたい！」がすぐひける 小さな会社の経理・人事・総務』（西東社）など。

マンガ　田中 へこ

スタッフ
本文デザイン●田中 小百合（osuzudesign）
イラスト●瀬川 尚志
編集協力●パケット、千葉 淳子
編集担当●齋藤 友里（ナツメ出版企画）

ナツメ社Webサイト
https://www.natsume.co.jp
書籍の最新情報（正誤情報を含む）は
ナツメ社Webサイトをご覧ください。

Special Thanks（順不同）
田中浩太郎、保坂弘達
株式会社レゾンクリエイト、髙橋信治

本書に関するお問い合わせは、書名・発行日・該当ページを明記の上、
下記のいずれかの方法にてお送りください。電話でのお問い合わせはお受けしておりません。
・ナツメ社webサイトの問い合わせフォーム
　https://www.natsume.co.jp/contact
・FAX（03-3291-1305）
・郵送（下記、ナツメ出版企画株式会社宛て）
なお、回答までに日にちをいただく場合があります。
正誤のお問い合わせ以外の書籍内容に関する解説や法律相談・税務相談は、
一切行っておりません。あらかじめご了承ください。

図《ず》解《かい》 いちばん親《しん》切《せつ》な税《ぜい》金《きん》の本《ほん》 24-25年《ねん》版《ばん》

2024年7月2日　初版発行

著　者　髙橋《たかはし》　創《はじめ》
発行者　田村正隆

発行所　株式会社ナツメ社
東京都千代田区神田神保町1-52 ナツメ社ビル1F（〒101-0051）
電話　03（3291）1257（代表）　FAX　03（3291）5761
振替　00130-1-58661
制　作　ナツメ出版企画株式会社
東京都千代田区神田神保町1-52 ナツメ社ビル3F（〒101-0051）
電話　03（3295）3921（代表）
印刷所　広研印刷株式会社

ISBN978-4-8163-7568-2　Printed in Japan
〈定価はカバーに表示しています〉〈落丁・乱丁本はお取り替えします〉